Meditar
se me da FATAL

UNA GUÍA DE MINDFULNESS
para seres humanos de los de toda la vida

por **Eduardo Jáuregui**

Dedicado a todas esas personas que, como a mí,
se les da FATAL meditar.

1.ª edición: agosto 2022

Diseño gráfico: Twice Design

© 2022 *by* Eduardo Jáuregui
Published by arrangement with UnderCover Literary Agents
© 2022 *by* Ediciones Urano, S.A.U.
Plaza de los Reyes Magos, 8, piso 1.º C y D – 28007 Madrid
www.edicionesurano.com

ISBN: 978-84-17694-48-7
E-ISBN: 978-84-18480-89-8
Depósito legal: B-3.529-2022

Impreso por: Liberdúplex, S.L. – Ctra. BV 2249 Km 7,4
Polígono Industrial Torrentfondo – 08791 Sant Llorenç d'Hortons (Barcelona)

Impreso en España – *Printed in Spain*

Sumario

Mi confesión

Meditar se me da FATAL. Tras veinticinco años fracasando en el empeño, creo que ha llegado el momento de confesarlo.

Esta misma mañana volví a sentarme sobre el cojín en busca de esa claridad mental y serenidad de espíritu que tanto escasean en nuestro acelerado siglo XXI. Activé una meditación que tengo programada en el móvil: cuarenta minutos de silencio, dividido en espacios de cinco por el sonido de una armoniosa campana tibetana. Adopté una postura bien erguida, con las manos suavemente apoyadas sobre los muslos, y dirigí mi atención hacia el vaivén de la respiración, tratando de conectar con el momento presente.

Durante algunos momentos establecí una conexión fortísima, del estilo 500 megabytes por fibra óptica.
Al inhalar, estaba ahí.
Al exhalar, estaba ahí.
Al inhalar, estaba ahí.
Al exhalar, estaba ahí.
Al inhalar...

¿Estaba ahí? O... ¿dónde estaba? Lamentablemente, la conexión había comenzado a fallar. Se había vuelto tan inestable como la del wifi gratuito de un aeropuerto comarcal. Iba y venía de forma errática, convirtiendo mi sesión en el equivalente meditativo de una de esas videollamadas imposibles: *Maripepi... ¿Maripepi? Que te se ha congelao la imagen. ¿Me oyes? ¿A ver? Ahora sí. Espera, que te me has vuelto a congelar. Cuelgo y llamo, ¿vale?*

De los 40 minutos debí permanecer desconectado unos 39. Una vergüenza, vamos —sobre todo para el director de una escuela de mindfulness. Y lo más bochornoso es que me sucede casi todas las mañanas. A veces lo que me distrae son los nervios por alguna clase que me toca impartir. Otras veces me arrastra mi lista interminable de tareas como profesional autónomo en permanente estado de precariedad. Hoy fue culpa del furor creativo que inspiró estas mismas palabras: mi cerebro parecía echar chispas, como en uno de esos delirantes ensamblajes de enchufes eléctricos que siempre acaban mal en los dibujos animados. En fin, que tengo días mejores y peores, pero reitero lo dicho: meditar se me da rematadamente mal.

Siendo así, imagino que te preguntarás:

—Pero, Eduardo, ¿entonces para qué sigues meditando? ¿Para qué insistir? ¿Para qué tirar por la borda 40 preciosos minutos (¡y a veces más!) de cada día sentado sobre un cojín con cara de pasmarote?

No te creas, yo también me lo pregunto. De hecho, he escrito este libro para aclararme un poco las ideas y poder darme de una vez por todas una respuesta contundente, sólida, a prueba de balas. Una respuesta que me ayude a sentarme, mañana por la mañana, sobre mi cojín de meditación. De paso, espero que te ayude a hacer lo mismo, lo hayas probado o no. Me consta que hay mucha gente por ahí que no acaba de verle la gracia al asunto, por muy de moda que se haya puesto.

Tras largas reflexiones este verano, y algún baño en el Mediterráneo, he dado con cinco respuestas:

1. Vale la pena, a pesar del tiempo y el esfuerzo invertido.

Ya nos lo venían asegurando monjes y místicas desde hace 2.500 años, pero no les hicimos ni puñetero caso hasta que nos lo dijeron los Beatles tras visitar a un gurú barbudo en la India. Personalmente, he podido comprobar que tenían muchísima razón: me ha cambiado la vida incluso más que la llegada del iPhone.

2. Estudios de psicología, medicina y neurociencia han confirmado numerosos beneficios.

Los cerebros de las personas más avanzadas en estas artes parecen de otro planeta. Pero incluso quienes se inician en la práctica ya comienzan a disfrutar de ventajas notables, como la reducción del estrés que tanto nos amarga los lunes por la mañana, y —siendo sinceros— todo el resto de la semana excepto ese rato entre los viernes a las 14:00 y los domingos a las 17:00 aproximadamente.

3. No hace falta meditar bien.

Basta ser un meditador más bien regulero, como yo, para empezar a conocer y gestionar mejor tu cuerpo, mente y emociones, disfrutar más de la vida, sufrir lo mínimo indispensable, y tomar decisiones algo menos atolondradas. En definitiva: para irte acercando progresivamente a la mejor versión de ti —esa con la que soñaban tus padres al verte jugar en el parque.

4. De hecho, a todo el mundo se le da FATAL meditar.

No te agobies si a ti también te cuesta. Estás en muy buena, y sobre todo muy numerosa, compañía.

5. Hay que despertar a la humanidad cuanto antes.

¡Eh, que nos cargamos el planeta! ¡Oiga, que en las guerras la gente se hace daño! ¡Perdone, pero hay niños y niñas que se mueren de hambre! Y un largo etcétera. Meditar no va de adormilarse, sino de despertar a lo que nos rodea, sobre todo lo más importante —y actuar en consecuencia—. Cuanto antes nos pongamos, mejor. Empezando por la persona que tengo más a mano: ¡yo mismo!

A lo largo de los siguientes capítulos voy a explicar cada una de estas razones en detalle, y también algunas de las dudas que suelen surgir entre los participantes de mis cursos: ¿hace falta sentarse en la postura del loto? (No). ¿Necesito creer en cosas raras? (En absoluto). ¿Y si no tengo tiempo? (Bastan 5 minutos al día para empezar). ¿Qué pasa si me repatea la música *ambient* y el incienso? (No son imprescindibles), etc.

Además, entre capítulo y capítulo voy a invitarte a hacer ejercicios prácticos para que puedas iniciarte en este entrenamiento mental al que ya se han apuntado millones de personas en todo el mundo. Uso esta palabra, «entrenamiento», porque al igual que con el ejercicio físico los beneficios se obtienen con la práctica regular: idealmente, aunque sea un ratito, todos los días. Tu cuerpo no lo vas a poner en forma corriendo por el parque una vez al mes, y con la meditación sucede algo parecido en relación con tu salud mental.

Los ejercicios que encontrarás aquí son perfectamente seguros y saludables si no sufres de alguna patología concreta (como la depresión o la drogodependencia) —tan seguros y saludables como hacer un poco de deporte moderado—. Puedes probarlos por tu cuenta tranquilamente, aunque el apoyo de alguna persona más experimentada suele ayudar a sostener y orientar la práctica. Al igual que sucede con el deporte, el entrenamiento meditativo suele ser más desafiante que quedarte en el sofá viendo tu serie favorita. Pero también más beneficioso.

Este ejercicio mental no va a resolver todos tus problemas, ni entregarte la felicidad o «la iluminación» en bandeja de plata, pero probablemente te aporte algo valioso, quizás distinto a lo que me ha aportado a mí. Por lo tanto, te animo a probar con un espíritu de exploración, como quien se mete en una nueva aventura. En la página web de mi escuela (www.modoser.com/meditar) encontrarás audios y vídeos gratuitos en los que guío estas mismas prácticas, para que puedas seguirlas con más facilidad. Encontrarás códigos QR enlazados a estos recursos a lo largo del libro. Y en la práctica 18 doy algunos consejos generales para orientar tu entrenamiento.

Si vas a sacar algo de verdadero provecho leyendo este libro será gracias a estas prácticas. No tengo ningún conocimiento especial que ofrecerte, ningún secreto que revelar (bueno, uno sí: el del capítulo 5). Como científico y como meditador, poseo más dudas que certezas. Por lo tanto, si sólo te lees los capítulos que he escrito te quedarás con un puñado de datos, anécdotas, metáforas y chistes. En ese caso, espero que al menos te resulte medianamente entretenido.

Prometo ser 100% riguroso, dentro de mis posibilidades, sobre lo que la ciencia sabe (y no sabe) en relación con estos asuntos. No quiero contarte ninguna milonga, ya que en esta sección de la librería las milongas abundan más que en el Río de la Plata. Al final del libro encontrarás un enlace a 25 páginas de notas en las que explico algún detalle (por ejemplo, ese viaje a la India de los Beatles) y cito mis fuentes. En cuanto a mis propias experiencias como meditador de poca monta, prometo ser honesto al 93% —restando un 5% por licencia poética y un 2% porque todos sabemos que alguna mentirijilla, aunque sea sin darnos cuenta, siempre se cuela.

Empezaré por el principio: mi improbable iniciación en estos asuntos tan transcendentales. Sucedió hace mucho tiempo, en un lugar muy muy lejano...

YO NO QUERÍA METERME EN ESTO

(Una saga entre la ciencia ficción y la ciencia real)

01.

El despertar de la

FUERZA

Vi por primera vez *La guerra de las galaxias* en 1978. Aquello fue como una revelación: caballeros *jedi*, criaturas alucinantes, rebeldes contra un malvado Imperio Galáctico... ¿Qué más podía desear un niño de siete años?

Me quedé tan impresionado que al salir del cine, en la calle Fuencarral de Madrid, giré la cabeza para contemplar el cartel y me dije:

—Cine Roxy B... ¡tengo que acordarme toda mi vida de que vi esta película aquí!

Desde aquel día soñé con convertirme en un *jedi* como Luke Skywalker y entrenar la fuerza con algún sabio barbudo tipo Obi Wan Kenobi.

La primera desilusión llegó al recibir mi sable láser de regalo el día de Reyes. Estaba bien para jugar, pero su «hoja de luz» no era más que un tubo de plástico cutre —nada que ver con el alucinante chorro de plasma azulado que zumbaba en las manos de Luke—. Poco después tuve que hacerme a la idea de que los *jedis* no existían, que el maestro Obi Wan era tan falso como los propios Reyes Magos, y que por mucho que lo intentara nunca lograría levitar el Morris Mini de mis padres con el poder de la mente. Mis sueños galácticos se estrellaron contra la dura realidad.

Cuando cumplí los veintitrés años, en 1994, mi vida era mucho más aburrida que la de Luke Skywalker a la misma edad. En vez de entrenar con un maestro como Yoda para desarrollar poderes *jedi*, me estaba volviendo un académico serio y cuadriculado, trabajando día y noche en mi tesis doctoral para el Instituto Universitario Europeo de Florencia. (Si has leído mi biografía, sabrás que versaba sobre el sentido del humor. Pero te aseguro que analizar las películas de Monty Python es mil veces más aburrido que disfrutar de ellas.)

Pasaba tantas horas encorvado sobre libros y revistas académicas que comencé a sufrir dolores de espalda.

—Deja de quejarte y apúntate a clases de yoga —me aconsejó una chica lista con la que había empezado a salir hacía un par de meses.

No le hice caso. El yoga, en los años noventa, no se encontraba en cualquier gimnasio, sino que tenías que aventurarte en una de esas peculiares escuelas fundada por algún *swami* medio místico con habilidades de contorsionista. Me parecía una excentricidad comparable a los faquires que se tumban sobre pinchos o mastican cristales. Y aunque sospechaba que George Lucas basó su orden de los Caballeros Jedi en disciplinas orientales (el nombre del maestro «Yoda» lo dice todo), a esas alturas de mi vida yo ya dejaba rollos tipo «la fuerza» para la ciencia ficción. Gracias a mi formación como científico me había vuelto tan descreído como el propio Han Solo.

Pero los dolores de espalda seguían torturándome, y al final acabé cediendo. Una tarde de otoño me acerqué a un «instituto» de yoga oculto en el interior de un antiguo *palazzo*, a cuatro pasos del Duomo. Entré en la sala de prácticas lleno de desconfianza, como quien aterriza en un extraño planeta. La atmósfera densa de incienso, la luz tenue y las estatuillas de criaturas grotescas me pusieron los pelos de punta. Vi a gente vestida con túnicas rojas y chales anaranjados. ¿Serían de los que creen en hormigas reencarnadas?

Sin embargo, ya no había escapatoria. Durante la siguiente hora y media las pasé canutas, intentando colocar mi cuerpo en posturas que jamás hubiera imaginado posibles. Fue sólo al final de la sesión que descubrí que algo extraordinario había sucedido. Mi espalda se sentía mucho mejor, desde luego, pero eso era lo de menos. ¿Qué le había pasado a mi mente? ¿Sería el efecto del incienso?

Me sentía tan relajado como si llevara una semana de vacaciones tumbado en una hamaca entre dos cocoteros, a miles de años luz de mi estresante tesis doctoral. Al salir del centro de yoga, el mundo a mi alrededor —los restaurantes, las tiendas de turistas, la colosal cúpula de Brunelleschi— también parecía haberse transformado, aunque no sabía explicar de qué manera. Lo veía todo más luminoso, o más definido, o simplemente más... real. Mientras caminaba por la vieja ciudad renacentista tenía la fuerte impresión de flotar a dos centímetros de la calle empedrada. Giré la cabeza para contemplar el cartel:

—Himalayan Yoga Institute... ¡tengo que acordarme toda mi vida de que di mi primera clase de yoga aquí!

Poderes *jedi*

Esa sensación de bienestar y lucidez que tuve al salir de clase fue mi primer presagio de que el yoga no era un ejercicio meramente físico. Después de una segunda sesión, a la que acudí con bastante más interés, el extraño colocón se volvió a repetir —aún más intenso, si cabe—. De nuevo, habíamos hecho posturas corporales, ejercicios de respiración y el célebre triple canto del mantra OM. ¿Pero qué estaba sucediendo, realmente, en estas sesiones?

Al poco tiempo empecé a practicar todos los días en casa, aunque fuera un poco, sintiéndome como Luke Skywalker entrenando en las ciénagas de Dagobah. Con esta práctica diaria no sólo mejoraron mucho mis dolores de espalda, sino que comencé a desarrollar auténticos poderes *jedi*. Nada de levitar objetos con la mente, claro está. Pero al fin y al cabo, el verdadero poder de Luke, el que más impresionaba en pantalla, era el autocontrol, la calma en medio de la batalla, la conquista del Lado Oscuro que llevamos todos dentro.

Por ejemplo, dejé de ponerme como un *wookie* enfurecido cada vez que perdía el autobús numero 7 en Piazza San Marco por las mañanas. Al fregar el larguísimo pasillo de mi piso de estudiantes, una tarea que hasta entonces sólo quería quitarme de encima, parecía que estuviera pilotando un X-wing, enchufado de lleno a la Fuerza. En las reuniones con mi director de tesis, un legendario politólogo con un descomunal intelecto y erudición, conseguía tomarme con sentido del humor sus mil y una objeciones, en vez de sufrir los sablazos de Darth Stress en el intestino y tener que salir corriendo al baño.

Siempre había sido un chaval nervioso, impaciente, acelerado. Caminaba por la calle inclinado hacia delante, a toda prisa, como si me persiguiera un batallón de *stormtroopers*. Tragaba la comida como un *rancor*. Al hablar era peor que C3PO, parloteando tan rápido que me quedaba sin aliento, y sobre todo... sin apenas escuchar. Ahora me daba la impresión de que toda mi vida se iba frenando de golpe, como el Halcón Milenario saliendo del hiperespacio.

¿Era sólo una película que me estaba montando con mi habitual fantasía desbocada? Imposible, porque todo el mundo a mi alrededor notaba el cambio. Poco después de defender mi tesis, al incorporarme a una empresa de *software* en Madrid, un compañero llegó a decirme que mi forma de ser «le transmitía serenidad». Pensaba que iba de broma, pero, cuando vi que el resto del grupo asentía seriamente, me quedé pasmado. Fue como la escena final de *La Guerra de las Galaxias*, cuando le colocan a Luke una medalla por reventar a tiros la Estrella de la Muerte. Mucho más emocionante que recibir mi certificado doctoral.

Pero ¿cómo lo había conseguido? ¿Qué tenían aquellos asanas, posturas tan estrambóticas que en algún momento de mi primera clase tuve que contener la risa? ¿Qué secretos habían traído desde la India todos aquellos gurús contorsionistas? Mi lado científico se rebelaba ante ideas como chakras, energías *kundalini* o cuerpos astrales. Pero por otro lado, si algo había aprendido en mis estudios universitarios era que la mente y la fisiología humanas seguían siendo un enigma. ¿No era posible que los antiguos yoguis hubieran descubierto algunas de sus claves, aún ocultas a la ciencia?

Tardé casi dos décadas en obtener respuestas satisfactorias a mis preguntas. En los años noventa, el yoga y la meditación se estaban difundiendo a la velocidad de la luz, pero apenas existían investigaciones fiables que validaran sus beneficios empíricamente. Más de un cuarto de siglo después, como veremos en el capítulo 4, las cosas han cambiado por completo, y numerosos laboratorios de neurociencia se dedican a desentrañar estos antiguos misterios.

El secreto de los yoguis

Ahora ya puedo afirmar, sin temor a equivocarme demasiado, que los extravagantes asanas del yoga que descubrí en Florencia no encerraban ninguna magia especial. No hace falta recurrir a chakras ni a energías misteriosas para explicar sus efectos. Tampoco es imprescindible llevar a cabo el Surya Namaskar (el «saludo al sol») ni cualquier otra configuración. La clave del asunto se esconde en la *forma particular* de hacer las posturas corporales.

—Lleva tu *atención* al estiramiento —repetía una y otra vez Dianella, la amable profesora que guiaba las clases en el Himalayan Yoga Institute—. *Observa* la respiración. *Escucha* las sensaciones del cuerpo.

Más allá del ejercicio físico, sin duda beneficioso, de lo que se trataba era de dirigir la atención *hacia lo que estábamos haciendo*. El objetivo, que nos recordaba Dianella incesantemente, casi obsesivamente, era *estar ahí*: presente, consciente, alerta. El yoga físico es un entrenamiento para darte cuenta, mediante el trabajo corporal, de lo que está sucediendo momento a momento, y también para actuar en consecuencia. Los movimientos son una excusa para recordarte que prestes atención a tu propia vida mientras sucede. Quizás no parezca gran cosa, pero como voy a explicar a lo largo de este libro, para la mayoría de los seres humanos, y más aún en el siglo XXI, supone un cambio absolutamente revolucionario. Era éste el verdadero secreto de los yoguis.

La palabra *yoga* significa «unión». Proviene de la raíz sánscrita *yug*, literalmente el «yugo» que une a los bueyes. El propósito del yoga, suele explicarse, es el de unificar el cuerpo y la mente. En vez de hacer una cosa y pensar otra —¿te suena de algo?—, intención y acción se funden por completo. Para la mayoría de los seres humanos, si la mente y el cuerpo fueran bueyes, ¡menudo campo iban a arar!

El *hatha* yoga —la variante más difundida en Occidente, la de las posturas «raras»— es sólo una entre numerosas disciplinas yóguicas, y ni de lejos la más importante. En las escuelas tradicionales suelen citarse como fuente histórica los *Yoga Sutras* de Patanjali, escritos hace unos 2.000 años. Sin embargo, este compendio de prácticas espirituales, al hablar de *asana*, se refiere sólo a una postura: la sentada (*asana* literalmente significa «asiento»). O sea, la postura clásica de meditación.

Por lo tanto, en realidad da igual si practicas yoga en postura sentada (lo que llamamos «meditación») o en toda una serie de posturas más o menos acrobáticas (el yoga «corporal»). Lo importante es el trabajo atencional que unifica cuerpo y mente en una misma intención. Si practicas con la mente concentrada en lo que haces, hay yoga (unión). Pero si te piden que abras la boca, saques la lengua, eleves los ojos y exhales con un «rugido» (Simhasana, la postura del león), y no puedes dejar de imaginarte la pinta ridícula que tienes, no hay yoga —te quedas solo con el bochorno y las ganas de reír que experimenté en mi primera clase.

Aunque ya me he acostumbrado a Simhasana (y a cosas bastante más estrafalarias), sigue pasándome mucho eso de hacer yoga sin hacer yoga. En otras palabras, el verdadero yoga se me da FATAL, con mayúsculas, igual que la meditación. No hablo de las posturas en sí (aunque tampoco soy un acróbata del Cirque du Soleil, precisamente). Hablo de colocarme en ellas sin que mi cabeza empiece a agobiarse por una clienta enfadada o a fantasear con la trama de la nueva serie de *Star Wars*.

Este yoga verdadero que tanto me cuesta —dirigir la atención hacia la experiencia del momento— es lo que hoy en día se ha difundido en todo el mundo como *mindfulness*.

En el yoga los movimientos son una excusa para recordarte **que prestes** ATENCIÓN **a tu propia vida** mientras sucede.

Prácticas de mindfulness
para seres humanos de los de toda la vida

//////////////////////// (01) ////////////////////////

YOGA EN EL SOFÁ

Te invito a probar un poco de yoga. Pero yoga del auténtico, ¿eh? No hace falta lucir mallas de licra ni colocarte en posturas raras. Ni siquiera tienes que moverte de donde estás. ¿Que estás leyendo el libro desde la comodidad de tu sofá? Perfecto, me vale.

1. Posas el libro durante unos momentos para liberar tus manos y las colocas un poco separadas, con las palmas enfrentadas. Como si estuvieras a punto de ponerte a aplaudir. Acercas las dos manos lentamente hasta que las palmas y los dedos se toquen, y sigues empujando un poco, sin forzar. Luego las separas y vuelves a la posición inicial.

2. Repites este «aplauso a cámara lenta» tres o cuatro veces.

3. Ahora detienes el movimiento y te preguntas: ¿qué sentiste al mover las manos? ¿Notaste todas las partes del cuerpo implicadas? ¿Qué sensaciones se producían en la piel al tocarse? ¿Y en los músculos que trabajaban para hacer el ejercicio? ¿Se movieron los brazos? ¿Los hombros? ¿La espalda? ¿Dirigiste el movimiento conscientemente o de forma automática? ¿Estabas realmente «ahí»? Quizás sí, quizás no, quizás no lo tengas muy claro. ¡Vamos a probar otra vez!

4. Para esta segunda prueba puedes cerrar los ojos si quieres para «sentirlo desde dentro», en vez de llevar demasiada atención a lo que ves. Pero primero tendrás que leer las instrucciones 5 y 6, porque con los ojos cerrados la lectura suele ser difícil.

Escanea este código QR
para acceder al vídeo

5. Ahora, antes de empezar el movimiento, tratas de sentir, durante unos segundos, las sensaciones de los dedos, las palmas, las manos, las muñecas, los brazos, los codos, los hombros y el tronco del cuerpo.

6. Empiezas a acercar y a alejar tus manos como antes durante unos 5-10 segundos en cada dirección. Tratas de dirigir realmente el movimiento, al ritmo que tú escojas, con la intensidad y la amplitud que prefieras. Tratas de «saborear» cada sensación.

7. Si quieres, puedes volver a intentarlo una tercera vez. De hecho, puede que descubras que cada vez que lo intentas la experiencia es distinta. Efectivamente, es así. Bienvenida al mindfulness. Bienvenido al momento presente.

*Nota: en ésta y en todas las prácticas del libro, mis instrucciones son meras invitaciones que no tienes por qué seguir al pie de la letra. Te invito a dar prioridad a tus necesidades y a adaptar las instrucciones a tu propia situación de forma creativa. Sobre todo, si en cualquier momento emergen sensaciones, pensamientos o emociones que te desbordan, te animo a variar o a interrumpir el ejercicio. En la práctica 18, al final del libro, encontrarás más indicaciones generales sobre el entrenamiento en atención plena.

02.
¿MINDFULNESS?

Pregúntaselo
a tu gato

Últimamente, el mindfulness está en todas partes. Como los drones recreativos, los envoltorios de plástico o los vídeos de TikTok, es imposible no toparse con la dichosa palabra cada dos por tres en esta nueva etapa de nuestra civilización. Tus hijas o sobrinos te hablan de sus sesiones en el colegio, el Departamento de Recursos Humanos te propone un curso para gestionar el estrés, tu amiga se ha bajado una *app* en el móvil para practicarlo. ¿Es sólo una moda? ¿Una especie de budismo *light*, descafeinado y con sabor a maracuyá? ¿La última herramienta del capitalismo para mantenernos obedientes mientras las élites ponen en marcha su maléfico plan final?

Yo que tú se lo preguntaría al gato más cercano. Los felinos son seres muy sabios, y de esto saben mucho. ¿Te has fijado en la intensidad vital de estas criaturas, hagan lo que hagan? Mi amiga Sibila, por ejemplo, es fascinante. Al caminar entre los olivos de mis suegros sicilianos deposita cada pata con el sumo cuidado de una funambulista, la cola sinuosa acompañando el movimiento, las orejas orientándose en distintas direcciones, en un perfecto estado de alerta. La elegancia es sublime, la coordinación digna de pasarela de moda: como si el mundo entero la estuviera observando, aplaudiendo, fotografiando. Y sin embargo, no cabe en ella ni pizca de postureo. Sencillamente va a su bola.

Una gata es una criatura cien por cien mindful. Vive pegada al momento presente. Al trepar por un árbol trepa sin más, libre de preocupaciones sobre cómo volverá a bajar. Al repantingarse sobre la hierba fresca no le da vueltas a esa presa que se le escapó. Al devorar un ratón, todo su ser participa en el disfrute carnívoro. En su inocencia, su coherencia, su continuo fluir por el mundo, la gata representa, en un cierto sentido, una vida ejemplar. Y lo mismo podríamos decir de un bacalao. O de un escarabajo pelotero.

La palabra *mindfulness*, en inglés, significa algo así como «estar con la mente puesta en lo que estás haciendo», o sea, «no en Babia, como casi siempre». En el contexto de las prácticas contemplativas, la palabra inglesa se deriva de un concepto budista: *sati*. Los estudiosos del budismo a menudo puntualizan que «mindfulness» no captura todo el significado original de *sati*, pero no voy a entrar en los acalorados debates lingüísticos y teológicos que giran alrededor del término —tan propios de los humanos—. Al fin y al cabo, las palabras cambian, y lo que tú quieres saber es de qué demonios está hablando tu tía cuando dice que en el pueblo ya hay gente que se ha apuntado al «*Mainfunes* ese».

El quinto Beatle de la meditación

Para ello voy a recurrir al tipo que ha popularizado el concepto en los últimos cuarenta años, el profesor emérito de la Universidad de Massachusetts, Jon Kabat-Zinn. Puedo afirmar, sin temor a equivocarme, que después de los cuatro Beatles, Jon es la persona que más ha influido en la difusión de las prácticas meditativas en Occidente. Aquí tienes su propia definición de mindfulness:

La consciencia que surge al prestar atención
de forma intencionada, en el momento presente,
y sin juzgar.

Pues eso, como los gatos.

Mindfulness suele traducirse en castellano como «atención plena» o «consciencia plena», pero podría traducirse más sencillamente como «presencia» o «consciencia» a secas. Se trata, sobre todo, de estar aquí. Pero de verdad, ¿eh? Por ejemplo: leyendo estas palabras, notando el juego de luces y sombras a tu alrededor, escuchando el paisaje sonoro, respirando. En definitiva: estar en lo que estás. Y como dice Jon, sin juzgar.

¿Qué significa eso de «sin juzgar»? Yo tardé en entenderlo. En este capítulo te he presentado a mi gata Sibila. ¿Cómo reaccionaste? ¿Te gustan los felinos? ¿O eres más de perros? Quizás te dejen indiferente tanto unos como otros. Estas actitudes que tenemos hacia gatos, perros y cualquier otra cosa que se nos ponga por delante se manifiestan en la mente desde que nos levantamos hasta que nos acostamos, en una cascada imparable de juicios: genial o ridículo; interesante o aburrido; delicioso o asqueroso. Te hayas dado cuenta o no, la imagen mental de Sibila habrá provocado en ti una reacción emocional (o ausencia de ella) según tu actitud hacia los gatos. Cuando practicamos mindfulness, estos juicios los dejamos de lado: prestamos atención a cada cosa con curiosidad e interés, más allá de si nos gusta o no.

La primera vez que escuché esta idea se me rebeló el intelecto. ¿Acaso quienes meditan pretenden ignorar las diferencias entre lo bueno y lo malo, el alimento y el veneno, las churras y las merinas...? ¡Oiga usted, que no soy gato, que soy *Homo sapiens*, y a mucha honra... con un cerebro como una catedral y opiniones para todo! ¡Defiendo el pensamiento crítico y los *croissants* franceses!

Si se te encienden las mismas alarmas, me gustaría tranquilizarte un poco antes de que arrojes este libro al contenedor de reciclaje. La meditación no pretende privarte del raciocinio. Si fuera así, el propio Jon Kabat-Zinn no habría logrado organizar cursos, ni escribir libros, ni cuidar responsablemente de sus hijos. Para empezar, le hubiera atropellado un coche hace muchas décadas al no discriminar entre el hombrecillo rojo y el hombrecillo verde.

Suspender el juicio no significa que «todo vale». Significa que prestamos atención a lo que hay realmente, aquí y ahora, más allá de nuestros juicios sobre ello. Estos juicios no los rechazamos. De hecho, puede que sean muy valiosos. Pero si les prestamos atención (¡«sin juicios»!) notaremos que son sólo eso... juicios, interpretaciones, pensamientos. Recogen una parte de la realidad.

A mí, por ejemplo, me fascinan los gatos, e incluso he escrito una novela (como a lo mejor ya sabrás) protagonizada por una gata llamada Sibila. Sin embargo, resulta que soy alérgico a estos animales. Mindfulness significa, para mí, prestar atención a los fascinantes ojos azules de la verdadera Sibila, al sonido de sus maullidos, al tacto de su pelaje cuando la acaricio. Pero también significa prestar atención a los síntomas alérgicos que me provoca —estornudos, moqueo, ojos llorosos—. Cuando me acerco demasiado a mi gata, o me invitan a casa de algún amante de los felinos, trato de observar estas reacciones «sin juzgarlas». Los estornudos y el lloriqueo llegan igual, pero los sufro mucho menos. Hablaré más sobre esto en el capítulo 10.

Sin embargo, que yo haya aprendido a observar mis reacciones alérgicas «sin juzgarlas» no significa que ahora me ponga a abrazar a los mininos sin ton ni son. En casa de mis suegros, cuando paso un rato con Sibila, luego tengo cuidado de lavarme las manos y cambiarme de ropa. Hace algunos años me invitaron a presentar la edición alemana de *Conversaciones con mi gata* en el Katzentempel, una cafetería para gatófilos en Múnich. Antes de entrar me atiborré a antihistamínicos, ya que de lo contrario me habrían tenido que sacar de ahí en una ambulancia, delirando con visiones de tigres de Bengala, porque no he visto tanto pelaje felino en toda mi vida. Por otro lado, durante toda la sesión tuve la ocasión de observar mis ganas de salir corriendo despavorido sin dejarme llevar por ellas. En definitiva: lo del «no juicio» tiene que ver con suspender los juicios automáticos y ser consciente de ellos para poder emitir juicios más sopesados y actuar en consecuencia. El pensamiento crítico consiste precisamente en eso.

¡Ni lo pienses!

El malentendido más extendido sobre la meditación es que para hacerlo bien hay que «vaciar la mente» como quien vacía la papelera del ordenador. ¡Si fuera tan fácil! Lo siento, pero la mente humana no funciona así. No tiene función de «vaciar». Ni siquiera de «enviar a la papelera». ¿Te han dicho alguna vez que no pienses en algo? No pienses en tigres. No pienses en ambulancias. No pienses en tigres conduciendo ambulancias. No pienses en ambulancias llenas de tigres. ¿A que no funciona? Al contrario: tu pantalla mental se llena de escenas surreales dignas de Pixar. Como veremos en el capítulo 11, la mente humana tiene vida propia y no se va a quedar en blanco sólo porque te apetezca a ti.

Las buenas noticias son que no hace falta. Lo diré otra vez: no hace falta dejar la mente en blanco. De hecho, es un asunto tan importante que voy a repetirlo una vez más, y ahora en mayúsculas, como en el morro de las ambulancias, para que no te lo puedas saltar fácilmente:

Si tuvieras que vaciar la mente sería imposible meditar. La mente se parece a una niña traviesa que no para quieta y que hace lo que le da la gana. Puedes atarla a una silla y decirle lo que se te ocurra para aplacarla («Venga, pórtate bien, cariño», «¡¡A CALLAR!!», «¿A que te quito el móvil?», etc.), pero da igual. Va a seguir revolviéndose en el asiento, desabrochándose el cinturón, correteando por todas partes y llenándolo todo de papeles pintarrajeados, muñecos, cochecitos, libros, trozos de Lego, y si tienes mala suerte, pis y caca.

Mindfulness significa prestar atención a lo que hay. No requiere cambiar nada: ni suprimir pensamientos, ni evitar emociones ni forzar la mente a callarse. Al final de este capítulo encontrarás un ejercicio que consiste en notar las sensaciones en el dedo meñique del pie izquierdo. Cuando intentes hacerlo quizás descubras que tu mente está llena de pensamientos: dudas sobre el propio ejercicio, mala conciencia por haber olvidado un cumpleaños, el plan para el fin de semana, el recuerdo de un anuncio publicitario de hace 10 años... ¿Necesitas barrer fuera de la consciencia todas esas ideas para poder hacer bien el ejercicio? ¿Será mejor que llames primero a tu amigo que cumple los 40 y termines de planificar tu fin de semana? En absoluto.

Estas asociaciones mentales irán llegando, junto con otros fenómenos como un picor en el cuello, el sonido de un vecino pasando la aspiradora o un cambio de luz repentino al esconderse el sol tras una nube. Puedes permitir que todo eso esté ahí mientras diriges la atención hacia el dedo del pie. Más que eliminar esa mente tan activa que tienes se trata de hacer las paces con ella.

Es algo así como aprender a convivir con tus propios hijos. ¿Has intentado alguna vez mantener una conversación mientras la chavalería juega al otro lado del salón? No digo que sea fácil, pero se puede hacer. Tarde o temprano se interrumpe la placentera tertulia de mayores porque los peques se vuelven especialmente revoltosos, se hacen daño al caerse o descubren una nueva y revolucionaria forma de chillar. En esos casos, basta atender a la situación un ratito y luego volver a tu amigable charla. Lo que no va a ser posible, por muy fervientemente que lo desees, es conseguir que los niños se estén perfectamente calladitos y tranquilos. ¡Olvídalo! O aprendes a convivir con ellos o te subes por las paredes.

Practicar mindfulness es igual de sencillo, y de difícil. Basta con atender al objeto de la meditación: por ejemplo, el dedo del pie. Todo lo demás lo puedes dejar en un segundo plano, permitiendo que siga ahí, como los niños que juegan. Si te distrae un pensamiento («¡Uy! El cumpleaños de Paco, a ver si le llamo...»), al darte cuenta puedes atender a ese pensamiento y luego (sin necesidad de suprimirlo) volver a dirigir la atención al dedito pequeño de tu pie izquierdo. Amablemente. Incluso con cariño.

Poner el corazón

Lo del cariño nos trae a un segundo malentendido que tiene que ver con la tradicional visión occidental de la mente humana. Nos consideramos una especie fundamentalmente racional, a pesar de las abundantes pruebas de lo contrario: la destrucción de la biosfera terrestre, las sandalias peludas o esos retos absurdos de YouTube como grabarte mientras te comes una cápsula de detergente. (No exagero. El «Tide pod challenge» arrasó en 2018, y más de uno terminó en el hospital.)

En realidad, como el campo de la neurociencia afectiva nos ha revelado en las últimas décadas, el filosofo británico David Hume tenía bastante razón cuando afirmó que la razón es «la esclava de las pasiones». Aunque al pobre Hume no le hicieron mucho caso durante 250 años, ahora sabemos que al elegir una marca de zapatos, un destino turístico o un partido político cuentan más los impulsos afectivos que la fría lógica. Por eso los anuncios tratan de enamorarte con bromas ingeniosas, curvas corporales, imágenes nostálgicas y frases inspiradoras del tipo «¿Te gusta conducir?» o «Bienvenido a la república independiente de tu casa». Por eso los políticos siguen besando a los bebés y bailando la «Macarena» (o la canción de turno), aunque les repatee.

Esto no quiere decir que en la publicidad o en los debates políticos no cuenten los argumentos racionales. Claro que cuentan. Pero la relación entre intelecto y sentimiento es mucho más enmarañada de lo que se pensaba (o de lo que se *sentía*). Y como no somos tan racionales, seguimos apegados a nuestra querida idea de que sí lo somos, a pesar de los datos empíricos que la desmienten (hablaré más de ellos en el capítulo 15). En nuestra vida ordinaria seguimos identificándonos más con la mente y menos con las emociones, como si fueran dos rivales en desigual combate.

Otras culturas tienen una visión más acertada: no distinguen entre mente y corazón. La palabra *xin*, en chino, significa «corazón», pero también significa esa parte de ti que piensa y decide, o sea, la mente. En japonés pasa lo mismo con la palabra *kokoro*, cuya onomatopeya imita el sonido del corazón: kokoro, kokoro, kokoro. Este hecho ha hecho sudar a miles de traductores, que nunca saben bien cómo traducir *xin* o *kokoro* a los idiomas europeos. A veces escriben «corazón», a veces «mente», y algunos han optado por el invento «corazón-mente».

El *xin* y el *kokoro* se corresponden más con la realidad de nuestro cerebro emocional, según lo vamos entendiendo en el siglo XXI. Y explico todo esto porque los occidentales solemos imaginar el mindfulness como un proceso exclusivamente cognitivo. La palabra *atención* también puede desviarnos hacia esta idea. Pero como insiste siempre Jon Kabat-Zinn, en realidad el objetivo es *poner el corazón en lo que hacemos*. No literalmente el órgano que bombea la sangre por tu cuerpo, claro está, sino el complejo sistema neuronal y corporal que procesa el afecto. Se trata de estar presentes con todo nuestro ser: intelecto y emoción. Una forma de expresarlo que lo deja muy claro (lo pongo en mayúsculas, porque también es importante):

MINDFULNESS = HEARTFULNESS

Cuando prestas atención a tu hijo, a tu pareja, a una amiga o a tu gata, cuando escuchas de verdad, estás poniendo ahí tu corazón. Esta misma calidez la puedes llevar a tu propio cuerpo, a tu forma de tender la ropa, a la visión de las motas de polvo que bailan entre las cortinas.

Escuchar desde el corazón significa también hacerlo, como decía antes, con un cierto punto de cariño. Porque el equivalente emocional de observar «sin juzgar» es una especie de apertura que tiene que ver con el interés, la curiosidad y la amabilidad. ¿Qué sucedería si abrieras tu corazón a un atasco, a una noche lluviosa de invierno, incluso a la sala de espera de la delegación de Hacienda? Sólo hay una forma de descubrirlo —aunque la idea quizás te provoque escalofríos.

Hablando de escalofríos: esta apertura emocional se aplica también a aspectos de nuestro mundo interno que no nos hacen ni pizca de gracia, como la ansiedad o el aburrimiento. ¿Te asusta la tristeza? ¿Te enfadan tus adicciones? ¿Te avergüenzas por sentir envidia? A mí me pasa. Y como no quiero sentir esas emociones, no quiero ser *esa persona*, intento cambiarme a la fuerza, echando a patadas a los molestos visitantes lo antes posible.

Pero desafortunadamente, la estrategia no funciona. Cuando la rabia, la tristeza y el deseo pegan en mi puerta no puedo ignorarlos siempre. Durante algún tiempo quizás sí: atrincherándome ahí dentro, blindando la entrada, poniendo barrotes en las ventanas. Da igual. Me van a hacer la vida imposible, aporreando la puerta sin parar, o incluso arrojando piedras a los cristales. Y tarde o temprano se colarán por mi chimenea, o harán un túnel para entrar y me pondrán la casa entera patas arriba.

La estrategia del heartfulness va en la dirección opuesta —una dirección que al principio cuesta entender, y aún más emprender. Se trata de permitir, en vez de prohibir. De escuchar, en vez de ignorar. De acoger, con generosidad, todo lo que va llegando. Justamente como un anfitrión que abre la puerta para acoger amablemente a cada visitante ofreciéndole café, pastas, compañía y lo más importante de todo hoy en día: el código del wifi. Una hospitalidad de este calibre no puede improvisarse. Por eso la entrenamos.

¿Señora Tristeza? Adelante. ¿Señor Enfado? Bienvenido. ¿Envidia cochina? Pase, por favor, puede colgar su abrigo en el perchero. «¿Pero cómo voy a darle la bienvenida a mi envidia?», te preguntarás. «¿O a un dolor?». «¿O a las ganas de tirar por la ventana a mis tres hijos?». La respuesta es muy sencilla: como tus visitantes internos ya los tienes ahí, esperando en la puerta, te conviene invitarlos y escucharlos un rato, desde la calma. Les das a cada uno su espacio (y sus pastitas y su café) y verás que al cabo de un rato se irán por su propio pie, satisfechos.

Puede que no te entusiasme su compañía. Puede incluso que te revienten alguna vitrina, te derriben algún mueble o te inunden el salón de lágrimas. Pero si los tratas con educación se desahogarán, se calmarán y te dejarán en paz tarde o temprano. Salvarás la casa, y sobre todo no tirarás a nadie por ninguna ventana. Incluso (¿quién sabe?) a lo mejor descubres que sentarte con tu tristeza, o con tu miedo, o con tu enfado, en vez de evitarlos, tiene su punto. Quizás aprendas algo que no te imaginabas.

Puedes imaginarte este heartfulness, esta presencia desde el corazón, como una forma de amigarte contigo misma, o contigo mismo, tal y como eres. Sin necesidad de cambiar nada o arreglar tus múltiples defectos. Sin tener que esperar a ese momento dorado del lejano futuro en el que finalmente alcanzarás la paz interior, la sabiduría perfecta, la bondad absoluta y tu peso ideal. ¿Te has fijado en los gatos? Ni un complejo, ni pizca de autocrítica. Y sin embargo, no dejan de aprender.

Claramente, este amor no puede forzarse. Pero parece, curiosamente, que sí puede entrenarse. Diversas tradiciones espirituales y filosóficas lo habían asegurado durante milenios, y ahora la ciencia, como veremos en el capítulo 17, lo está comprobando. La ventaja es que la amabilidad es paciente por naturaleza. No importa cuántas veces fracases en el intento. No importa cuántas veces vuelvas a echar malhumoradamente a tus pensamientos y emociones indeseadas. La próxima vez puedes volver a intentarlo de nuevo, como si fuera la primera. El fracaso está permitido. Todo está permitido.

«Pero... ¿cómo que todo está permitido? ¡Yo lo que quiero es mejorar!», protestarás. Yo también. Y esta práctica, como iremos viendo, nos ayuda a hacerlo. Poco a poco. Sin violencia. Desde la realidad. Desde lo que somos.

Resumiendo: ¡miau!

Mindfulness no es algo especialmente complicado. Cualquier gato callejero te lo puede enseñar. Yo tengo la suerte de tener cerca a Sibila, por lo menos durante el verano, y en invierno tengo algo de confianza con la pandilla felina que merodea en torno a los contenedores de basura al final de mi calle.

De lo que se trata es de estar plenamente presente en lo que estás haciendo, con la mente y el corazón. Caminar caminando. Comer comiendo. Jugar jugando. Como vienen enseñándonos estos aristocráticos acróbatas desde hace milenios.

Puede parecer una tontería, pero no lo es en absoluto. De hecho, te va la vida, literalmente, en ello. De lo que nos hablan los gatos, en su particular idioma, es de vivir la vida como si importara.

Ya que has venido...

Se trata de **estar plenamente presente en lo que estás haciendo**, con la mente y el corazón. Caminar caminando. Comer comiendo. Jugar jugando.

Prácticas de mindfulness

para seres humanos de los de toda la vida

//////////////////////// (02) ////////////////////////

EL DEDO MEÑIQUE
DE TU PIE IZQUIERDO

La definición de mindfulness no es más que una definición. ¡Palabrería! Volvamos a algo más sencillo. Volvamos al momento.

1. ¿Qué notas, ahora mismo, en el dedo meñique de tu pie izquierdo? ¿Notas algo? ¿Alguna sensación de su posición en el espacio? ¿De temperatura? ¿De contacto con el segundo dedo o con el calcetín o el zapato? ¿De un picotazo de mosquito reciente?

2. Si notas algo, eso es mindfulness: llevas la atención y te «das cuenta» de que hay una sensación.

3. Pero si no notas nada, eso también es mindfulness: llevas la atención y te «das cuenta» de que no hay sensación.

4. ¿Y qué pasa si no lo tienes muy claro? A lo mejor lo que notas es una confusión total, acompañada del desánimo por fracasar en el intento. ¡Que no cunda el pánico! Eso también es mindfulness: llevas la atención y te «das cuenta» de tu confusión y tu malestar.

5. A lo mejor te gusta lo que sientes. O no te gusta en absoluto eso de no sentir nada de forma clara. Quizás te pasen por la cabeza pensamientos como «No lo estoy haciendo bien». O «Vaya tontería de ejercicio». Éstos son los juicios de los que te hablaba. Si los ob-

Escanea este código QR
para acceder al vídeo

servas como juicios también es mindfulness: llevas la atención y te «das cuenta» de tus juicios. Incluso puedes abrirte a ellos, desde el corazón (heartfulness, ¡no lo olvidemos!).

6. Si quieres, prueba a mover el dedito un poco. Probablemente así sentirás algo más concreto, sobre todo si apoyas el dedo sobre alguna superficie como el suelo. ¿Lo estás haciendo ahora mejor porque ahora sientes «más»? No. Lo estás haciendo igual de bien.

7. Opcional: intenta mantener la atención en el dedo durante un tiempo más largo, ya sea en quietud o en movimiento. Por ejemplo, un par de minutos. O incluso 5. ¿Qué sucede? ¿Llegas a notar alguna sensación en el dedo? ¿Notas algo de inquietud o resistencia? ¿Te distraes?

8. Ahora, además de la palabrería del último capítulo, has podido comprobar de qué va esto en la práctica. ¿Queda un poco más claro? ¿O te he confundido las ideas aún más? Sea como sea, te invito a dar la bienvenida a lo que surja, a sacar las pastas y el té.

9. Si te atrae la idea de seguir explorando el cuerpo igual que has explorado tu dedito puedes probar la práctica 8 en cuanto dispongas de un rato más largo.

03.

¡Un libro de

INSTRUCCIONES,

por favor!

Aunque admiro mucho a los felinos, quiero dejar claro que considero el cerebro humano un aparato alucinante. Según el físico teórico Michio Kaku se trata del objeto más complejo del universo conocido, con billones de neuronas y trillones de conexiones. Es capaz de componer sinfonías, gestionar multinacionales y entender los chistes más enrevesados, todo desde un pequeño paquete que consume sólo 10 vatios de energía (como una bombilla, más o menos).

Pero desafortunadamente viene sin libro de instrucciones, y la enorme complejidad de esta reciente innovación del proceso evolutivo claramente nos aturde. Tras varios milenios de filosofía y ciencia aún somos incapaces de disfrutar de una comilona en soledad, como hace cualquier gato, sin esa molesta nube de críticas, dudas y ansiedad que zumba en nuestro interior.

Al no disponer de un eficiente matamoscas para ahuyentarla, solemos buscar a algún compañero de mesa, o mejor aún, toda una cuadrilla, para ocupar la mente con las últimas noticias, cotilleos y memes que circulan por ahí. Si no hay nadie cerca, tenemos también nuestros queridos aparatos tecnológicos —desde la radio de la bisabuela hasta las tabletas digitales—. En otras palabras, sustituimos un torbellino de pensamientos y emociones por otro. Cuando tampoco esto funciona, nos queda el gintónic o el Prozac.

Y así vamos por la vida, perseguidos día y noche por nuestras nubes de moscas mentales. Las consecuencias a veces son trágicas, desde luego, pero también pueden ser cómicas. Por ejemplo, los seres humanos somos la única especie, en toda la fauna terrestre, capaces de hacer algo sin tener la más remota idea de lo que estamos haciendo. Como cuando te colocas las gafas de sol sobre la frente, en modo *standby*, y al poco rato te pones a buscarlas. O cuando tus manos abren un armario, pero no recuerdas a qué habías venido. ¿A planchar camisas? ¿A sacar dinero en efectivo del calcetín secreto? ¡Ah, sí! ¡A buscar mis gafas de sol! ¡¡Pero si las tengo puestas!!

Sé bien de lo que hablo, porque dentro de la especie humana me considero un caso paradigmático. Mis despistes de profesor chiflado son legendarios entre mi familia y amistades, y el planeta Tierra está repleto de gente que se ha beneficiado de mis bufandas, gorros, guantes, gafas, jerséis y paraguas olvidados. Todas las clásicas escenas las he vivido repetidas veces: quedarme fuera de casa sin llaves, fundir la batería del coche por no apagar las luces, olvidarme el pasaporte para un viaje en avión. Incluso he llegado a abandonar un ordenador portátil, recién estrenado, en el asiento de un vagón del metro de Londres (me di cuenta enseguida, pero cuando llamaron a la siguiente parada y registraron el tren ya había volado).

Sospecho que Emanuela, esa chica lista que conocí en Florencia y que sigue aguantándome 25 años después, me mandó a hacer yoga no sólo por mi espalda, sino para centrarme un poco. Casi le quemé el piso, al poco de conocernos, por olvidarme unas lentejas sobre el fuego.

¿Ha funcionado su estrategia? Creo que sí, al menos un poco. Sigo dejándome la luz encendida al salir del cuarto de baño, y recordar la mascarilla ha supuesto un nuevo desafío durante la pandemia del covid. Pero hace años que no pierdo una bufanda ni un gorro.

Una capacidad que ya tienes

Afortunadamente, los seres humanos somos también animales. Solemos decir que *descendemos* de los simios, pero la realidad es que somos una especie de simio más dentro de la familia de los primates. Compartimos un 98,8 % de nuestro ADN con los chimpancés, un 85 % con los ratones y más del 60 %, aunque parezca mentira, con las moscas que tanto fastidio nos dan. El cerebro humano se compone de partes más recientes a nivel evolutivo —sobre todo la corteza cerebral, donde se procesan los cálculos presupuestarios, las estrategias políticas y la trama de la última temporada de *Stranger Things*— y también de partes más antiguas que controlan funciones básicas como la digestión o el sistema circulatorio.

En otras palabras, esa parte animal aún sigue ahí y se hace notar cada vez que brincas como una cabra montesa por el susto de un portazo o gruñes como un gorila hacia algún conductor temerario en la autopista. De hecho, si te paras un momento y colocas la mano sobre el pecho, notarás cómo se manifiesta ese animal en cada latido, en cada inhalación, en cada sensación desnuda de tacto.

Todo esto sigue accesible a tu consciencia, igual que a la de mi sabia gata Sibila. En cualquier momento puedes orientar la atención, intencionadamente, hacia el flujo continuo de datos que llegan uno tras otro, a golpe de disparos neuronales y reacciones químicas. No es algo raro ni difícil. No hace falta viajar a las cuevas del Himalaya o a los centros *new age* californianos para encontrarlo. No necesitas ningún maestro, ninguna clase, ninguna *app*. Nadie necesita enseñártelo, porque ya lo tienes. Está siempre disponible, aquí mismo, en este momento, dentro de ti. Y cada vez que conectas con esta consciencia del momento empiezas a vivir la vida con la presencia inquebrantable de un gato. Al menos durante alguna fracción de segundo.

Quizás fueran este tipo de reflexiones las que merodeaban por la cabeza del joven Jon Kabat-Zinn en 1979, ocho años después de doctorarse como biólogo molecular en el célebre Massachusetts Institute of Technology (MIT). Había descubierto la meditación budista en 1965 gracias a la visita del maestro zen Philip Kapleau a su campus universitario. Por lo visto sólo cuatro o cinco personas acudieron a la conferencia, pero una de ellas era Jon, y el asunto le fascinó desde el primer momento —con consecuencias que nadie podría haber imaginado.

Kapleau explicó en esta conferencia que los budistas habían trasladado de generación en generación, a lo largo de dos milenios y medio, una especie de libro de instrucciones, bastante detallado, para estudiar en profundidad el cerebro y el cuerpo humano desde dentro igual que la ciencia occidental lo hacía desde fuera. Gracias a ese estudio, accesible a cualquiera, se supone que era posible gestionar la propia vida con mayor equilibrio, salud, felicidad y ética. Parecía increíble, pero el testimonio de Kapleau impresionó al joven científico porque claramente hablaba desde la experiencia.

Este tipo no era ningún *hippy* con la cabeza en las nubes, sino un curtido reportero de la Segunda Guerra Mundial. Tras cubrir los Juicios de Núremberg viajó a Japón para informar sobre los Procesos de Tokio, y ahí conoció al célebre difusor del zen en Occidente: D. T. Suzuki. Empezó a interesarse por esta filosofía, y algunos años después Kapleau pasó a la práctica, encerrándose durante seis meses en un monasterio japonés con un frío de mil demonios. Según contó en la charla, durante este tiempo le desaparecieron las úlceras que sufría, entre otros problemas de salud física y mental.

Lleno de curiosidad, Jon se animó a probar por su cuenta. Al descubrir que la cosa parecía tener beneficios reales comenzó a practicar todos los días. Al poco tiempo ya impartía sus propias clases de meditación y también de yoga, otra disciplina oriental con su propio libro de instrucciones milenario. Incluso llegó a apuntarse a retiros de silencio de dos semanas de duración.

En medio de uno de estos retiros tuvo lo que llaman en la tradición budista un *insight* o «visión clara» —uno de esos momentos en los que te das cuenta de una verdad importante, emocionante, grandiosa, pero que luego al contársela a tus amigos te miran como si te hubieras fumado algo—. Tipo «¡El amor es la clave de todo!» o «¿Te das cuenta de lo precioso que es el mundo?». El retiro al que acudió Jon era un retiro Vipassana, un término que significa precisamente *insight*. O sea, estaba diseñado justamente para permitir que ese tipo de aprendizajes puedan aflorar.

Budismo sin budismo

¿Cuál fue la visión de este científico-meditador? Pues que a pesar de lo muy maravillosas que fueran las enseñanzas y las prácticas budistas, o los ejercicios de yoga, o cualquiera de estas antiguas disciplinas, no iban a llegar, ni de lejos, a todas las personas que podrían beneficiarse de ellas. No así. Jon conocía en su propio entorno a mucha gente que jamás se acercaría a un templo budista o a un *ashram* yóguico. Ni siquiera la gente que más sufría, como los pacientes del hospital asociado a su facultad, se dejarían convencer. Les echaría para atrás casi todo: la decoración oriental, las posturas difíciles, los gongs, el incienso, los textos en sánscrito y pali, los ritos devocionales con velas, las referencias al Buda o a *swamis* con nombres kilométricos e impronunciables.

Pero en realidad cantar tres veces el mantra OM al principio y al final de una clase de yoga no era estrictamente necesario. En sí, podía ser una bella y provechosa práctica, pero para un principiante sin especial interés en el hinduismo solía provocar un cierto rechazo. De la misma manera, las Cuatro Nobles Verdades y el Óctuple Sendero del budismo expresaban ideas sin duda valiosas, pero ¿por qué no traducir esa «Guía práctica para la mente, el corazón y el cuerpo» a un lenguaje más cotidiano y asequible?

En ese retiro, Kabat-Zinn tuvo una visión muy concreta sobre cómo sacar estas antiguas enseñanzas de los templos y los ambientes *new age*. Se imaginó un curso exigente, totalmente fiel a la intención y a las técnicas budistas para aliviar el sufrimiento, pero con un método accesible, moderno, compatible con la ciencia y lo más libre posible de cualquier aspecto religioso o cultural. Incluso la referencia a «sufrimiento» (la habitual traducción del término *dukkha*) le pareció demasiado budista, y la sustituyó por «estrés», una dolencia cuerpo-mente que estaba ya en boca de todos a finales de los años setenta. La idea era trasladar la esencia del budismo del contexto religioso a los contextos de salud, ciencia y medicina. De hecho, se le ocurrió empezar en el propio centro hospitalario de la Universidad de Massachusetts, donde trabajaba en un laboratorio de biología celular como investigador posdoctoral. Al fin y al cabo, ¿dónde puede encontrarse más sufrimiento —emocional, mental y físico— que en un hospital?

Kabat-Zinn logró convencer a los administradores de este centro para crear una «clínica de reducción del estrés» empleando técnicas de meditación budista, pero sin hablar de budismo. Desde un sótano en las instalaciones enseñaba a meditar a grupos de pacientes para los cuales la medicina no tenía más que ofrecer, muchos de ellos con enfermedades incurables y dolores crónicos. El curso, que acabó conociéndose como *Mindfulness-Based Stress Reduction* (MBSR), funcionó tal y como Kabat-Zinn se lo había imaginado. Los participantes se apuntaban, en general, sin ningún interés en la meditación. No eran *exhippies* ni fans de Paulo Coelho. Eran camioneros con cáncer, profesoras atormentadas por migrañas, deportistas recuperándose de cirugías traumáticas. Lo que les interesaba, y mucho, era aliviar su malestar.

En su Clínica de Reducción del Estrés, Kabat-Zinn les proporcionaba una versión más asequible de esos libros de instrucciones tan exóticos que hasta entonces sólo se habían enseñado en templos budistas o en *ashrams* de yoga. Aprendieron estrategias prácticas para enfrentarse a sus desagradables condiciones y para apreciar aspectos de su vida a los que hasta entonces no habían prestado tanta atención. Aunque no se curaran de nada, experimentaban a menudo una importante mejora en su calidad de vida, incluso una auténtica transformación. Al poco tiempo empezaron a apuntarse los propios profesionales del centro: enfermeros, médicos y directivas.

El *boom* del mindfulness

Tras ellos llegó el interés de otros hospitales, y poco a poco, a lo largo de cuarenta años, fue extendiéndose el curso y sus variantes en colegios, empresas, gabinetes de psicoterapia y prácticamente todos los ámbitos de la sociedad. Se han desarrollado numerosos programas basados en MBSR para el tratamiento de la depresión, el insomnio, el dolor crónico y las adicciones, entre otros trastornos. Google, que no se pierde una, ofrece su propio programa, *Search Inside Yourself* («Busca dentro de ti»), tanto internamente como para otras empresas. Más del 80% de las facultades de Medicina en Estados Unidos ofrecen actualmente algún tipo de formación en mindfulness.

La difusión de estos ejercicios para la mente-corazón ha sido extraordinaria, sobre todo en la última década. A raíz del movimiento de la atención plena, millones de personas han comenzado a meditar en solitario, en grupos, a través de videoconferencias, en cursos *online*, con vídeos de YouTube, *podcasts* y en numerosas *apps* como Calm y Headspace. Kabat-Zinn se ha convertido en un autor *best seller*, y las listas de superventas editoriales se han llenado de títulos como *El poder del ahora* o *Piensa como un monje*. Netflix ha estrenado ya dos series documentales sobre la meditación, y sin duda habrá más.

El asunto no parece conocer fronteras. Se practica en retiros de lujo caribeños y entre los sintecho de Madrid. Lo recomienda el sacerdote y escritor Pablo d'Ors, designado por el papa Francisco como consultor del Pontificio Consejo de la Cultura, pero también intelectuales ateos como Sam Harris, Greta Christina o Yuval Harari. (Este último consagra hasta un par de meses al año a los retiros de silencio). En el Parlamento británico, 250 miembros de todos los partidos practican actualmente en Westminster —un proyecto que ha inspirado a otros 14 parlamentos de todo el mundo—. (No voy a hacer bromas sobre esto, porque seguramente ya se te habrán ocurrido unas cuantas.) Mientras tanto, activistas políticos como Lisa Tillman o Lou Leonard consideran la meditación un aliado clave para luchar contra el sistema. Y la lista de celebridades que hablan de sus prácticas contemplativas con entusiasmo se ha vuelto interminable, desde altos ejecutivos como Bill Gates y Arianna Huffington a estrellas musicales como Lady Gaga o el rapero 50 Cent.

En Estados Unidos, un estudio oficial del Gobierno encontró que el porcentaje de personas que meditan en el país dio un salto sin precedentes entre 2012 (4,1%) y 2017 (14,2%) — triplicándose en estos cinco años e igualando en popularidad al yoga, que también había subido del 9,5% al 14,3%. El negocio de la meditación y el mindfulness en ese país se valora actualmente en 1 billón de dólares anuales. Con los desafíos para la salud mental arrojados por la pandemia de la covid-19 y la invasión de Ucrania, esta tendencia sigue en plena alza.

No es exagerado, por lo tanto, afirmar que **estamos viviendo una auténtica revolución**. Una revolución muy silenciosa, eso sí, quizás **la más silenciosa de la historia de la humanidad**. Y no hubiera sido posible si no fuera por otra revolución que se ha ido desencadenando en paralelo: **una revolución científica**.

Prácticas de mindfulness
para seres humanos de los de toda la vida

/////////////////////// (03) ///////////////////////

UN MINUTO DE SILENCIO

Te invito a probar un primer acercamiento a la meditación muy breve y muy familiar. Seguramente, a lo largo de tu vida habrás participado en algún «minuto de silencio» para conmemorar a las víctimas de alguna tragedia o apoyar a algún colectivo. Es algo muy sencillo. No requiere grandes preparaciones ni habilidades.

Se me ocurre que tampoco hacen falta ocasiones especiales, ni personas a las que homenajear. Puede servir para conmemorar, digámoslo así, la vida misma. O simplemente para tomarte un merecido respiro después de mucho hacer, correr, hablar, consumir o pensar. Es algo así como conectar con el móvil para chequear tus redes sociales, pero en este caso conectando con el *feed* de tus sensaciones, sentidos, pensamientos y emociones —y a través de todo ello, con el fluir de la vida en este organismo, en este momento irrepetible de este planeta—. Te invito a probarlo ahora mismo.

1. El primer paso es dirigirte a algún lugar tranquilo, donde puedas evitar cualquier tipo de interrupción. Tampoco tiene por qué ser un lugar completamente silencioso. Pero es preferible que mientras meditas no se te suba tu hija por encima imitando la sirena de una ambulancia. La idea es ponértelo fácil dentro de lo posible.

2. Por el mismo motivo, conviene apagar o silenciar el teléfono móvil. Quienquiera que te busque puede esperar 1 minuto, ¿no? Si quieres, este aparato lo puedes usar para programar una alarma o activar un cronómetro.

3. Otra forma de reducir las distracciones es cerrar los ojos o bajar la mirada (a unos 45 grados), sin enfocar en nada concreto.

4. Finalmente, mantener la inmovilidad también ayuda a crear «silencio». Puedes hacer este ejercicio en cualquier postura, pero te invito a probar alguna de las que describo en la práctica 6.

5. Comienzas tu minuto de silencio: una pausa en la que te das el permiso de no tener que hacer ni conseguir absolutamente nada, excepto «estar aquí», sin más. ¡Un lujazo!

6. Respiras normalmente, a ser posible por la nariz.

7. La idea es pasar del «modo hacer» al «modo ser». Para ello, tratas de darte cuenta, en la medida de lo posible, de lo que está sucediendo en este momento, dentro y fuera de ti: tu respiración, los sonidos del entorno, las sensaciones corporales, cualquier pensamiento o emoción que esté presente. Tampoco hace falta verlo todo «a la vez». Esto no requiere ningún esfuerzo —más bien lo contrario—. Se trata, simplemente, de saber que respiras cuando respiras, o que suena una bocina cuando suena una bocina.

8. Al finalizar el minuto vuelves a la actividad. Abres los ojos, conectas el móvil, vuelves a interactuar con el mundo.

9. Que termines el silencio no significa que tengas que perder la consciencia del momento. Al contrario, esta «pausa consciente» puede ser una forma de reconectar contigo, de volver al momento para tratar de quedarte en él.

10. Puedes hacer este ejercicio siempre que te apetezca (y te dejen tus jefes, críos y mascotas).

11. Cuando digo un minuto pueden ser dos. O cinco. O trescientos. Pero luego no me busques si tus jefes, críos o mascotas se mosquean.

Escanea este código QR
para acceder al vídeo

ILUMINACIÓN

04.

De los HIPPIES a HARVARD

Cuando los Beatles, arrastrados por George Harrison, viajaron en 1968 para visitar el *ashram* del Maharishi Mahesh Yogi en la India, el impacto cultural fue inmediato. De la noche a la mañana, el Maharishi se convirtió en un gurú *superstar*, el primer gran *influencer* de la nueva era. Decenas de miles de jóvenes con melena aprendieron su «meditación transcendental» basada en la repetición mental de un mantra. Otros tantos empezaron a planificar sus propios peregrinajes en busca de maestros «iluminados». Junto a las drogas, el arte y la música, la mística oriental se convirtió para los *hippies* en una forma más de cuestionar las rígidas normas y estructuras sociales de la época. El rollo espiritual se volvió *groovy* para toda una generación.

En el caso del mindfulness, la revolución iniciada por Jon Kabat-Zinn en 1979 se ha desarrollado de forma infinitamente más lenta. Jon no era, precisamente, un ídolo con millones de seguidores, ni un yogui carismático con barba. No se presentaba como un «iluminado», ni mucho menos. Pero tenía una ventaja decisiva frente a los cuatro chavales de Liverpool y el exótico gurú: su formación científica.

Hasta entonces, la psicología académica se había mantenido bien alejada de este tipo de prácticas por su asociación con la pseudociencia y la religión. ¿Cómo demostrar una visión mística? ¿Cómo medir empíricamente un estado tan subjetivo como el nirvana al que aspiran hinduistas y budistas? ¿Qué decir de la reencarnación, de las fantasiosas divinidades y de los demonios de la India y el Tíbet, o de los milagros atribuidos a ciertos yoguis? En los bastiones de la ortodoxia académica, las prácticas contemplativas no se consideraban asuntos dignos de estudio.

Ciencia vudú

A finales de los setenta ya se habían publicado numerosas investigaciones sobre la meditación, pero casi todas se centraban en la variante «trascendental» del Maharishi. Para entonces, el gurú de los Beatles había montado un auténtico imperio global con cientos de escuelas y miles de profesores. De hecho, los autores de los primeros estudios sobre estos asuntos solían pertenecer a la Maharishi International University (MIU), un controvertido centro «académico» cofundado en Iowa por la organización. Los investigadores de la MIU aseguraban haber encontrado beneficios asombrosos de estas prácticas milenarias. Beneficios quizás un poco *demasiado* asombrosos.

El risueño yogui afirmaba, por ejemplo, que era posible desarrollar poderes *jedi* verdaderos: telepatía, invisibilidad, precognición y lo más emocionante de todo... ¡levitar! Sus adeptos practicaban algo llamado el «vuelo yóguico», que pasaba, supuestamente, por tres fases: saltar, flotar y volar directamente por los aires. Si vas a YouTube y buscas «Yoguic flying» puedes ver vídeos de la excéntrica «primera fase», que consiste en saltar como una rana en postura de loto sobre una colchoneta. Como ejercicio de yoga parece bastante divertido, desde luego —me lo imagino como preludio a una buena lucha de almohadas—, aunque me hace temer un poco por la salud de las rodillas implicadas. Lo que no encontrarás en ningún lado es un vídeo de alguien demostrando la segunda o tercera fase. Ni siquiera el propio Maharishi.

Aunque los «científicos» de la MIU jamás han aportado pruebas de la supuesta levitación, a partir de los años setenta empezaron a publicar artículos sobre un efecto paranormal que llamaban el «efecto Maharishi». Afirmaban que si se junta un grupo suficientemente numeroso de meditadores se elevarán los indicadores de la armonía y el orden social, tales como la reducción del crimen violento, el aumento de la salud pública o una subida en la bolsa de valores. En el caso de prácticas avanzadas como el «vuelo yóguico» tampoco hace falta un número muy elevado de personas: basta con la raíz cuadrada del 1% de la población, que en Estados Unidos sería entre 1.500 y 2.000 meditadores.

Los seguidores del Maharishi en seguida se pusieron manos (y traseros) a la obra, creando grupos enormes de voladores saltarines. Según sus propias investigaciones, estas iniciativas han conseguido reducir la tasa de accidentes automovilísticos en Estados Unidos, la pobreza en Camboya, el conflicto en el Líbano y un montón de otros milagros. Al final de un artículo, el autor concluye: «He aquí un camino científicamente demostrado y de fácil implementación para un brillante futuro de la humanidad: armonía universal, respeto mutuo, paz, salud, justicia, prosperidad y alegría».

La comunidad científica, sin embargo, no ha hecho mucho caso a estas extravagantes ideas, excepto para ridiculizarlas como ejemplos paradigmáticos de pseudociencia. En su libro *Ciencia o vudú*, el profesor emérito de Física de la Universidad de Maryland, Robert Park, analiza un experimento sobre el efecto Maharishi en la ciudad de Washington D.C. El autor del estudio, John Hagelin, predijo que su grupo de meditadores conseguiría reducir el crimen violento en un 20 % durante el verano de 1993. Hagelin, también un físico teórico, explicó que este efecto demostraría empíricamente y de una vez por todas la teoría de las supercuerdas, que propone la unidad de las distintas fuerzas de la naturaleza. ¡Un hito científico de primer orden!

Desafortunadamente, sobre todo para los ciudadanos de Washington, la tasa de homicidios experimentó en esos dos meses un escalofriante aumento, y alcanzó un récord histórico que sigue vigente hoy en día. ¿Aceptó Hagelin el fracaso de su experimento? Al contrario. Se atrevió a afirmar, en un informe de 55 páginas, que el crimen violento había experimentado una caída del 18 %.

Un sorprendido reportero del *Washington Post* entonces le preguntó:

—¿Una caída del dieciocho por ciento en relación con qué?

En relación, explicó pacientemente Hagelin, con la tasa de crimen violento *que se habría producido si los meditadores no se hubieran puesto a meditar.*

—Pero ¿cómo puede usted conocer esa tasa? —insistió el periodista.

Al parecer, Hagelin había empleado sofisticados análisis que incluían variables como las fluctuaciones en el campo magnético de la Tierra. ¿Y el pequeño detalle de los homicidios? Fácil de explicar: había hecho más calor ese verano. Además, el número de asesinatos de carácter «brutal» había descendido, explicó el investigador sin despeinarse. Daba la impresión de que la adherencia de Hagelin a las disparatadas profecías de su gurú contaban más que el rigor científico.

Teniendo en cuenta tamañas distorsiones del método experimental es comprensible que los estudios sobre la meditación, dominadas en los años setenta y ochenta por los seguidores del Maharishi, provocaran más carcajadas que curiosidad entre los miembros de la comunidad científica.

Richie sale del armario

Afortunadamente, no todos los *hippies* se tomaban la ciencia tan a la ligera. Entre los muchos chavales de la era Beatles fascinados por la sabiduría oriental estaba Richard Davidson, un brillante doctorando que ingresó en la Universidad de Harvard en 1971. Este joven escogió Harvard tras leer un artículo escrito por otro alumno de la prestigiosa institución, Daniel Goleman, sobre la meditación como terapia.

En un viaje académico a la India, Goleman quedó fascinado por la riqueza de teorías orientales sobre la mente que habían perdurado intactas durante miles de años. ¿Cómo era posible que nadie le hubiera hablado de todo esto en sus clases de Psicología? Para Goleman, lo más impactante había sido conocer en persona a maestros como el monje tibetano Khunu Lama o el yogui indio Neem Karoli Baba. Estos dos tipos parecían haber conquistado cotas altísimas de amabilidad, serenidad y sencillez. Trataban a todas las personas por igual, ya fueran ministros o pordioseros. ¿Habían realmente alcanzado algún tipo de «iluminación», una sabiduría que los liberaba de las preocupaciones, los dolores y los deseos del común de los mortales? ¿O era todo esto una fantasía más de la era *flower power*?

Los dos amigos y pioneros decidieron investigar tales cuestiones con las herramientas de la ciencia. Pero a Richard Davidson le advirtieron sus profesores que si centraba su doctorado en papanaterías místicas sería el fin de su carrera. ¡Mejor no mezclar el *Summer of Love* con la ciencia seria! Decidió hacerles caso. Aunque en uno de sus experimentos incluyó una práctica de meditación, el tema principal fue mucho menos controvertido: los factores psicológicos que influyen en la obesidad.

La advertencia que recibió Richard no iba en broma. Su amigo Daniel sí se atrevió a publicar una tesis centrada por completo en la meditación. Más aún: montó un curso titulado «La psicología de la consciencia». Sus clases, en plena época *hippie*, tuvieron tanto éxito que acabaron trasladándolas al salón de actos más grande de Harvard: el Sanders Theatre, con capacidad para 1.000 personas. Pero a pesar de ello, o quizás justamente por el escándalo que debió de provocar, a Goleman no le renovaron el contrato al final del semestre, y el pobre tuvo dificultades para encontrar otro puesto universitario. Finalmente aceptó un empleo en la revista *Psychology Today* trabajando como periodista hasta que se hizo mundialmente famoso con su libro *Inteligencia emocional*.

Mientras tanto, Richard se cortó la pelambrera hippy y durante las siguientes dos décadas desarrolló una brillante carrera en Neurociencia, una disciplina que por primera vez en la historia comenzaba a penetrar en los misterios del cerebro humano gracias a tecnologías de neuroimagen como la resonancia magnética funcional (fMRI) o la tomografía por emisión de positrones (PET). Desde su laboratorio en la Universidad de Madison llevó a cabo investigaciones pioneras sobre los mecanismos emocionales y la «plasticidad» neuronal —la capacidad que tiene el cerebro de cambiar, crecer y desarrollarse, como un músculo, según el uso que se le da.

A lo largo de estos años, Davidson también siguió investigando la mente humana mediante la introspección meditativa. Pero lo hizo en riguroso secreto:

ninguno de sus colegas académicos conocía este lado *hippie* del distinguido investigador. Todo ello cambió en 1992 cuando el Mind and Life Institute le invitó a Dharamsala, en la India, para participar en un curioso diálogo entre Tenzin Gyatso (más conocido como el 14.º Dalai Lama) y científicos occidentales. La idea era justamente unir dos formas de explorar la mente humana: el estudio objetivo, desde fuera, y el estudio subjetivo, desde dentro. Al parecer, el célebre líder del budismo tibetano le propuso el siguiente desafío:

—Lleva mucho tiempo empleando las herramientas de la neurociencia moderna para estudiar la depresión, la ansiedad y el miedo. ¿Por qué no puede usar estas mismas herramientas para estudiar la amabilidad y la compasión?

Davidson no supo qué responder.

—Uff... es difícil —le dijo finalmente.

Pero este encuentro fue la semilla de un cambio radical en su carrera. Después de veinte años, volvería a aplicar sus conocimientos científicos al tema que tanto le fascinó en su juventud: la meditación. Había llegado el momento de salir del armario.

Davidson no perdió el tiempo. Aprovechando el viaje a Dharamsala, organizó una expedición pionera para llegar hasta las cuevas y chozas de una serie de eremitas tibetanos que llevaban años retirados del mundanal ruido en una zona remota del Himalaya. Con la idea de escanear sus cerebros *in situ*, preparó un laboratorio portátil y se aventuró por lugares sin carreteras ni caminos junto con un equipo de sufridos ayudantes cargados con todo tipo de cachivaches tecnológicos.

Desafortunadamente, y a pesar del enorme esfuerzo, la expedición fue un rotundo fracaso. Los yoguis recibieron al grupo de científicos con gran calidez y generosidad, e incluso les ofrecieron introducirles a la meditación. Pero a pesar de una carta del mismísimo Dalai Lama pidiendo su colaboración, ni siquiera uno de ellos se animó a participar. Algunos no entendieron qué interés podría tener el asunto. Otros directamente recelaban del proyecto. ¿Y si aquellos aparatos tan extraños fuesen incapaces de medir los verdaderos efectos de la meditación? Quizás, en ese caso, la gente se desanimaría a seguir el camino espiritual. El intrépido equipo se volvió a casa sin un solo dato empírico.

Davidson no se dio por vencido, pero tardó toda una década en conseguir que un primer grupo de ocho maestros tibetanos accedieran a someterse a su maquinaria. La clave fue Matthieu Ricard, un monje de origen francés que se había doctorado en Genética Molecular en el Instituto Pasteur de París antes de ponerse la túnica roja y raparse la cabeza. Desde 1989 ejercía de traductor francés para el Dalai Lama, y Davidson lo había conocido en los diálogos del Mind and Life Institute. A diferencia de los yoguis de las cuevas, Ricard entendía perfectamente el significado de colaborar con un neurocientífico distinguido. No sólo se ofreció como primer voluntario, sino que supo explicar a sus compañeros budistas el valor del proyecto: ayudaría a difundir estas prácticas entre muchas personas de Occidente, y, por lo tanto, a reducir el sufrimiento de la humanidad.

Efectivamente, iba a ser así.

Monjes con electrodos en la calva

En 2002, Matthieu Ricard viajó al laboratorio de Davidson en Wisconsin. Al inicio de la primera sesión, los técnicos del laboratorio conectaron a su cuero cabelludo 256 pequeños sensores conectados por cable a las sofisticadas tecnologías que medirían su actividad cerebral. Entonces, cuando todo estuvo preparado, llegó el momento de la verdad: el investigador le pidió al monje que comenzara a meditar.

El resultado fue tan inesperado, inmediato y radical que Davidson pensó que se había producido un error en el sistema.

Pero no: la maquinaria seguía funcionando a la perfección.

Los monitores mostraban un cambio en las ondas cerebrales totalmente inaudito. Estas ondas son impulsos eléctricos que oscilan a distintas velocidades en cinco bandas conocidas como delta (las más lentas), theta, alpha, beta y gamma (las más rápidas). En la mayoría de las personas, las ondas gamma suelen aparecer sólo de forma esporádica y fugaz, en momentos de máxima concentración. Duran unos instantes y desaparecen. En el caso de Ricard, sin embargo, el inicio de la meditación coincidió con un salto gigantesco en la intensidad de sus ondas gamma, y esta intensidad se mantuvo estable durante toda la práctica, cesando sólo cuando terminó de meditar, también de golpe. Jamás, en la historia de la neurociencia, se había registrado cosa igual.

Fue el inicio de una serie de experimentos que dieron la vuelta al mundo. Las portadas de revistas y periódicos coronaban a Matthieu Ricard como «el hombre más feliz del mundo» (aunque él lo niega siempre en las entrevistas), porque la actividad en su lóbulo prefrontal izquierdo, asociado con las emociones positivas, también había batido récords. Poco después, los demás eremitas reclutados por Ricard comenzaron a desfilar por el laboratorio de Davidson, proporcionando a los medios fotos memorables de monjes en túnicas rojas meditando con una maraña de cables brotando de sus cabezas. Los resultados siguieron asombrando al equipo de investigadores y al mundo entero.

No era para menos. Durante milenios, los buscadores espirituales de numerosas tradiciones habían consagrado buena parte de sus vidas a llevar a cabo prácticas ascéticas. Para los creyentes en la existencia de una «iluminación» o «despertar» dichoso la cosa tenía su sentido. Pero era una cuestión de fe. Para quienes no la compartían, meditar parecía una absoluta pérdida de tiempo. Dedicar la vida entera a algo así, o incluso algún rato suelto, resultaba incomprensible.

Ahora, de pronto, la neurociencia constataba que al menos algunos de estos seres humanos eran capaces de proezas mentales sin parangón, verdaderos atletas olímpicos del mundo interior. ¿Pero de qué se trataba en realidad? Las técnicas de neuroimagen no podían responder a esta pregunta. Mostraban sólo pequeños destellos de las habilidades de estos yoguis. Era algo así como seguir la final de los 100 metros lisos a partir del latido del corazón de los corredores. Nadie podía afirmar, científicamente, que hubieran alcanzado ese nirvana del que hablan los budistas. Sin embargo, algo muy peculiar estaba sucediendo en aquellos cerebros. De eso no cabía duda.

La plasticidad neuronal investigada por Davidson en las últimas décadas parecía ofrecer una explicación. Se había comprobado, por ejemplo, que los taxistas de Londres tenían el hipocampo posterior, asociado con la memoria espacial, más voluminoso. El cerebro de estos conductores había crecido millones de nuevas conexiones neuronales al navegar por el laberinto callejero de la capital inglesa. Cuantos más años de experiencia acumulada, mayor la transformación. Algo similar sucedía con los violinistas profesionales, que a base de apretar las cuerdas del mango engrosaban las zonas cerebrales asociadas al movimiento de los dedos de la mano izquierda.

¿Habían reconfigurado sus cerebros estos supermeditadores como hacen los violinistas en sus ensayos o los *cabbies* dando vueltas por Londres? ¿O nacieron ya con un talento especial que les atrajo a la vida contemplativa? Y si realmente habían entrenado su materia gris para desarrollar cualidades extraordinarias, ¿era necesario ponerse la túnica roja y consagrar la vida entera a la contemplación? ¿Había que meditar durante años y años (o incluso vidas y vidas, como dicen los creyentes en la reencarnación) para «despertar»? ¿O bastaba ejercitarse un poco antes del desayuno para salir, aunque fuera un poco, del despiste y la confusión generalizada?

Para descubrirlo haría falta ponerse a estudiar a gente normalita. A seres humanos de los de toda la vida. A personas como tú y como yo.

En la mayoría de las personas, las **ondas gamma** suelen aparecer sólo de forma esporádica y fugaz, en momentos de MÁXIMA CONCENTRACIÓN. Duran unos instantes y desaparecen. En el caso de Ricard, sin embargo, el inicio de la meditación coincidió con un **salto gigantesco en la intensidad de sus ondas gamma**, y esta intensidad se mantuvo estable durante toda la práctica, cesando sólo cuando terminó de meditar, también de golpe. **Jamás, en la historia de la neurociencia, se había registrado cosa igual.**

Escanea este código QR
para acceder al vídeo

Prácticas de mindfulness
para seres humanos de los de toda la vida

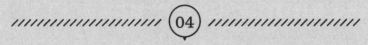

MEDITACIÓN DE ANDAR POR CASA

A muchas personas les cuesta sentarse a meditar. Pero hay meditaciones que no requieren la quietud. Un ejercicio clásico, presente en numerosas tradiciones contemplativas, es el paseo meditativo. ¿Por qué no probarlo ahora mismo?

1. Buscas un lugar tranquilo para el ejercicio (ver la práctica 3) y escoges un recorrido breve. Bastan unos cinco o diez pasos. Puedes practicarlo sobre el suelo, una alfombra o una esterilla, en cualquier habitación. Si hace buen tiempo, también en una terraza, jardín o parque. Recomiendo probarlo con los pies desnudos, o al menos sin zapatos.

2. Decides de antemano cuánto tiempo vas a practicar. Yo me suelo poner un temporizador. Con 5 minutos para empezar es suficiente. Luego puedes ampliar la duración a 10, 15, 20, 30 minutos o más.

3. Empiezas con un paso. Luego das otro. Y otro más. Lo que es caminar, vaya.

4. Cuando llegas al final de tu breve recorrido, te das la vuelta y sigues el camino a la inversa. Continuas así hasta que se agota todo el tiempo.

5. ¿Eso es todo? Precisamente: eso es TODO. Vas a caminar sin escuchar música ni *podcasts*, sin charlar con nadie, sin tan siquiera mirar a tu alrededor a ver qué puede haber «más interesante». Caminar caminando. ¿Parece un rollo? Habrá que verlo.

6. Tratarás de poner toda tu atención en cada sensación, dirigiendo el movimiento cuidadosamente, notando cómo es eso de levantar una pierna y dejar todo el cuerpo equilibrado sobre la contraria, cómo es eso de mover el pie libremente por el espacio, cómo es eso de depositarlo poco a poco sobre el suelo y recuperar el equilibrio sobre ambos lados. ¿Qué sensaciones se producen en las plantas, en los tobillos, en las piernas, en el tronco, en los brazos, en los hombros, en todo el cuerpo?

7. Si pierdes la atención porque se ve atraída por algún otro fenómeno —pensamientos, sonidos del ambiente, algún detalle de tu entorno— no pasa nada. La vuelves a traer de nuevo, amablemente, hacia el paso que estás dando (ver la práctica 5).

8. La idea es intentar permanecer siempre en «este» paso, en «este» momento. Normalmente queremos «llegar» a algún sitio y los pasos no son más que medios para ese fin. Quieres ir de «aquí» hasta «allá». En este caso puedes darte la bienvenida en cada paso. Ya has llegado. No hay «allá» —sólo hay «aquí».

9. No hace falta que te mires los pies. Tampoco hace falta ir muy lento, sino más bien encontrar el ritmo adecuado en cada momento. Te animo a experimentar con distintas formas de moverte sin necesidad de evaluar si caminas «bien» o «mal». También puedes sincronizar la respiración con los pasos. Lo importante es tratar de permanecer en el momento.

10. Si sientes impaciencia o aburrimiento es normal. Si la mente se distrae sin parar es normal. Si quieres mandarlo todo a freír espárragos es normal. Llevas tu curiosidad hacia todo lo que sucede mientras te mueves, tanto en el cuerpo como en tu mente. El ejercicio consiste en esto.

11. Cuando te hayas familiarizado con esta práctica puedes probar con otras actividades físicas —nadar, correr, bailar, bicicleta, musculación—, decidiendo en cada momento el ritmo y el nivel de desafío adecuado, equilibrando esfuerzo y autocuidado. Como ya mencioné en el capítulo 1, el «yoga» originario implica estar presente al esforzarte y al descansar. Cualquier ejercicio, en este sentido, puede ser yoga. Por otro lado, si ya practicas el *hatha* yoga clásico o alguna disciplina similar como el taichí o el pilates te invito a hacer los movimientos con verdadera consciencia, como si fuera por primera vez. Es fácil llegar a automatizarlos, y por lo tanto «hacer yoga» sin hacer yoga. Como ya he confesado, a mí me sucede muy a menudo.

05.
El verdadero
SECRETO
de la meditación

Era viernes por la tarde y aún quedaban 10 minutos para el inicio de mi clase de yoga en el Centro Sivananda de Madrid. El rito de quitarme los zapatos a la entrada y cambiarme de ropa en el vestidor había sido como entrar en otra dimensión. Una dimensión más amable, más lenta, más acogedora. Después de una intensa semana de trabajo a las órdenes de mi temido jefe, ¡finalmente un poco de tiempo para mí!

Desde que terminé mi tesis doctoral y volví a España, a principios de 1998, este lugar se había convertido en un refugio de paz que trataba de visitar al menos una vez por semana. Mi idílica vida de doctorando en Florencia parecía ya un sueño lejano. Poco antes de entregar mi tesis, mi carrera académica se truncó inesperadamente cuando el Ministerio de Educación español me denegó una beca posdoctoral que había solicitado para continuar mis investigaciones. *(¿¿Es que no entendían la importancia vital de desentrañar el misterio de la risa??)*. Para ganarme un sueldo había ingresado en el aceleradísimo Departamento de Recursos Humanos de una *startup* tecnológica, donde trabajaba jornadas de 10 horas sin apenas respiro. Ahora sí que comenzaba a entender el significado del estrés.

Sentado en un banquito cerca de la recepción, dejé que la música del sitar y el perfume de sándalo, ahora ya familiares, me transportaran lejos del mundo corporativo que me tenía secuestrado de lunes a viernes e incluso algún sábado. Mis ojos miraban hacia el suelo de madera, como buscando ahí alguna respuesta a preguntas que no sabía ni cómo formular. De pronto aparecieron sobre el parqué un par de pies desnudos de tamaño gigantesco. Pertenecían a Swami Krishnananda, el director del centro, un yogui tan alto que podría haberle fichado algún equipo de la NBA.

—Eduardo, ¿tú meditas? —me abordó, sin más prolegómenos.

—Ehm... no —le respondí, sobresaltado por la pregunta, que me sonó a acusación. Un instante después me mosqueé un poco. ¿Por qué debía sentirme culpable? ¿Qué le importaba a este tipo si meditaba o no? ¡Ya me apuntaría si me apetecía! Además, sinceramente, no me apetecía mucho. Temía que la meditación me arrastrara hacia el fondo de ese torbellino esotérico de mantras, chakras y divinidades hindúes que seguían dándome un poco de reparo.

Además, con mi ajetreada vida de currito apenas tenía tiempo para asistir a las clases de yoga normales. Mi agenda me tenía tan ocupado que no conseguía quedar ni con mis mejores amigos. ¡Como para apuntarme ahora a un curso de meditación!

No sé si Swami Krishnananda notó mi agitación interna. Sonriendo de oreja a oreja, y con la contundencia de un meteorólogo que acaba de recibir una previsión 100 % fiable, me soltó lo siguiente:

—Cuanto antes empieces, mejor.

Y sin añadir explicación alguna se alejó hacia otra sala con sus grandes y silenciosas zancadas.

«Qué raritos que son estos *swamis*», pensé.

Sin embargo, el encuentro se me quedó grabado en la memoria. Al salir de la sesión de yoga no pude evitar echarle una ojeada a los horarios de las clases de iniciación. La descripción del curso prometía todo lo que más ansiaba: concentración, autocontrol, paz mental. Durante los seis meses vividos en el epicentro del estrés corporativo, estrujándome los sesos para cumplir con plazos tan imposibles como indiscutibles, me daba la impresión de haber envejecido seis años. ¿Sería éste el antídoto que necesitaba?

A partir de ese viernes por la tarde, las palabras del excéntrico *swami* me volvieron a la cabeza una y otra vez, como un mantra: *Cuanto antes empieces, mejor. Cuanto antes empieces, mejor. Cuanto antes empieces, mejor.* Poco a poco, mi escepticismo inicial se fue ablandando. Al fin y al cabo, en Florencia también había tenido mis dudas sobre el propio yoga, mientras que ahora mis clases semanales eran lo único que me mantenía cuerdo.

Un mes y medio después, a pesar de mi falta de tiempo crónica, me apunté. Decidí que necesitaba reforzar mis defensas mentales por una cuestión de pura supervivencia. Krishnananda sería un tipo peculiar, pero desprendía una calma interior envidiable. Sospechaba que sus palabras encerraban algún secreto importante. Un secreto que los yoguis llevaban transmitiéndose de generación en generación a lo largo de los milenios. Y que ahora necesitaba descubrir urgentemente.

Mi encuentro con la meditación

Las clases me sorprendieron —positivamente—. No las impartía Krishnananda, sino una joven *swami* mexicana que nos explicó la práctica con mucha sencillez: llevar la atención al entrecejo (¡un chakra!) y repetir mentalmente el sonido «om» (¡un mantra!) con cada inhalación y con cada exhalación. Aparte del chakra y el mantra, la práctica en sí resultó ser bastante normalita, y la añadí a mi rutina diaria. Seguía estresadísimo casi todo el día y parte de la noche. En una época, incluso llegué a sufrir ataques de pánico. Pero meditar me proporcionó algo de perspectiva a lo largo de todo este calvario laboral. Lo suficiente como para seguir acudiendo a la oficina, refrenar el impulso de dar patadas a las cosas y no echarme a llorar en cualquier momento.

Eso sí, seguir las instrucciones de la *swami* mexicana, aparentemente sencillas, no resultaba nada fácil. Desde las primeras veces que me senté sobre el cojín me di cuenta de que la cabeza me daba vueltas como una lavadora a 2.000 r. p. m., el cuerpo me dolía por la postura y la impaciencia me asaltaba. Al principio supuse que con el tiempo acabaría haciéndolo bien.

—Mi torpeza es natural —razonaba dentro de mí, con mi lógica académica—, por dos motivos:

1. No he practicado lo suficiente.

2. Hay algo que tengo que aprender, ese secreto que aún no he descubierto.

Sin embargo, había una tercera opción. Esa posibilidad me la insinuaba mi Escéptico Interno, una especie de profesor adusto, calvo, con gafitas redondas y vestido con la clásica toga negra de Oxford University, cuya ceja izquierda estaba siempre lista para arquearse con ironía. Era una posibilidad terrible:

3. La meditación se me da FATAL.

Al principio traté de no hacerle mucho caso, a pesar de que cada vez que asomaba su nariz respingona por mi caverna interior se me revolvían las tripas. Pero con el paso de los meses, y los años, al no alcanzar la paz cósmica con la que había soñado, empecé a temer que tenía algo de razón. Menos mal que tengo también a un Optimista Interno, un surfista de músculos bronceados, melena rubia y sonrisa permanente que suele hablarme en inglés californiano. Siempre que este *beach bum* escuchaba al estirado profesor oxoniense se reía de buena gana y me daba ánimos desde su hamaca:

—*Take it easy, dude...* Tranqui, tronco, que la iluminación te llegará cuando menos te lo esperas. El secreto de la meditación es como el secreto del surf. Ya verás, ya...

Gracias a sus ánimos seguí practicando con mayor o menor regularidad, leyendo libros y acudiendo a distintas escuelas y maestros. Mientras tanto, mi vida dio muchos tumbos. Cambié de empresa y de país repetidas veces, me animé a emprender mis propios proyectos, di clases en una universidad americana en Madrid y monté una consultora de formación para empresas y organizaciones. A lo largo de este proceso también acabé enseñando yoga y meditación en Inglaterra, España e Italia, tras formarme como profesor con la escuela Sivananda.

Mi práctica fue un apoyo imprescindible durante todos estos cambios. Pero seguía estresándome, sobre todo porque al ir controlando mis nervios me iba metiendo en líos cada vez más gordos. Al mismo tiempo, no dejaba de perder la concentración durante mis prácticas meditativas. Me daba la impresión de no avanzar.

Incluso de retroceder. A mis alumnos de meditación, novatos totales, les explicaba que era normal despistarse. Pero ¿y yo, que llevaba más de una década dándole a mi mantra? ¿No debería estar ya medio iluminado? ¿Cuál de mis consejeros imaginarios tenía razón: el optimista californiano o el escéptico oxoniense?

Al final resultó que acertaban los dos. La meditación, efectivamente, se me daba FATAL con mayúsculas. Pero paradójicamente, el secreto que me abriría las puertas a la meditación tenía que ver con esta triste realidad. Y, como explicaba mi Optimista Interno, era como el secreto del surf.

Cómo descubrí el secreto

Sucedió cuando finalmente me tocó asistir al famoso curso de «Reducción del estrés basado en mindfulness» (MBSR) de Jon Kabat-Zinn, en otoño de 2011. Tuve la gran fortuna de apuntarme a una de las primeras ediciones que la Universidad Complutense de Madrid ofreció a su propio personal, cuando aún eran pocos los pioneros en España que hablaban de este tema. Al recibir la publicidad, Emanuela, que para entonces era profesora de esta institución, propuso que nos apuntáramos para entrar en los cuarenta «conscientemente», ya que ambos nacimos en 1971.

El curso lo conocía por mi interés en la psicología del bienestar, y me había intrigado por el enfoque más científico de esas prácticas que yo conocía tan bien. Pero ¿iba a aportarme algo nuevo? ¿O era más de lo mismo? Lo que me acabó de convencer fue la recomendación efusiva que nos hizo nuestro amigo, el catedrático de Psicología Carmelo Vázquez, que además de ser un académico muy riguroso llevaba años ignorando mi propia recomendación de probar el yoga. Era como si Ferran Adrià me hablara con entusiasmo de un puesto callejero de hamburguesas.

Para colmo, Carmelo había asistido al curso junto con un montón de gente de su facultad. ¡Veinte psicólogas y psicólogos, con todo el escepticismo propio del mundo universitario, convertidos a la meditación de golpe! Algo debía de tener este curso. Algo sensacional. Quizás, incluso, ese dichoso secreto que siempre había sospechado que me escondían los yoguis.

No me equivocaba. Y se reveló de la manera menos esperada, gracias a una sencilla pregunta que se repetía una y otra vez en las clases:

—¿Cómo ha ido?

Al final de cada práctica, los profesores Gustavo Diex y Rafael G. de Silva nos invitaban a compartir nuestras experiencias. Abiertamente. En voz alta.

—¿Cómo ha ido?

Así, a bocajarro.

A lo largo de quince años había asistido a cientos de clases de yoga, sesiones de meditación, charlas, eventos y demás. Pero hasta la fecha nadie me había preguntado nada parecido: ¿qué tal? ¿Qué ha sucedido? ¿Algún problema? ¿Algún aprendizaje? ¿Qué te gustaría compartir con el grupo?

De hecho, no recordaba que nadie me hubiera preguntado nada en absoluto. Las maestras y maestros daban instrucciones, guiaban prácticas, contaban cuentos, citaban textos, lideraban el canto de mantras o incluso oficiaban antiguos ritos con estatuillas y velas. Pero si preguntaban algo era sólo para saber si *nosotros* teníamos alguna pregunta. El conocimiento parecía emanar siempre desde arriba.

Sin embargo, Gustavo y Rafa, comenzando por sus nombres normalitos, no eran maestros como los que yo había conocido. Ni siquiera se presentaban como tales, sino más bien como «facilitadores» del aprendizaje. La tupida barba de Gustavo era más de *hipster* que de gurú, y la calva de Rafa me recordaba más a la de mis hermanos que a la de los monjes budistas. Aparte de sus pantalones amplios, vestían de forma muy convencional. Las sesiones, libres de incienso y decoraciones orientales, se llevaban a cabo en un lugar muy poco *new age*: un sótano de las instalaciones deportivas de la Complutense por cuyas ventanas se colaba el estruendo y los humos de la carretera A-6.

—En este curso vamos a aprender los unos de los otros —dejó muy claro Gustavo en la primera clase—. Nosotros también. No tenemos el conocimiento, ni podemos dároslo. Este curso es una invitación para desenterrar una sabiduría que ya poseéis, cada uno y cada una, en vuestro interior.

No eran sólo bonitas palabras de formador con pico de oro. En cada clase dedicaron casi la mitad del tiempo a recoger nuestros comentarios y casi la otra mitad a las prácticas en sí. Gustavo y Rafa apenas nos contaron nada. Si queríamos más teoría o datos científicos los encontraríamos en los materiales de clase y en las lecturas recomendadas.

A pesar del buen rollo de los facilitadores, los «momentos de compartir» me produjeron un poco de pánico escénico, sobre todo al inicio. Me trajeron a la mente los interrogatorios que el padre Colósimo nos preparaba en clase de Geometría a los 15 años, y que comenzaban con una maléfica sonrisa y un siniestro frotarse de sus manitas gruesas. Colósimo, que parecía un exboxeador napolitano —bajito, calvo, de nariz achatada y con una panza que ponía a prueba la geometría de su sotana negra—, tenía una asombrosa habilidad para identificar a los estudiantes que no habían logrado resolver las endiabladas pruebas matemáticas que nos asignaba como deberes.

—Dios está de mi lado —aseguraba extasiado cada vez que nos pillaba.

Creo que nunca he sudado tanto como cuando me pasaba el trozo de tiza y me dejaba solo ante la pizarra.

Y es que claro, Gustavo y Rafa me habían pillado. Me habían pillado, pero bien. ¿Iba a tener que confesarlo después de tantos años? ¿Iba a tener que reconocer que esto de la meditación se me daba, se me daba...? ¡NO, NO, ESO NUNCA!

Afortunadamente, estos dos no tenían ni pizca del sadismo de mi antiguo maestro de Geometría.

—Cada uno que comparta lo que quiera compartir —aclararon en la primera clase—. Vuestro silencio será igualmente bienvenido.

Con el paso de las semanas, al ir cogiendo confianza con el grupo, nos fuimos soltando, y el verdadero problema fue que faltaba tiempo para que todo el mundo compartiera lo suyo.

¿Qué aprendimos? En realidad, nada que no sepas ya. Y al mismo tiempo, casi todas las cosas más importantes que la vida tiene que enseñar. Incluyendo ese secreto tan escondido que finalmente salió a la luz en la boca de cada uno de mis compañeros y compañeras, ya fueran meditadores novatos o con más experiencia:

—Es que no consigo concentrarme.

—Estuve todo el rato distraída.

—El problema es que tengo la mente muy rápida.

—No podía quedarme quieto... ¡me he tenido que mover!

—Me dolía la rodilla.

—Me picaba la barbilla.

—Me he dormido.

Hasta los propios facilitadores reconocieron que también les pasaban estas cosas. ¡También se les daba FATAL!

Sin embargo, y a pesar de todo, terminamos el curso con la sensación (que compartimos también en grupo) de haber crecido, de haber recuperado un espacio de calma interior, de haber ganado en salud, sabiduría y humanidad. Personalmente, me dio la impresión de haber pegado un salto de gigante en mi propio camino, integrando mucho mejor la meditación en mi vida cotidiana y proporcionándome un potente chute de motivación para sentarme en el cojín cada mañana.

La ola del ahora

En uno de sus libros, Jon Kabat-Zinn describe un póster de Swami Satchidananda encaramado a una tabla de surf, con su túnica naranja y larga barba blanca agitadas por el viento. Sobre el póster aparecen las siguientes palabras:

No puedes parar las olas, pero puedes aprender a surfear.

Kabat-Zinn considera el surf una gran metáfora para explicar el valor del mindfulness. La vida nos lanza olas de todo tipo. Algunas asustan más y otras menos. Pero cuando te viene encima una grande es inútil ignorarla, y tampoco sirve de nada luchar contra ella. Si lo intentas (y lo intentamos casi siempre), te arrollará. Por lo tanto, lo mejor es aceptar su existencia y adaptarte a ella lo mejor que puedas, tratando de mantener el equilibrio y aprovechando su energía, momento a momento. Surfeando la ola del ahora.

A mí también me gusta esta metáfora, pero por otros motivos. ¿Has probado el surf alguna vez? Cuando viví en California, entre los nueve y los dieciséis años, varios de mis amigos eran surferos empedernidos. Cuando volví a Madrid, en 1987, mi nueva pandilla de barrio viajaba regularmente a las playas de Cádiz para practicar este mismo deporte. De hecho, ya cincuentones, siguen aficionados a las olas, y uno de ellos llegó a mudarse a la costa gaditana para surfear diariamente. Por lo tanto, he tenido amplias oportunidades de intentarlo, pero debo reconocer que no he llegado muy lejos.

El surf es dificilísimo. Diría que casi casi imposible. Sólo llegar a plantar los pies en la tabla y levantarse sobre una ola constituye una verdadera proeza. Por eso fascina tanto ver a un surfista deslizarse hábilmente, a toda velocidad, a lo largo de esa poderosa onda líquida. Y por la misma razón, el milagroso equilibrio suele durar poquísimo: unos diez o doce segundos, de media. Carreras de medio minuto o más son excepcionales, incluso para los auténticos campeones. Además, suelen acabar a menudo con lo que se denomina un *wipeout*, que es cuando la ola te arrasa aparatosamente. El 95 % del tiempo, los surfistas lo pasan en el agua.

Meditar es parecido. Mantener la atención perfectamente equilibrada sobre la ola del momento presente, esa ola que avanza inexorablemente del pasado al futuro, es una hazaña prácticamente imposible para los seres humanos. Lo normal, incluso después de años de práctica, es caerse de la ola o verse arrastrado bajo la superficie después de pocos segundos de concentración, para luego quedarse un buen rato sumergido en un revoltijo de pensamientos y emociones varias. Sólo cuando finalmente consigues darte cuenta de la distracción puedes volver a salir de nuevo a flote y volver a encaramarte sobre el ahora.

Sin embargo, no importa. Millones de surfistas practican su deporte imposible, porque el esfuerzo en sí vale la pena. En la California de los ochenta se repetía como un mantra la frase *«only a surfer knows the feeling»* («sólo un surfista conoce la sensación»). Con las prácticas meditativas pasa lo mismo. Excepto que en ambos casos, lo que hay en juego es mucho más que una sensación pasajera. Cada vez que nos subimos a una ola entrenamos la habilidad en cuestión. Y aunque no se note el cambio día a día, y sigamos cayendo siempre al agua, el entrenamiento deja su huella —desde las primeras veces que te aventuras hacia el océano abierto. Finalmente, la ciencia ha podido comprobarlo.

Principiantes del surf interior

Cuando Richard Davidson, a finales de los años noventa, decidió investigar los efectos de las prácticas meditativas en personas sin experiencia, escogió el curso de reducción del estrés basado en mindfulness (MBSR). La «meditación trascendental» (TM) del Maharishi Mahesh Yogi seguía siendo la técnica más popular en los Estados Unidos, recomendada por medio Hollywood, desde Gwyneth Paltrow hasta Clint Eastwood. Pero Kabat-Zinn, con su formación académica, había creado un método mucho más adecuado para la investigación científica.

El protocolo tenía una duración limitada —ocho semanas—, seguía un programa fijo y se llevaba a cabo en grupos de 15-30 personas. Se basaba en un concepto psicológico bien definido: la atención sostenida de forma intencionada, en el momento presente, sin juicios. Era un sistema plenamente laico, libre al 100 % de mantras, chakras, ceremonias, creencias sobrenaturales o asociaciones con gurúes carismáticos. Los beneficios propuestos eran más cabales y fáciles de testar que los milagros del Maharishi: reducción del estrés, de dolores y de otros síntomas médicos. Además, para entonces se habían publicado al menos una docena de estudios en revistas científicas, con resultados aún preliminares pero prometedores.

En 2003, Davidson publicó su primera investigación con personas sin experiencia. Midió la actividad cerebral y la respuesta inmunológica de veinticinco sujetos antes y después de hacer el MBSR, comparando los resultados con un grupo de control. Increíblemente, tras sólo ocho semanas de curso, los participantes experimentaron:

1. Un aumento significativo en la activación del lóbulo prefrontal izquierdo, asociado con las emociones positivas.

2. Una mayor respuesta inmunológica a una vacuna de la gripe administrada antes del curso.

Como colofón, se encontró una relación entre ambas variables: cuanto más se activaban las emociones positivas, más potente era la respuesta inmunológica.

El experimento llamó la atención de la comunidad científica tanto o más que el escáner cerebral de Matthieu Ricard. Finalmente, tras décadas de resistencias académicas, llegaban datos fisiológicos fiables de un equipo de investigación de máximo prestigio. Estos datos indicaban que no era necesario meditar durante años para experimentar mejoras. El entrenamiento daba sus primeros frutos en pocas semanas, con personas a las que, sin lugar a dudas, se les daba FATAL meditar.

Fue el inicio de una verdadera explosión de investigaciones sobre mindfulness y otras prácticas meditativas, incluido el TM del Maharishi. Durante esta era dorada de las «ciencias contemplativas», como empiezan a conocerse, se publican cada año más de mil artículos, incluso en las revistas académicas de máximo prestigio, sobre asuntos que hace pocas décadas levantaban cejas de escepticismo por doquier. En bastiones de la ortodoxia como Oxford, Brown y Stanford se han fundado centros o laboratorios de investigación dedicados a investigar este tipo de prácticas. El equipo de Davidson, en la Universidad de Madison-Wisconsin, ya cuenta con más de cien expertos en temas como neurociencia, estadística, informática, física y tradiciones contemplativas.

¿Son fiables estos estudios?

A pesar de todo lo que acabo de contar, te recomiendo proceder en estos asuntos con suma cautela. A veces el mindfulness se presenta como la piedra filosofal que lo convierte todo en oro, basándose en datos «científicos» poco fiables. No olvidemos que existe un ejército de personas, escuelas, consultoras, editoriales y fábricas de cojines con un interés económico en el éxito de la meditación. Lo sé bien, ¡porque soy una de ellas, y no me fío ni de mí mismo! Siempre que se juntan la ciencia y el marketing hay que tener más cuidado que Indiana Jones de camino al ídolo dorado —llevando a mano, por si acaso, tanto el revólver como el látigo—. El cómico Tim

Minchin tiene una canción cuyo título me encanta: «Si abres demasiado tu mente, se te caerá el cerebro».

Voy a ser honesto contigo, ya que me he comprometido: buena parte de esas miles de investigaciones publicadas sobre mindfulness —como es habitual en las ciencias humanas y sociales— sufren de importantes limitaciones metodológicas. No es que sus autores sean torpes, descuidados o ignorantes (aunque puede suceder, como en cualquier ámbito). El problema es que los mejores protocolos requieren mucho tiempo, recursos y, en definitiva, dinero.

Por ejemplo, el famosísimo experimento que acabo de describir un poco más arriba (el más citado de toda la carrera de Davidson, con más de 5.000 referencias en artículos científicos según *Google Scholar*) se concibió como un estudio piloto. El propio Richard Davidson reconoce que su calidad es bastante pobre. Además, sus prometedores resultados nunca se han replicado —un paso crítico para comprobar cualquier hipótesis. Por lo tanto, aún es demasiado pronto para gritar a los cuatro vientos que el mindfulness te defiende de la gripe o que activa zonas cerebrales asociadas a las emociones positivas. Puede que algún día se confirmen estas hipótesis, pero aún no lo sabemos a ciencia cierta.

Por otro lado, el gran impacto de este estudio pionero ha aumentado la cantidad (y con el tiempo también la calidad) de las investigaciones en esta área. Casi veinte años después, contamos con evidencias sólidas de numerosos beneficios de la meditación, algunos realmente asombrosos. Muchos de ellos, además, los puede disfrutar cualquier persona, aunque sea la primera vez que se enfrenta al surf interior.

Por ejemplo, estudios rigurosos han encontrado que practicar mindfulness reduce la inflamación de la piel asociada al estrés (de la que hablaremos en el siguiente capítulo). Los meditadores avanzados son los que más gozan de este beneficio, pero basta con seguir el MBSR de Jon Kabat-Zinn para obtenerlo en pocas semanas. De hecho, incluso un curso de meditación de sólo tres días consiguió reducir el nivel de una proteína que contribuye a la inflamación. Dado que el proceso inflamatorio empeora a patologías como el asma, el Alzheimer, la diabetes y la psoriasis, son muy buenas noticias. Eso sí, los resultados indican que hay que trabajárselo: este beneficio aumenta con las horas de práctica.

Lógicamente, algunos de los efectos más impresionantes del mindfulness tienen que ver con la atención. ¿Viste como el mago se sacó la carta de la manga con la mano izquierda? Claro que no. Los ilusionistas usan técnicas para dirigir tu atención (por ejemplo, agitar un llamativo pañuelo rojo con la mano derecha) mientras hacen el truco. Pero ahora sabemos que basta con cursar un MBSR de ocho semanas para focalizar la mente con más precisión sobre un fenómeno concreto y no dejarte seducir tanto por las distracciones (como las de ese aparatito que llevas en el bolsillo).

De hecho, incluso intervenciones más breves dejan su huella. Un curso de atención plena de dos semanas no sólo potenció la concentración y la memoria de un grupo de estudiantes universitarios sino que provocó una mejora del 16% en sus notas del GRE, un examen oficial para entrar en centros de postgrado. En otro experimento bastó asistir a una sesión de mindfulness de 17 minutos para reducir el «parpadeo atencional», un fenómeno cognitivo muy explotado por los magos: te emocionas al ver el pañuelo rojo, y ese momento de emoción hace que no veas, durante unos segundos, lo que hace la mano derecha.

Estos beneficios, y otros que iré describiendo a lo largo del libro, apoyan el uso cada vez más difundido de las prácticas contemplativas en distintos ámbitos como la empresa, la educación y la medicina. En pocos años, la meditación ha dejado de ser un asunto marginal, con tintes pseudocientíficos, para convertirse en uno de los temas de estudio más candentes del siglo XXI. De hecho se están investigando hipótesis que hasta hace poco nadie se hubiera tomado en serio (excepto quizás en la universidad del Maharishi).

Por ejemplo, ¿puede la meditación extender la vida? Existen indicios de que estas prácticas aumentan la segregación de la telomerasa, una enzima que ralentiza el envejecimiento a nivel celular. Otros estudios han calculado que los cerebros de meditadores avanzados parecen 7,5 años más jóvenes que los de personas que no meditan. Además se ha descubierto que los meditadores expertos respiran más lentamente que la media en su vida cotidiana, contribuyendo a un menor desgaste del organismo. Algunos de estos estudios son sólo preliminares pero dan una idea de las posibilidades que comienzan a vislumbrarse.

Por otro lado, vale la pena recordar que tecnologías como EEG, fMRI y PET no son capaces de registrarlo todo. Durante los últimos cinco milenios, incontables exploradores del mundo interior han hecho sus propios descubrimientos, llevando a cabo observaciones muy detalladas y sistemáticas desde dentro, sin necesidad de tecnologías de neuroimagen ni artículos en revistas académicas. Actualmente, científicos como Davidson colaboran estrechamente con algunos de los buscadores más experimentados, que conocen bien este terreno interior, para avanzar juntos.

En realidad, cualquiera puede añadir un nuevo paso. Ahora mismo, incluso. Y la mejor noticia es que no hace falta alcanzar las cumbres de la meditación para que valga la pena emprender el camino. Como indican los estudios que iremos viendo, basta con practicar como practico yo, un auténtico paquete, para ir desarrollando habilidades asombrosas, prácticamente sobrenaturales, como las siguientes:

• Escuchar a tu pareja cuando te habla.

• Pegar menos gritos.

• Hacer una cola sin impacientarte.

• Disfrutar planchando.

• Parar en los semáforos sin chequear las redes sociales.

- Desbloquear capacidades creativas que llevas reprimiendo desde los diez años.

- Comer a gusto sin compañía, sin radio, sin *podcast*, pelis ni series.

- Hacer esa llamada que llevas semanas retrasando.

- Seguir las imposibles recomendaciones médicas sobre la dieta, el ejercicio y el sueño.

- Sufrir menos los lunes, el tráfico, las visitas al dentista y los picotazos de mosquitos.

- Acercarte, poquito a poco, a la mejor versión de ti misma, o de ti mismo.

Nada de esto está garantizado, desde luego. En tu caso, seguramente será distinto. Pero no lo vas a descubrir hasta que des el primer paso, el segundo o quizás el vigesimotercero.

Cuanto antes empieces, mejor.

Meditar es parecido al surf. Sólo cuando finalmente **consigues darte cuenta** de la distracción puedes volver a salir de nuevo a flote y volver a **encaramarte sobre el ahora.**

Prácticas de mindfulness
para seres humanos de los de toda la vida
///////////////////// 05 /////////////////////

LA PRÁCTICA MÁS IMPORTANTE DE TODO EL LIBRO

Ahora ya conoces el secreto de la meditación. Llegó el momento de entrenarlo con el ejercicio más importante, la clave de todo, la solución al 99 % de los problemas con los que te vas a encontrar en este camino. Te invito a que lo estudies concienzudamente y lo apliques en la exploración corporal (práctica 8), el caminar consciente (práctica 4), las meditaciones sentadas (prácticas 7, 9, 11, 14, 17) y los ejercicios para la vida cotidiana (práctica 13). Al hacerlo te transformarás al instante, como por arte de magia, pero sin necesidad de energías místicas, en un auténtico fenómeno de la meditación.

1. Todo empieza cuando descubres que te has despistado, que tu mente ya no está siguiendo las instrucciones, que has comenzado (sin darte cuenta) a preocuparte por ese email que mandaste a tu jefe en un momento de furia o a escoger las baldosas ideales para un futuro rediseño de tu cuarto de baño.

2. Lo primero es ver dónde está tu atención: en el apocalíptico escenario laboral o en las baldosas de la serie *Mare Azzurro*.

3. Ahora diriges tu atención (amablemente) hacia el foco que has escogido. Si estás en medio de una meditación caminando, por ejemplo, puedes llevarla a las sensaciones en la planta del pie.

4. Insisto en lo de «amablemente». Es la clave de todo. ¿Te imaginas a un adorable cachorrito travieso que se te escapa para perseguir una ardilla en el parque? Pues la actitud sería algo así. «Venga, Apolo, que estábamos en la planta del pie...». (Le llamo Apolo porque mi sobrino Darío así ha bautizado a su adorable cachorro de husky.)

5. Hasta aquí, supongo que todo bien. El problema es cuando Apolo se vuelve a escapar una segunda, tercera, cuarta... y trigesimoséptima vez. (El otro día el imparable cachorrito se comió dos calcetines y un guante de jardinería, y tuvieron que llevarlo al veterinario para sacárselos.) Si no tienes la paciencia de la madre Teresa de Calcuta cuesta no soltar bufidos y maldiciones. Algunas ideas para cuando llegues a este punto en tu meditación:

• Lo intentas con toda la amabilidad *que puedas*. No hace falta ser la madre Teresa de Calcuta, ni mucho menos.

• Recuerdas que la inquietud forma parte de la naturaleza de tu mente. Apolo es Apolo. No puede evitarlo. Para Apolo no es la trigesimoséptima vez. Es la primera, la única vez. La que cuenta.

• De hecho, puedes inspirarte en Apolo: todas las anteriores veces, en realidad, no importan. Son parte del pasado. Al meditar sólo nos interesa el momento presente. ¿Puedes soltar tu recuerdo de ese nuevo fracaso y volver a la planta del pie?

• En realidad, al darte cuenta de que te has despistado, has vuelto al mindfulness. Ya estás de vuelta, aquí, en el presente. ¡Enhorabuena!

• Todos los ejercicios de mindfulness consisten precisamente en esto: en volver, una y otra vez, a la ola del ahora. Meditar no requiere estar siempre surfeando esa ola, lo cual sería imposible. Te recuerdo que los surfistas pasan casi todo el tiempo en el agua.

• Cada vez que te despistas es una nueva oportunidad para crear nuevas conexiones cerebrales, entrenando tu atención una vez más.

• Tratas de verlo como un juego del escondite. La mente ha vuelto a ocultarse tras la cortina. ¡Pero ya has vuelto a pillarla!

• Traes a tu mente el verdadero secreto de la meditación: a todo el mundo se le da FATAL. Estás en muy buena y muy numerosa compañía.

• Recuerdas que en realidad si practicas este ejercicio puede decirse que la meditación se te da FENOMENAL. Porque no se trata de mantenerte siempre en la cresta de la ola, sino de volver a subirte a ella una y otra vez.

•Eso sí, cuando pilles una buena ola larga ¡disfrútala a tope!

Escanea este código QR
para acceder al vídeo

06.
La especie
más NEUR✶TICA
del planeta

Si crees que con la meditación vas a acabar con tu estrés, olvídalo. El estrés es como las maletas, te lo llevas contigo a todas partes. Para bien y para mal, forma parte de nuestra herencia genética como miembros de la especie humana. Jon Kabat-Zinn tituló su primer libro *Full Catastrophe Living*. En castellano se ha publicado con el título de *Vivir con plenitud las crisis*, pero realmente significa «Vivir en la catástrofe total». ¿Te suena de algo?

Yo, desde luego, sigo estresándome a pesar de toda mi práctica. Cuando dejé el mundo corporativo, a finales de 2001, pensé ingenuamente que me estaba liberando de las prisas y las presiones. Pero aquello fue como salir de la sartén del trabajo asalariado al fuego del emprendimiento autónomo. *¿Qué pasa, que quieres pagar tus facturas? ¡Pues búscate clientes, amigo! Y de momento, a pagar tu cuota de Seguridad Social todos los meses, ¿vale?*

Los seres humanos siempre encontramos formas originales de acelerarnos el ritmo cardíaco. Últimamente suelo bromear diciendo que «el mindfulness me estresa», porque desde que me formé como profesor de MBSR y me animé a dirigir una escuela de atención plena es la pura realidad.

Me consta, además, que lo mismo les sucede a mis queridas compañeras y compañeros del gremio. Porque una cosa es practicar la meditación y otra bien distinta impartir clases o arrancar un nuevo proyecto empresarial con el que pretendes pagar las facturas.

Me estresan las reuniones —a veces bastante caóticas— del lunes por la mañana. Me estresan los impenetrables misterios de las aplicaciones informáticas que sostienen nuestra web: WordPress, WooCommerce, Stripe, PayPal.... Y sobre todo, me estresan las inevitables crisis, grandes o pequeñas, que explotan cuando menos te lo esperas: ¡una profesora no llega a clase por atasco en la carretera! ¡Nos amenaza un bufete de abogados por el nombre de nuestra marca! ¡Se ha colado un Zoombomber en la sala virtual cargado de vídeos porno!

Todo esto se añade, evidentemente, a los habituales desafíos y tribulaciones de mi cotidianidad: el móvil que no carga bien, un dolor extraño en la rodilla, la tienda que cierra en diez minutos y «cómo es que aún no has comprado el pan», etc. Por no hablar de las consecuencias de la pandemia global sin precedentes que, como a todos, ha impactado en mi economía, mis planes de viaje, mis relaciones personales y la salud de personas queridas. Ahora que echo la vista atrás me atrevo a decir que en estos últimos dos años me han llovido más estresores que en cualquier otro período de mi vida. Y ahora que todo parecía volver a la calma, Vladimir Putin decide invadir Ucrania.

¡Menos mal que conozco el mindfulness! Porque, por otro lado, y a pesar de mi broma recurrente, la atención plena ayuda —y mucho—. No me quita el estrés, repito, pero me permite manejarlo. Antes de conocer este tipo de prácticas era como un marinero que ha olvidado el arte de navegar, completamente a la merced de las olas. Ahora sigo amenazado por las tormentas, el oleaje, las corrientes y todo lo demás. A veces las paso canutas. Pero al menos estoy aprendiendo a navegar, y esto me permite silbar y sonreír al timón en algunas situaciones que antes me aterrorizaban.

Además, me animo a probar rutas que antes jamás hubiera emprendido. Sin mis prácticas meditativas dudo que me hubiera atrevido a acometer el noventa por ciento de las locuras que han ocupado mis últimas dos décadas desde que decidí renunciar a la seguridad de un salario fijo. Y si, a pesar de todo, las hubiera acometido, a mis cincuenta años estaría ya tomando todo un botiquín de pastillas con nombres como Gastrohappy, Cardiocalm y Trankitronk.

¡Viva el estrés!

Hay pocas cosas con tan mala prensa como el estrés, pero hay que reconocer que, sin él, no estaríamos aquí. Se trata de un necesario sistema de alarma diseñado por la evolución para salvarnos de peligros inminentes. Basta que te coloquen una tarántula de goma sobre el pecho, mientras disfrutas de una siesta, para comprobar su brutal eficacia. En cuanto abres medio ojo se dispara este mecanismo de supervivencia y te pones a brincar, chillar y trocear el aire en plan karateca.

Aunque la araña de juguete sea una broma de tu primo Braulio, nuestro organismo no se anda con bromas. En una emergencia, la diferencia entre la vida y la muerte puede decidirse en fracciones de segundo. No hay tiempo para reflexionar, hacer un *brainstorming* con pósits o pedir consejo por WhatsApp a tu grupo de amistades. En cuanto ves una bola peluda con muchas patitas cerca de tu corazón hay que explotar como una bomba. ¡Luego ya se verá si era sólo una jugarreta de Braulio!

La decisión de «explotar» la toma la amígdala, una especie de radar cerebral que escanea continuamente el ambiente en busca de amenazas. Para ser preciso, lo que detecta este radar son cosas especialmente interesantes, como un cuerpo *sexy*, una risa, un descuento del cincuenta por ciento en perfumes de marca o un delicioso aroma de chocolate. Pero hay que decir que desde el punto de vista de la supervivencia de la especie no hay nada tan interesante como las señales de peligro: olor a humo, ladridos de pitbull, muebles arrojados desde un tercer piso...

Cuando la amígdala activa la alarma, inmediatamente toma el control de tu cuerpo el sistema nervioso autónomo —autónomo en el sentido de que no te pide el permiso—. Es algo así como un pilóto automático que agarra la palanca de mando en momentos de emergencia. Más concretamente, el hipotálamo (una pequeña glándula en el centro de tu cabeza) activa la rama «simpática» del sistema autónomo (se llama así, aunque de simpática tiene bien poco), lo que desencadena el envío masivo de señales de alarma a todos los órganos del cuerpo: *¡MAYDAY! ¡MAYDAY! ¡QUE TE PICA LA TARÁNTULAAAA!*

Se trata de un mecanismo verdaderamente ingenioso. El cerebro difunde la alarma en todo el cuerpo mediante señales químicas (como la adrenalina y

LA ESPECIE MÁS NEURÓTICA DEL PLANETA

el cortisol) y eléctricas (a través de canales como el nervio vago), activando ciertos sistemas y desactivando otros. Lógicamente, lo que se pone en marcha es todo aquello que necesitas para correr, trepar, golpear y, en general, salvar la piel, como por ejemplo:

• La circulación y la respiración (para darte un buen chute de energía).

• El sistema musculoesquelético (para luchar, huir o esconderte ya mismo).

• Un proceso de inflamación en la piel (para combatir las bacterias si sufres una herida).

Al mismo tiempo, y para ahorrar energía, se sacrifican sistemas que durante el «estado de alarma» pasan a un segundo plano:

• El sistema inmunológico (los virus ahora mismo no importan, lo primero es la araña).

• La sexualidad (no es momento para la diversión).

• Procesos cognitivos como la creatividad, el análisis o la memoria (hay que actuar sin pensar).

• El sistema digestivo (para volar conviene «soltar lastre»).

Finalmente, y como bien sabes, puedes sentir unas ganas locas de gritar a pleno pulmón, lo cual sirve para asustar a la tarántula y pedir auxilio a cualquiera que pase por la zona.

Sin duda, esta reacción automática del estrés te habrá protegido de peligros en más de una ocasión. Por otro lado, la rapidez con la que actúa tiene sus desventajas. Por ejemplo, al interpretar tu cerebro que algo es un peligro no siempre acierta. De hecho, no acierta mucho. Seamos honestos: no acierta casi nunca. En el 99 % de los casos, lo que te pega el susto es un portazo por la corriente, un perro que ladra detrás de una verja o tu primo Braulio.

Y es que el radar de la amígdala salta a la mínima. Por ejemplo, mira estas dos imágenes:

Seguramente, tu vista se habrá visto atraída poderosamente por la imagen de la izquierda, que te resulta mucho más excitante (e inquietante) que la imagen de la derecha. Tanto es así que en el interior de tu pecho tu corazón se habrá acelerado un poco antes siquiera de que hayas podido pensar algo del tipo «ah, sí, son un par de ojos asustados».

En un estudio publicado en *Science* se mostraron dos imágenes parecidas a participantes tumbados en un escáner cerebral. Cada imagen se mostró durante sólo 2 centésimas de segundo entre toda una serie aleatoria de imágenes de cuadrados negros y blancos, de tal forma que los participantes ni siquiera fueron conscientes de haberlas visto. A pesar de ello, al ver la imagen de la izquierda la amígdala cerebral de cada participante se activó en seguida. Y es que las amenazas ejercen una fuerte atracción sobre el cerebro humano. Se ha observado el mismo efecto con imágenes de caras enfadadas o incluso con palabras como «guerra» o «crimen». Nos alteramos a la mínima.

La facilidad con que salta la amígdala en situaciones de peligro puede parecerte exagerada —peor que tu madre cuando te prohibía salir en invierno sin gorro y cuatro bufandas—. Pero aunque sólo te salve la vida una de cada cien veces vale la pena. La prueba más clara de ello está en la genética no sólo del ser humano, sino de la infinidad de especies animales que comparten con nosotros esta reacción automática. En la lucha por la supervivencia tiene una clara ventaja evolutiva.

La envidiable calma de las cebras

Los seres humanos, sin embargo, tenemos un problema con el estrés exclusivo de nuestra especie. El biólogo Robert Sapolsky lo cuenta de forma memorable en su conocido libro *Por qué las cebras no tienen úlcera*. Imagínate unas cebras en la sabana. Cuando aparecen los leones y se lanzan a por ellas, las cebras probablemente experimentan algo muy similar a lo vivido por las víctimas de Braulio. Al fin y al cabo, estos bellos equinos a rayas también poseen su propia amígdala, hipotálamo y sistema nervioso autónomo. No hay más que ver cómo corren (o incluso luchan a coces) en cualquiera de los numerosos vídeos de YouTube dedicados a este espectáculo de safari africano.

Pero existe una diferencia crítica. En cuanto termina el ataque y los depredadores consiguen su presa o se dan por vencidos, las cebras se ponen a pastar tranquilamente. Han sufrido un momento agudo de estrés, pero en cuanto se agota la reacción fisiológica se olvidan del asunto y vuelven a lo suyo. Como bien sabes, en el mundo de los humanos no sería así. Se montaría una bien gorda:

—¡Pero has visto a esos leones!

—¡No me hables! ¡Qué horror! ¡Toda esa sangre! ¡No hago más que ver cómo devoraban al viejo Anselmo!

—¡La sabana está plagada! ¡Seguro que soy el siguiente!

—Mira, mira, siguen ahí, los muy canallas.

—¿¿Dónde??

—¡Ahí mismo! ¡¡En cualquier momento los tenemos encima otra vez!! ¡¡¡Hay que hacer algo!!!

Podríamos continuar así durante horas, días y semanas —como hacemos ahora con los problemas económicos, el cambio climático, las «barbaridades» que hacen o dicen ciertos políticos y las amenazas más cotidianas que nos rodean, desde las multas de tráfico hasta la mancha de tomate en los pantalones.

Y si fuera sólo eso... Porque el cerebro humano, tan sofisticado a la hora de recordar, imaginar, anticipar y comunicar soluciones ingeniosas, también es capaz de recordar, imaginar, anticipar y comunicar peligros, tanto verdaderos como falsos.

O sea que no sólo te estresas si unos tipos te roban el móvil. Te estresa la *idea* de que te lo roben. O de que se te caiga. O de que se agote la batería en el momento menos oportuno. O de que te pida esa clave que no recuerdas. O de que hackers se hayan hecho con el control de tu cámara. O de que no haya cobertura, o wifi, o bluetooth. O de que sí haya y te suene el aviso de WhatsApp en medio de la reunión (¿lo tengo encendido o apagado?). Cuatro siglos antes de la invención del móvil, el filósofo renacentista Michel de Montaigne confesó: «Mi vida ha estado llena de terribles desgracias, la mayoría de las cuales nunca sucedieron».

En definitiva, somos una especie tremendamente neurótica, el Woody Allen del reino animal, con una capacidad única para mantener el estrés encendido día y noche. Y lo peor es que no mejoramos con el tiempo. Al contrario: con el paso de los siglos, la complejidad y la aceleración de nuestra sociedad han empeorado notablemente la situación. Cada vez tenemos más posesiones materiales por las que preocuparnos, fuentes de noticias terribles para agobiarnos, sistemas informáticos que aprender, series y películas que consumir, mensajes y avisos que leer, citas y fechas tope que respetar. No es de extrañar que las 24 horas del día nos parezcan insuficientes y vayamos corriendo de un lado al otro, con las agendas a rebosar y practicando el *multitasking*.

El verdadero problema es este «estrés crónico». Los ataques de miedo agudo que experimenta cualquier mamífero son desagradables en el momento, pero mientras sean ocasionales el cuerpo se recupera fácilmente. Si, por otro lado, pasamos la vida siempre medio alarmados, con el corazón bombeando a tope, la piel inflamada y los sistemas inmunológicos, digestivos y reproductivos bajo mínimos, es evidente que nuestra salud se va a resentir a largo plazo. En el siglo XXI nos mata más el propio estrés que los leones.

Para colmo, como ya te habrás dado cuenta, nuestros estresores hoy en día no son casi nunca de tipo león. ¿De qué te sirve salir corriendo de una reunión tensa? ¿Darle un puñetazo a tu impresora averiada? ¿Congelarte cuando te pasan el micrófono? Son estrategias totalmente contraproducentes, y sin embargo, el corazón te late, la musculatura se agarrota, y la digestión se corta —empujándote hacia este tipo de disparates—, exactamente como si de leones se tratara. Tu amígdala, desafortunadamente, es incapaz de detectar la diferencia.

No es de extrañar que la mayoría de las veces, el estrés nos lo traguemos. Hemos aprendido que no está bien gritar y soltar tacos, que no debemos ser gallinas, que nos conviene obedecer el mantra *KEEP CALM AND CARRY ON*. Por lo tanto, suprimimos la reacción de alarma y disimulamos sus efectos dentro de lo posible. Sonreímos, nos mordemos el labio y tiramos adelante como sea. A menudo recurrimos, para soltar un poco de presión, a las cervezas, el chocolate, los tranquilizantes y otras soluciones rápidas pero poco saludables, que nos provocarán aún más problemas en el futuro (hablaré más de esto en el capítulo 12). En el mejor de los casos, nos desahogamos con el deporte, las amistades, los hobbies y los diversos sistemas de gestión del estrés que los seres humanos nos hemos ido inventando.

¿La meditación reduce el estrés?

La gente suele apuntarse a la meditación, como hice yo, en busca de la calma que tan fácilmente se nos escapa hoy en día. De hecho, como hemos visto, el célebre curso de Jon Kabat-Zinn se llama «Reducción del estrés basado en mindfulness». En este sentido, la meditación efectivamente funciona. Para obtener pruebas convincentes, los psicólogos han empleado una diabólica prueba conocida como el *Trier Social Stress Test*, que quizás te recuerde a alguno de los peores suplicios que te ha tocado vivir en el colegio o la oficina.

Imagínate una entrevista de trabajo con tres entrevistadores que no sonríen jamás. ¿Se te acelera el corazón de sólo pensarlo? Ahora te piden que prepares una presentación oral durante 5 minutos, ofreciéndote papel y bolígrafo para tomar apuntes —pero en el último segundo, antes de empezar tu discurso, te arrebatan las hojas y el boli—. Ahora deberás hablar durante 5 minutos. Exactamente 5. Si terminas y aún quedan 2 minutos te piden que continúes mientras ellos siguen escrutándote impasibles. ¿Estás sudando ya? Pues prepárate, porque en cuanto acabes deberás contar hacia atrás durante otros 5 minutos, desde 1.022 en pasos de 13: 1022, 1009, 996... Si te equivocas, vuelta a empezar. ¿Empiezas a sentir el mareo? El solemne tribunal te anima así: «¡Más rápido!... ¡Más rápido!».

En varios experimentos descubrieron que durante esta situación ultraestresante las personas con experiencia meditativa no sólo percibían menos estrés, sino que experimentaban una recuperación más rápida de la presión sanguínea y una menor subida de cortisol. Y quizás lo más interesante: estos efectos se midieron mientras las personas permanecían en un estado «normal» —cuando no estaban meditando. Por lo tanto, el entrenamiento mental de la meditación parece proporcionar beneficios antiestrés preventivos y duraderos.

¿Cómo se explica esta envidiable calma en medio de la tormenta? Estudios de neurociencia han detectado que la amígdala de las personas con experiencia meditativa se activa menos en situaciones estresantes. Bastan ocho semanas de práctica (el MBSR de Jon Kabat-Zinn) para calmar un poco este radar de las amenazas, aunque en el caso de los meditadores más avanzados el efecto es mucho más pronunciado, observándose una reducción de hasta un cincuenta por ciento. En general, los estudios indican que cuantas más «horas de navegación meditativa», mayor es la capacidad de mantener la calma. Se trata, por lo tanto, de un eficaz entrenamiento para superar las tormentas de la vida.

Mindfulness Glasses

Dicho todo esto, en el fondo mindfulness no es un método antiestrés. Consiste, como ya hemos visto, en una forma particular de ver las cosas: momento a momento, sin juzgar. Como los gatos, o como las cebras. Más que una píldora relajante, de lo que hablamos es de unas gafas para ver con mayor claridad —unas gafas que filtran toda esa cháchara mental que a veces exagera los riesgos («¡¡En cualquier momento vuelven los leones otra vez!!»).

Al ponerte estas Gafas de la Atención Plena puedes comprobar si los leones realmente están a punto de atacar, o si por el contrario simplemente merodean por ahí a una cierta distancia. También te permiten detectar cuando no son leones después de todo, sino un trío de entrevistadores impasibles que no van a devorarte literalmente. En estos casos, el radar de la amígdala deja de detectar amenazas mortíferas y el sistema simpático puede irse desactivando.

Las gafas de las que hablo no son unas lentes oscuras que ocultan el parloteo interior. Se parecen más a esas sofisticadas Google Glasses de «realidad aumentada» que generaron tanta controversia hace unos diez años. Te permiten ver, junto a los leones, los pensamientos y las emociones que revolotean por tu mente y agitan tu cuerpo. La imagen visual del león, las ideas que tienes sobre el león y tu ritmo cardíaco acelerado comparten la misma pantalla. De esa manera, eres capaz de ver que el león es un león y que la idea es una idea. A una cebra, una idea no le da miedo. Lo que le da miedo es el león.

Estas gafas correctoras, sin llegar a eliminar el estrés directamente, lo ponen en perspectiva. Si te pones tus Mindfulness Glasses en una entrevista tan siniestra como la del Trier Social Stress Test descubrirás que el corazón late fuerte y a buen ritmo, que la mente está agitada, y quizás incluso que tus extremidades tiemblan. Sin embargo, con esta nueva visión de las cosas, sabiendo que nadie te va a despedazar ni devorar realmente, puede que la alarma corporal vaya calmándose. Con un poco de suerte volverás a tomar el control de la palanca de mando.

Una vez en control, resulta más fácil evitar impulsos habituales en situaciones de estrés como las ganas de arrojar el móvil por la ventana, salir corriendo con las manos en la cabeza, beberte media botella de whisky a morro o gritar *VETE AL CUERNO* (¡y cosas incluso peores!) tan fuerte que te escuche todo el vecindario. Pero además, puedes buscar formas de cuidarte en cuanto tengas la oportunidad. Por ejemplo, puedes interrumpir el trajín y ponerte a bailar, hacer yoga, pasear a tu perro, darte un baño caliente, llamar a un amigo, leer un libro inspirador, ver un vídeo hilarante, dedicar unos minutos a algún hobby o regalarte un simple descanso en el sofá.

Son estas las actividades que te van a relajar de verdad para no extender el estrés más allá de lo estrictamente necesario. De los ejercicios que encontrarás en este libro, el que tiene los efectos más «relajantes», según los estudios, es la observación del ancla (práctica 7). Pero si tienes bien entrenada la atención abierta (prácticas 13-15) será más probable que te des cuenta de tu estrés a tiempo. Así podrás tomar decisiones más saludables que te permitan volver cuanto antes a la envidiable calma de las cebras. Es como un primer paso para alcanzar la paz interior.

Yo lo intento todos los días. A veces incluso lo consigo.

El mindfulness no es un método antiestrés.

Es una forma particular de ver las cosas: momento a momento, sin juzgar.

Su práctica te ayuda a no extender el estrés más allá de lo estrictamente necesario.

Prácticas de mindfulness

para seres humanos de los de toda la vida

////////////////////// (06) //////////////////////

LA POSTURA IDEAL PARA MEDITAR

Como ya hemos visto, es posible meditar de pie y en movimiento. Pero visto que la meditación resulta tan horrorosamente difícil para el 99 % de la humanidad, ¿por qué no simplificarla lo más posible? ¿Por qué no sentarte cómodamente? Cuando los yoguis se sientan en el suelo, en realidad están siguiendo la ley del mínimo esfuerzo.

Dicho esto, la postura ideal para meditar no es, necesariamente, la del loto. Eso está muy bien para gente como Swami Krishnananda, pero para ti la postura ideal debería combinar comodidad y estabilidad, junto con una actitud bien despierta. Y hay que decir que las posturas «clásicas» como el loto proporcionan mucha estabilidad, pero no son nada cómodas, a no ser que tengas la flexibilidad de un yogui. Para gente acostumbrada a las sillas lo ideal es una silla.

Meditar en una silla

1. Escoges una silla más bien rígida si puedes. Hundirse en un sillón es ideal para charlar en compañía con una bolsa de patatas fritas en la mano y una cerveza en la otra. Pero aquí no vale porque pierdes estabilidad, por no hablar de la necesaria actitud de alerta. Las sillas de oficina tampoco te las recomiendo, porque las ruedas reducen su estabilidad.

2. Te colocas sobre la parte delantera de la silla, con los pies bien plantados sobre el suelo, a ser posible sin apoyarte sobre el respaldo. Si necesitas un apoyo, recomiendo colocar un cojín entre la zona lumbar y el respaldo.

3. Puedes probar a elevarte sobre uno o varios cojines, de tal forma que tus caderas queden ligeramente por encima de las rodillas, incrementando la estabilidad y distribuyendo mejor el peso del cuerpo.

4. Te sientas sobre ambos isquiones (los dos huesos de la pelvis que se apoyan en la silla), con la espalda recta y erguida pero sin tensiones, lo más relajada posible. La idea es encontrar ese punto de equilibrio que permita sostenerla con el mínimo esfuerzo.

5. Dejas los hombros relajados, ligeramente orientados hacia atrás.

6. Encuentras una postura neutra para la cabeza, sin elevar ni bajar demasiado la barbilla. La sensación es como si te tiraran desde la coronilla con una cuerda hacia el techo.

7. En cuanto a las manos, no hace falta que adopten ninguna forma especial. Pueden descansar tranquilamente sobre los muslos, hacia arriba o hacia abajo, en cualquier postura que sea cómoda para ti. He conocido a un profesor de meditación americano que las deja colgadas en el «bolsillo» central de su sudadera. Si quieres, también puedes experimentar con figuras clásicas como los mudras orientales o las palmas unidas de la tradición cristiana.

8. La mayoría de las personas suele meditar con los ojos cerrados o semicerrados, lo cual ayuda a reducir las distracciones. Pero hay quien prefiere hacerlo con los ojos abiertos. Si los dejas abiertos o semiabiertos puedes orientarlos hacia abajo, relajados y ligeramente desenfocados. Si los dejas abiertos y enfocados en la pantalla de tu móvil probablemente no estés meditando.

9. La idea es buscar una postura que refleje tu intención meditativa: permanecer alerta, ecuánime, enfrentándote a la vida con dignidad, arrojo y quizás incluso una leve sonrisa. ¿Recuerdas la actitud de Luke Skywalker de camino a la Estrella de la Muerte?

Bueno, igual no eres tan friki como yo. Puedes imaginarte al héroe o heroína que más te inspire, ficticia o de carne y hueso.

Meditar sobre un cojín

1. Escoges alguna de las posturas clásicas: loto, medioloto o postura birmana. Si no sabes a qué me refiero, consulta el vídeo de esta práctica o... ¡usa una silla!

2. Colocas sobre el suelo una esterilla, alfombra o manta doblada, y sobre esta superficie, un cojín firme y suficientemente alto (de tipo zafu). «Suficientemente alto» significa que te permita apoyar AMBAS RODILLAS sobre el suelo en la postura escogida (o sea, ¡no como el tipo en la portada de este libro!). Para la mayoría de las personas estamos hablando de unos 10 centímetros. Yo cuando no tengo mi zafu a mano coloco una pila de 3-5 libros gordos y encima de ellos un cojín normal o una manta doblada.

3. Insisto: si no te pones un cojín lo suficientemente alto, a los pocos minutos la práctica se va a volver más incómoda que un paseo descalzo por terreno pedregoso. ¿Para qué ponértelo más difícil de lo que ya es?

4. Al colocarte en la postura es importante no rotar mucho las rodillas hacia el exterior cuando la pierna está medio estirada, ya que podrías dañar tus ligamentos. Recomiendo doblar primero una pierna completamente, con la planta del pie en el suelo y la rodilla apuntando al techo, sujetando bien el tobillo para pegar el talón al perineo. A continuación, sin desdoblar la pierna, llevas la rodilla al exterior. Finalmente repites el movimiento con la otra pierna. Al deshacer la postura llevas a cabo el movimiento contrario: primero subes la rodilla bien doblada mientras te sujetas el tobillo y luego estiras la pierna.

5. Sigues las instrucciones 4-9 para «Meditar sobre una silla».

6. Si se te «duermen» las piernas no pasa nada. Ya se te despertarán. Si te hacen daño las rodillas eso ya es otra cosa. No conviene forzar ninguna postura. La meditación ya es bastante difícil como para añadirle un suplemento de tortura. Cuando te duele algo suele ser una señal de que algo va mal. Si esto sucede, te invito a escuchar a tu cuerpo y cambiar de postura con consciencia para luego volver al ejercicio. (En la práctica 10 doy más pistas sobre cómo lidiar con el dolor.)

7. Recuerda equilibrar tu postura, alternando la pierna que doblas primero cada vez que te sientas. Un día doblas primero la izquierda y luego la derecha, y al día siguiente lo haces al contrario.

Otras posibilidades

1. También es posible sentarse de rodillas (la clásica postura *seiza* de la tradición japonesa). Esta postura puede hacerse con o sin una banqueta de meditación, y también sobre un cojín rígido entre las piernas. Las instrucciones serían las mismas que para sentarse sobre una silla (4-9).

2. En algunas tradiciones, como el taichí o el qigong, es habitual meditar de pie. Para ello, colocas los pies separados la anchura de las caderas y sigues las instrucciones 5-9 de «Meditar en una silla», con el añadido de no «bloquear» las rodillas (flexionándolas muy ligeramente hacia delante). Si vas a meditar mucho tiempo conviene descansar las manos en algún bolsillo (una sudadera tipo americana es lo ideal).

3. También se puede meditar en posición tumbada. ¡No hay postura más cómoda y estable que esa! Lo malo es que no invita a una actitud alerta, sino más bien a conciliar el sueño. Describiré esta postura de forma detallada cuando explique la exploración corporal (práctica 8), que suele hacerse así.

Escanea este código QR
para acceder al vídeo

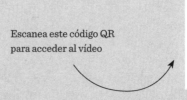

TENGO LA CABEZA DESCONTROLADA

(Un trepidante *thriller* de secuestros)

07.

La banda de la

AMÍGDALA

Lo peor del estrés no es el mal rato que pasas, ni los balbuceos y torpezas que te provoca. Ni siquiera sus consecuencias para la salud, tan nefastas que pueden acabar matándote. Lo peor es que te roba lo más valioso que tiene la vida humana: la libertad.

¿Cuántos sueños has abandonado por puro miedo? ¿Cuántas palabras, acciones y emociones te has tragado por su culpa? ¿Y cuántas han explotado fuera de ti sin control alguno en un ataque de rabia? Si tuviera que escribir mi propia lista llenaría tres libros como éste.

En el capítulo anterior comparé el sistema nervioso autónomo con un «piloto automático» que toma el control en situaciones de crisis. En realidad, esta metáfora se queda corta. El «piloto» se parece más a un escuadrón de secuestradores que irrumpen en la cabina del avión, te colocan varias pistolas en la cabeza, y se ponen a gritar frases como...

—¡Detente ahora mismo! ¡Vas a fracasar!

—¡Ni se te ocurra confesarle tu amor!

—¡¡Pisa el acelerador y sáltate el semáforo, QUE LLEGAS TARDEEEEE!!

Como en las películas de Hollywood, los rehenes normalmente obedecemos estas órdenes al instante, plegándonos a los designios de esta cuadrilla de forajidos descerebrados: la notoria «Banda de la Amígdala». Otras veces nos ponemos heroicos, luchando por el control de la palanca de mando mientras la aeronave comienza a dar tumbos por el cielo. Con un poco de suerte y mucho esfuerzo, en las escenas finales de la película logramos reducir a los secuestradores, recuperar el control y volver a casa.

Ahora que lo pienso, esto no sucede sólo en las películas de secuestros. En realidad todas las películas de Hollywood cuentan, en cierto sentido, esta misma lucha interna, que culmina en las escenas finales: la batalla contra ese Lado Oscuro que trata de dominarnos. Y no es por nada. ¿De qué, si no, trata la vida humana?

El peor discurso de la historia

El último año del instituto, mis profesores me pidieron que preparara un discurso representando a toda la gente de mi clase. Recuerdo que escribí el texto, me lo aprendí de memoria y lo ensayé durante toda una semana, aterrorizado con la idea de pifiarla delante de todo el mundo. Como quizás recuerdes, la peor pesadilla de un adolescente es precisamente ésta: pifiarla delante de todo el mundo.

Pronuncié el discurso con las manos agarradas al podio como a un salvavidas. Me temblaban las piernas, el corazón me golpeaba el pecho y un río de sudor se deslizaba por cada uno de mis costados. Al hablar, apenas sabía lo que estaba diciendo. Lo repetí todo como una cotorra. Pero a pesar de todo, sobreviví la experiencia. Llegué hasta el final, me aplaudieron y recibí todo tipo de enhorabuenas. Al parecer lo había hecho fenomenal. Y ése fue mi gran error.

La catástrofe llegó unos días después, en un restaurante italiano cerca de la Gran Vía de Madrid. Los profesores de teatro del instituto habían organizado una cena para celebrar el final de una producción de *Our Town*, de Thornton Wilder. Al final de la noche, después de las pizzas y los tiramisús, una profesora llamó la atención del grupo golpeando una copa con su cuchillo.

—Yo creo que ha llegado el momento de que alguien pronuncie unas palabras —dijo—. ¿Quién se anima?

Inmediatamente empecé a sudar.

¿Alguien? A mí no me miréis.

Pero varios ya me empezaban a mirar. A señalar. A tirar de la camisa.

—¡Eduardo!

—Sí... ¡Eduardo! Con lo bien que habla...

Intenté protestar, gesticulando furiosamente:

—No... no... yo ya di un discurso el otro día... Le toca a alguien más...

Pero nadie me escuchaba. O si me escuchaban, no me hacían ni caso. Todo el restaurante retumbaba con un coro de cincuenta voces, que acompañaban un movimiento sincronizado de servilletas de tela rojiblancas:

—¡E-DUAR-DO! ¡E-DUAR-DO!...

No había nada que hacer. Era tarde para explicarles que la vez anterior me había preparado el texto a conciencia, ensayándolo mil veces. Y claro, no podía repetir esas mismas palabras. Tenía que inventarme otras. Pero... ¿¿CUÁLES??

El barullo se fue acallando y dio paso a un atronador silencio. Todos los ojos se clavaron en mí. Había llegado el momento de la verdad.

Pero claro, en mis adentros, la Banda de la Amígdala me había secuestrado el cerebro. Sus componentes me daban órdenes contradictorias como en una película de los hermanos Coen:

—¡¡Sal de aquí!! —gritaba uno—. ¡¡A tiros si hace falta!!

—¡Venga... HABLA! —gruñía otro.

—¿¿Pero qué va a decir este inútil, si no se ha preparado NADA??

Estaba totalmente bloqueado. Dicen que en momentos como éstos se te queda la mente «en blanco». En mi opinión es más bien lo contrario. El problema es el alboroto interno. Y la lucha en la cabina por el control de la palanca de mando.

—Ungh... ehm... cuang... —balbuceé finalmente.

A continuación me bloqueé de nuevo.

En el salón del restaurante, el silencio se volvió tremendamente incómodo no sólo para mí, sino para todo el grupo. Mi peor pesadilla se estaba haciendo realidad. Algunas personas trataban de animarme con la mirada, otros reían nerviosamente entre susurros. Hasta el Pinocho colgado en la entrada parecía sentir vergüenza ajena. En mi cabeza se desató el caos total entre los secuestradores:

—¡No vuelvas a abrir la boca, que es peor!

—¡Di algo, INSENSATO!

—¡¡Escóndete bajo la mesa... YA!!

Hice un esfuerzo sobrehumano por recuperar el control:

—Gñm... ejque...

Fue todo lo que pude pronunciar. La situación en mi cabeza había degenerado hasta convertirse en una batalla campal. Me ardía el rostro como si me hubiera tragado un *peperoncino rosso*. Empezaba a verlo todo nublado. De un momento a otro, alguno de los secuestradores desenchufaría el sistema y me desmayaría sobre los restos de *mascarpone*.

Afortunadamente, uno de mis profesores me salvó a tiempo: se puso a aplaudir furiosamente. Varios a su alrededor entendieron su estrategia compasiva y se unieron al aplauso.

—¡Bravo! —coreaba la gente, aliviada de haber superado el incómodo momento de vergüenza ajena, mientras yo me desplomaba sobre la dura silla, abatido.

En el mundo del teatro se habla a veces de «morir en el escenario» cuando las cosas salen realmente mal. Por primera vez entendí hasta qué punto era acertada esta expresión. Menos mal que me iba a Londres a estudiar y no tendría que volver a encontrarme con nadie.

No sirvo para esto

Mi traumática experiencia en el restaurante italiano acabó de hundir mi confianza escénica. En mis clases universitarias de la London School of Economics me costaba tomar la palabra aunque tuviera algo inteligente que aportar. Luego, cuando me apunté a un máster en la Universidad de Oxford, no sabía que al final me esperaba el tradicional «Viva» —un examen oral delante de un tribunal compuesto por tres profesores vestidos, ritualmente, de toga negra—. Pasé todo el año temiendo un nuevo desastre, y así fue: volví a quedarme totalmente paralizado una vez más por la irrupción de la Banda de la Amígdala. A pesar de todo, conseguí el título gracias al examen escrito y a que el tribunal se apiadó de mí. Pero visto lo visto, a los veintitrés años decidí evitar los escenarios todo lo posible. Claramente, hablar en público no era lo mío.

No sé si alguna vez has pensado algo parecido. «Esto no se me da bien». «Yo para eso no sirvo». «Yo no puedo hacer tal o cual cosa». A lo mejor compartes mi rechazo al escenario. O quizás para ti son las matemáticas, el dibujo, la música, cuidar de un bebé o aparcar en batería.

Puede que tengas razón. ¿Qué puedo saber yo? No te preocupes, que no voy a contradecirte. Si alguien hubiera intentado llevarme la contraria en aquella época no le habría hecho ni caso. De hecho, mi padre —el antropólogo José Antonio Jáuregui, un legendario conferenciante y divulgador televisivo— trataba de hacerlo. Pero yo no le daba ningún crédito. ¿Cómo vas a creer a un padre, que lleva toda la vida imaginándote como un futuro Premio Nobel?

Además, bastaba escuchar al profesor Jáuregui hablando en sus tertulias radiofónicas sobre los mecanismos sociopsicológicos que rigen la liberación de gases intestinales para darte cuenta de que él no conocía la vergüenza escénica. Para mi padre, coger un micrófono era tan sencillo como respirar. Para mí era imposible.

¿O no?

Caramba, pues no.

Glups

Resultó que mi padre, en este caso, tenía razón. De hecho, he ido comprobando que, en general, mis progenitores no se equivocaban tanto como yo creía en aquel entonces. Algo se equivocaban, porque lo del Premio Nobel sigue pareciendo muy poco probable. Pero no tanto. ¿Te ha pasado con los tuyos?

Al final acabé superando mi miedo escénico. Y menos mal, porque resulta que me he ganado la vida durante los últimos veinte años dando clases en la universidad, impartiendo cursos de formación en empresas y dando conferencias en todo tipo de foros. Incluso, irónicamente, he hablado bastante sobre cómo hablar en público.

¿Y cómo superé esta terrible glosofobia? «¡Mindfulness!», pensarás que te voy a decir. Bueno, pues no exactamente. Como ya he explicado, la meditación no es una píldora capaz de acabar con los nervios escénicos. Son unas sencillas gafas para ver las cosas de forma más clara.

La realidad es que he aprendido a hablar en público *hablando en público*. Suele decirse de un actor con experiencia que tiene «tablas», y la expresión es muy acertada. Tienes que pisar mucho las tablas, agarrar muchos podios y usar muchos micrófonos para acostumbrarte a eso de hablar con fluidez, sin ponerte demasiado nervioso, ante una gran audiencia. Como en todo, hay que entrenar. Yo lo hice en escenarios reales y también en cursos de improvisación teatral, unos divertidísimos juegos que usan los actores y actrices para calentar antes de subir al escenario. Fui encontrando mi propia voz, mi propia gestualidad, y quizás lo más importante: un mensaje que me entusiasmara y quisiera compartir con el mundo.

A lo largo de este entrenamiento, las gafas de mindfulness han sido fundamentales. La Banda de la Amígdala seguía levantándose conmigo cada vez que anunciaban mi nombre, el público aplaudía y me dirigía hacia el podio. Pero las lentes correctoras de la atención plena me ayudaban a ver que los secuestradores de mi mente no tenían toda la razón cuando me advertían de que el público, ese monstruo de mil ojos escrutadores, esperaba en la oscuridad tras los focos para devorarme en sus terribles fauces. ¡Una pisada sobre el escenario y acabaría triturado entre sus colmillos!

Al observar la realidad momento a momento, tal y como se presenta a los sentidos, descubrí que el público no era ningún monstruo. Sus miles de ojos, lejos de escrutarme con ánimo depredador, eran los ojos de personas como yo. Personas igual de vulnerables y confundidas, con la misma sed de paz, sabiduría y felicidad. La mayoría sonríen o miran con interés, algunas fruncen el ceño y otras parecen aburrirse. Pero ¿quién sabe qué está pasando por sus cabezas?

Aprendí, poco a poco, a mirar a esos ojos. A conectar con ellos igual que conectas con un buen amigo, vibrando con la emoción del momento. Entendí que durante los minutos que yo pisaba las tablas y empuñaba el micrófono me estaban regalando un verdadero tesoro: su atención. Y yo tenía la oportunidad de agradecérselo con la mía propia, empleándome a fondo con mi discurso, expresando, dentro de mis posibilidades, aquello que yo llevaba dentro. Descubrí que, cuando se produce esa comunión de miradas, de mentes, de corazones, no hay nada más bello en este mundo.

No fue cosa de un día ni de dos. Fueron años de batallas internas, de éxitos y fracasos, de sufrimiento y satisfacciones. Comencé, lo reconozco, con una ventaja importante: mis primeras clases fueron de yoga, tras formarme en el año 2000 como monitor, y al principio de la clase invitaba a la gente a cerrar los ojos —esos ojos que tanto me asustaban. De ahí pasé a clases universitarias de Psicología y cursos de formación para grupos pequeños —con los ojos ya abiertos— sobre el tema de mi tesis doctoral: el sentido del humor. Luego, poco a poco, pasé a escenarios más grandes, especializándome en conferencias interactivas, en las que invitaba al público a participar en juegos que inspiraban la risa y la reflexión. Nunca me libraba del todo de la Banda de la Amígdala y sus escopetas, pero cada vez me espantaban menos.

El discurso más importante de mi vida

En el año 2005, la Fundación Vicente Ferrer me invitó a inaugurar su evento anual en el Auditorio del Palacio de Congresos Municipal de Madrid, con capacidad para 2.000 personas. Un verdadero reto para mí, sobre todo porque compartiría el escenario con tres de las personas que más he admirado en este mundo. El primero era el propio Vicente Ferrer, un auténtico candidato al Premio Nobel por proyectos humanitarios que habían tocado las vidas de millones de personas en la India. Los otros dos eran el dúo cómico Gomaespuma, Guillermo Fesser y Juan Luis Cano, maestros del humor que compartían con Ferrer un espíritu solidario que los había impulsado a fundar sus propios proyectos de cooperación en el Tercer Mundo.

Fue una noche inolvidable. Durante mi presentación hablé sobre Internet y la telefonía móvil —aún relativamente recientes— y sobre el hecho de que ninguna tecnología nos sirve para progresar si no se desarrolla en paralelo con la conexión entre un corazón humano y otro. Para ilustrarlo llevé a cabo un clásico juego de mimo que tenía muy ensayado, convirtiendo al público entero en una orquesta que iba dando palmadas sincronizadas según gestos que yo iba haciendo, y provocando a veces momentos de comicidad y otros de sobrecogimiento. Una solemne tontería.

Afortunadamente, en esta ocasión la Banda de la Amígdala no me dio demasiada guerra, disfrutando conmigo y con el público del festín de risas, amor y música. Para mí el encuentro fue doblemente emotivo, porque entre los 2.000 espectadores se encontraba uno muy especial: mi padre. Era la primera vez, desde mi época escolar, que me veía actuar sobre un escenario. Él sabía, claro, que yo ya había superado mi miedo escénico y que empezaba a dedicarme a estas cosas. Nunca había dudado de que yo llevaba dentro esa alma de cuentacuentos que provenía de su propio padre, el «señor Eladio», famoso en todo el valle de Ollo de Navarra por sus chistes y anécdotas. Pero cuando me abrazó al final del concierto entendí que incluso él no se había esperado algo así. Fue un momento inolvidable.

Sobre todo porque fue nuestro último abrazo. Poco después, José Antonio Jáuregui partió hacia Rumanía como miembro de un comité de la Comisión Europea que había seleccionado la ciudad de Sibiu como capital cultural. La noche del 5 de junio de 2005, sin previo aviso, a los 63 años y medio de vida, un infarto detuvo su corazón para siempre en la habitación de su hotel.

En su funeral me tocó a mí pronunciar unas palabras. ¿A quién, si no? Somos cinco hermanos, pero yo era el conferenciante. Creo que nunca he tenido un desafío escénico igual, ni lo tendré. Apenas pude prepararlo. Tal fue la confusión de aquellos días entre la funesta noticia y el rito de despedida —el drama familiar, las llamadas y visitas continuas, las gestiones diplomáticas para repatriar el cuerpo, el trajín de organizar el velatorio, funeral y entierro de un hombre que había vivido en cinco países— que llegué a vestirme para el acto y aún no sabía lo que iba a decir. Finalmente, me encerré en su propio despacho y escribí furiosamente unos apuntes en media hora. No hubo tiempo de corregir, de perfeccionar, de ensayar. Había que salir pitando hacia la iglesia.

Cuando subí al podio, lleno de emoción, vi que la nave de San Fermín de los Navarros estaba totalmente abarrotada. Estábamos ahí su familia, sus amigos, sus estudiantes y todo tipo de gente a la que había marcado. Mi padre era la única persona que he conocido capaz de hacer amistad con alguien en el trayecto de un ascensor —lo que él llamaba «amistades íntimas efímeras»—, y se notaba. Solía tratar a todo el mundo por igual, invitando a cenar a casa a embajadores, académicos, estrellas televisivas y al mecánico que le arreglaba el coche en el taller.

¿Cómo resumir su vida? ¿Cómo explicar el amor que sentíamos por él o el vacío que dejaba en el mundo? Mis apuntes se quedaban muy cortos. Pero conseguí hablar, una palabra tras otra, y aunque no recuerdo bien qué dije, sí recuerdo que la gente lloraba y reía. ¿Habría podido pronunciar este discurso algunos años atrás? Me temo que no. O al menos, no así. Todo ese esfuerzo, todo ese entrenamiento en clases y teatros, todas esas batallas contra la Banda de la Amígdala, me habían preparado para esto. Gracias a ellas había conquistado la suficiente libertad como para hacer algo sencillo pero no siempre fácil: hablar desde el corazón.

Ahora sólo me falta aprender a hacerlo siempre.

Prácticas de mindfulness
para seres humanos de los de toda la vida

/////////////////////// (07) ///////////////////////

EL ANCLA

Te propongo una primera práctica de meditación en quietud, centrada en lo que suele llamarse el ancla. Se trata de un foco para la atención al que vuelves, una y otra vez, para «anclarte» en el presente. Me gusta esta metáfora, porque aunque un ancla esté sujeta al barco permite un cierto movimiento a su alrededor. De la misma manera, durante la meditación, la mente se puede distraer diez, cien, mil veces, pero siempre que sucede puedes volver de nuevo hacia el ancla que has escogido. Es una forma de no alejarte demasiado aunque no consigas mantener la atención clavada al 100% en el presente durante todo el ejercicio. Y ya hemos visto que conseguir eso es tan difícil como hacerte invisible o salir volando por el aire.

1. Buscas un lugar libre de distracciones (ver la práctica 3) y adoptas una postura cómoda, estable y que invite a estar alerta (práctica 6). Si tu cuerpo está muy inquieto puedes regalarle primero unos minutos de movimiento físico (práctica 4). Decides de antemano cuánto tiempo vas a meditar y programas un temporizador con un sonido agradable y un volumen no excesivamente escandaloso, a ser posible. También existen *apps* de meditación justamente para este propósito.

2. Te vas asentando en la postura y en la práctica, percibiendo el entorno (sonidos, olores...) y notando cómo te encuentras en cuanto a sensaciones corporales, pensamientos y emociones. Da igual si estás en calma, triste o incluso echando chispas por alguna frustración reciente. Puedes darte el permiso para llegar con todo lo que traes, escuchándote como escucharías a un amigo o una amiga, con curiosidad e interés, sin necesidad de cambiar nada.

3. Puedes recordarte que durante la meditación no hay nada que hacer, nada que conseguir, ningún estado al que llegar. Esta idea puede ser muy liberadora después del habitual trajín cotidiano.

4. Cuando lo decidas empiezas a focalizar la atención en tu respiración, tratando de percibir las sensaciones físicas: la temperatura y humedad del aire en las fosas nasales al inhalar y exhalar, la expansión y relajación de la caja torácica y el movimiento en el abdomen.

5. Respiras por la nariz, si te es posible. En cualquier caso, permites que la respiración sea tal y como es. No hace falta respirar «bien». Si notas que estás controlando la respiración tampoco pasa nada. Simplemente observas esta tendencia y pruebas a soltarla con cada exhalación.

6. Te focalizas en la zona donde notes las sensaciones de forma más nítida —por ejemplo, en el abdomen o en las fosas nasales. A esta zona la voy a llamar el *ancla de la atención*.

7. Tratas de seguir todo el ciclo de inhalación y exhalación en el ancla, intentando saborear cada sensación que llega, en cada instante, sin perderte ni una. Como si fueras un *gourmet* de la respiración.

8. Si el proceso respiratorio no es un buen ancla para ti (por ejemplo, te agobias observándolo) hay otras opciones que puedes probar:

• Cualquier zona neutra del cuerpo donde notes sensaciones claras y nítidas, como las manos, los pies o los puntos de apoyo.

• Los sonidos que van sucediéndose de un momento a otro (ver la práctica 9).

• En algunas tradiciones meditativas se usan otros focos de atención, como imágenes o palabras repetidas mentalmente (mantras, contar del 1 al 10), o incluso un objeto físico donde fijar la vista. Son perfectamente válidos para ejercitar la atención, y pueden ser muy útiles si tienes la tendencia a despistarte mucho. Sin embargo, no son necesarios, y tienen la desventaja de que requieren «añadir» algo a la realidad. En el caso del objeto físico no está siempre disponible.

9. Mientras observas lo que sucede en el ancla habrá sin duda otros fenómenos que compiten por tu atención: ideas, recuerdos, emociones, el zumbido de un helicóptero, quizás algún dolor muscular. No hace falta eliminar ni suprimir nada de ello. Son también parte de la realidad. Simplemente te focalizas en el ancla, dejando todo lo demás en el «fondo» o en los «márgenes» de la experiencia.

10. En algún momento te darás cuenta de que ya no estás observando el ancla. Tu atención se ha dejado llevar por el ritmo de una música lejana, ese proyecto que empieza a hundirse como el *Titanic*, tus planes para el verano o un leve picor en la oreja izquierda. Cuando suceda vuelves con amabilidad al ancla (ver la práctica 5).

11. Cuando el temporizador te avise de que se ha agotado el tiempo vuelves a llevar la atención al cuerpo, haces dos o tres respiraciones más profundas y sin ninguna prisa comienzas a movilizar y estirarte, empezando por los dedos de las manos y los pies, todo con suma atención.

12. Cuando quieras abres los ojos (si los tienes cerrados) y terminas la práctica.

13. Si así lo sientes, puedes agradecerte por estos momentos que te has regalado.

Escanea este código QR
para acceder al vídeo

Durante la meditación, la mente se puede distraer diez, cien, mil veces, pero siempre que sucede puedes volver de nuevo hacia el ancla que has escogido, ese foco de atención que te devuelve al presente.

08.
TEDDY

Cuando era pequeño me regalaron un cachorro.

Teddy era un animalillo encantador, monísimo y juguetón. Era imposible no enamorarse de él. Hasta sus caquitas eran adorables. Con la ayuda de mis padres lo cuidaba día y noche: dándole de comer, sacándole a pasear y jugando durante horas.

Con el tiempo, esas responsabilidades fueron recayendo sobre mí. Al principio seguí cuidándole, pero debo reconocer que no tan bien como antes. En mis años adolescentes empezaron a fastidiarme las constantes tareas de sacarlo a pasear y limpiar sus cacas (que ya no eran tan adorables). Empecé a ignorarlo.

Lógicamente, Teddy trataba de reclamar mi atención. Ladraba, lloriqueaba, incluso a veces me mordía. Tan abandonado llegó a estar el pobre que comenzó a enfermar. ¿Y qué hice yo? Le puse un bozal para que me dejara en paz.

Teddy no era un perro: te estoy hablando de mi propio cuerpo. El que me regalaron al nacer. Los dolores de espalda que empecé a sufrir a los 23 años, e incluso antes, eran los mordiscos que me propinaba, reclamando mi atención. Los ignoré todo lo que pude, y seguramente los hubiera seguido ignorando, quizás con la ayuda de analgésicos y otros remedios paliativos, si no hubiera conocido el yoga.

Desafortunadamente, esta trágica historia se repite por doquier. En nuestra cultura occidental le damos muy poca importancia al cuerpo. Vivimos en un mundo privilegiado que se ha ido liberando del trabajo manual, de la necesidad de caminar y de numerosas tareas que ahora llevan a cabo nuestras maravillas tecnológicas, desde el lavavajillas hasta el robot aspirador.

Nos avergonzamos de nuestra materia física, ese amasijo de carne, hueso, pellejo y vísceras que arrastramos por la vida. Dedicamos una enorme cantidad de tiempo y esfuerzo a recubrirlo, domarlo y esconderlo —sobre todo las partes más animalescas, como el pelo, las uñas, los órganos sexuales y, por supuesto, ¡las cacas! ¿A cuántas torturas lo sometemos para que se adecúe a los ideales de belleza y juventud que nos rodean? A veces incluso acabamos odiándolo. Sobre todo por su insoportable tendencia a engordar, a envejecer, a enfermar, a romperse, a (¡glups!) morir. Mejor ni pensar en ello.

En la era digital, la misteriosa desaparición del cuerpo humano —más allá de su acicalada superficie— se ha exacerbado hasta límites inimaginables hacía sólo unas décadas. Pasamos casi todo el día sumergidos en pantallas, en creaciones informáticas, en conversaciones virtuales y en nuestros propios pensamientos. Incluso mientras vaciamos el intestino, podemos seguir escuchando un *podcast* o mandando un *whatsapp*, alienados por completo de lo que sucede a nivel físico —el así llamado *toiletscrolling*. Cuando maltratamos el cuerpo éste se queja, pero hemos aprendido a endurecer nuestros sentidos con la ayuda de todo un botiquín de analgésicos, estimulantes, tranquilizantes y demás bálsamos.

Estamos muy conectados con nuestros aparatos digitales, pero muy desconectados de nuestra maquinaria interna. Por las calles de cualquier ciudad hay que andarse con cuidado para que no te embistan los viandantes enchufados a otra realidad. He llegado a ver, en un paso de peatones de Madrid, a un tipo tan embebido en su pantallita que empezó a cruzar la calle con el semáforo en rojo y tropezó sobre una rama caída en medio del paso de peatones. Cayó aparatosamente delante de un coche, que tuvo que frenar en seco para no arrollarlo. Lo más increíble fue lo que sucedió a continuación, tras el chirrido de los frenos: el hombre se levantó, apenas llevándose la mano a alguna magulladura, recogió su *smartphone* y siguió caminando a toda prisa, pegado a su pantalla.

El ser humano, hoy en día, vive alienado de su propio cuerpo.

El *nerd* californiano

En este sentido confieso haber sido un pionero, adelantándome a los *millenials* en varias décadas.

Empecé como todos los niños de mi generación. Se me enseñó casi en seguida a sentarme en una silla y a «estarme quieto» durante horas. Me trasladaban de un lado al otro en capazo, en silleta, en coche, en tren y en avión. Pero también me mandaban a jugar de vez en cuando. Para un niño español en los años setenta eso significaba sobre todo el fútbol.

Al mudarse mi familia a Los Ángeles, cuando yo tenía nueve años, me explicaron mis compañeros de clase californianos que eso del fútbol europeo era un juego «de niñas», y que ahí los deportes serios eran el fútbol americano, el béisbol, el baloncesto y el hockey. ¡Menuda confusión! No entendía nada de todas esas reglas, y desde luego no lograba ni driblear la pelota de baloncesto, ni golpear la de béisbol, ni coger la de fútbol americano, con esa forma tan rara que tenía.

En los recreos, cuando se hacían equipos, el último niño al que seleccionaban era siempre Eduardo. Sin embargo, mis peores recuerdos son del *american football*, porque me condenaban sistemáticamente al papel de *blocker* —carne de cañón para los mayores gorilas del equipo contrario, que trataban de apisonarme en cada jugada para llegar a la pelota. Cada vez que lo recuerdo me entran escalofríos.

Decidí dedicarme, dentro de lo posible, a actividades más sedentarias. Me volví un auténtico *nerd*, palabra que se acuñó en Estados Unidos en aquella época, y que me describía a la perfección. Era el clásico empollón, un lector empedernido —sobre todo de épicas de fantasía y ciencia ficción— y un aficionado a los videojuegos, la programación en BASIC y el Dungeons and Dragons, el primer gran juego de rol. También encontraba el tiempo para ver grandes cantidades de cine (gracias, sobre todo, a los primeros videoclubs) y series como *El Equipo A*, *Cheers* y *The Twilight Zone*.

Aunque aún no existían los *smartphones*, yo ya iba con mis libros o mis videojuegos como vamos ahora todos por la calle, caminando sin mirar. Mi familia se reía de mí, sobre todo cuando me chocaba con el marco de alguna puerta. No habían entendido que mi comportamiento presagiaba el futuro de la humanidad.

Mi actividad física se redujo aún más cuando volví a Europa en 1987. Durante los siguientes ocho años apenas me moví, excepto de un asiento a otro. Como sabía que «tenía que hacer ejercicio», trataba de visitar alguna piscina de vez en cuando, pero me daba una pereza horrible. Eso y algún bailoteo discotequero conformaron la suma total de mi entrenamiento deportivo durante más de una década. Menos mal que mi metabolismo nervioso conseguía quemar todas las grasas del planeta, porque si no, con mi «sana dieta mediterránea» de paella, albóndigas y bocatas de jamón frito, hubiera terminado como Jabba the Hutt. (Para los no frikis: un alienígena de *Star Wars*, entre Don Corleone y una babosa gigante.)

Lo curioso es que, al menos en mi familia, un estilo de vida semejante no estaba mal visto. Mi padre era un intelectual enclenque y sedentario como yo. Mi madre se movía más gracias a sus tareas domésticas, pero iba en coche a todas partes y no pisó un gimnasio hasta los sesenta años. Con mis buenas notas y mi pasión por la lectura, se me consideraba un chico ejemplar, y la cosa sólo iba a más: licenciatura de la LSE, máster de Oxford, doctorado en el IUE de Florencia... ¡un portento!

Pero al pobre Teddy lo tenía maltratadísimo. Y sus mordiscos en mi espalda empezaron a volverse realmente molestos. A los 23 años, la flor de la vida, sufría ya los achaques de un cincuentón.

Resulta que tienes cuerpo

En cualquier práctica de mindfulness el cuerpo es un aliado clave. La mayoría de las escuelas meditativas escogen un lugar del cuerpo como foco o «ancla» de la consciencia (ver la práctica 7). El más clásico es la respiración —ya sea en su totalidad o una parte—, como las sensaciones en las fosas nasales, o el movimiento del abdomen. Pero puede escogerse también algún otro foco donde se sientan las sensaciones de forma clara, por ejemplo, las manos, los pies o las zonas apoyadas sobre el suelo.

Esta técnica tiene mucho sentido, porque el cuerpo, como todo animal, vive en el presente. Y dado que forma parte de ti (aunque a veces se te olvide), basta recordarlo para conectar de nuevo con sus sensaciones y reunirte, junto a él, en el presente. Esta criatura nunca se escapa, por mucho que la maltrates. Teddy me acompañó siempre, fielmente, incluso en las peores épocas. (Por cierto, ¿al tuyo le has puesto ya un nombre?)

Hay una práctica de mindfulness, descrita al final del capítulo, que amplía y ahonda en esta dimensión somática. Consiste en atender al cuerpo durante un buen rato, recorriendo cada una de sus partes con una minuciosidad que la primera vez que lo pruebas puede parecer exageradísima. Esta «exploración corporal» es el primer ejercicio importante que se aprende en el curso de MBSR. Durante las primeras semanas proponemos hacerlo todos los días durante 40 minutos.

Hay que reconocer que se parece mucho a lo que Camilo José Cela llamaba el «yoga ibérico», o sea: la siesta. Te tumbas sobre una superficie cómoda, te cubres con una mantita, bajas las luces, cierras los ojos y te quedas inmóvil durante un rato largo. Inevitablemente, algunas personas acaban durmiéndose en clase, lo cual es maravilloso para ellos y, según el volumen de los ronquidos, algo molesto para los demás. Sin embargo, no se trata de una siesta, ya que como veremos en el capítulo 16 el objetivo es despertar.

Además de la somnolencia hay otros problemillas que son habituales. Un cierto porcentaje suele experimentar el problema contrario: al tumbarse y conectar con su animal interno se encuentran con un cuerpo tan inquieto que les cuesta horrores mantener la inmovilidad y lo pasan fatal, o incluso se ven forzados a interrumpir el ejercicio. Otras personas se topan, a lo largo del recorrido, con alguna parte del cuerpo especialmente «sensible» o «problemática». Quizás esté asociada a alguna experiencia traumática —una herida física o emocional—, y al acercarse a ella se nota como una resistencia a la hora de conectar o alguna emoción más o menos intensa. Incluso pueden llegar a destaparse memorias que llevaban un tiempo enterradas, liberando un chorro de emociones.

A pesar de estos obstáculos (y también gracias a ellos), la práctica diaria de este ejercicio suele resultar muy transformadora. El cuerpo, aparentemente familiar, se revela un continente desconocido. Investigando sus paisajes externos e internos, desde las montañas y los valles más evidentes hasta los rincones más olvidados, empiezas a darte cuenta de lo muy extraordinaria que es la materia física que te compone: treinta trillones de células que se coordinan, quién sabe cómo, para subir por las escaleras, manejar un taladro, jugar con el *frisbie*, freír un huevo, improvisar un solo de guitarra eléctrica y mil cosas más; treinta trillones de células que se comunican, a través de un complejo y misterioso sistema nervioso, contigo.

Este reencuentro íntimo con el animalillo que te regalaron en el vientre de tu madre puede ser muy emocionante, sobre todo si llevas muchos años, como era mi caso, ignorando su existencia excepto a regañadientes. Puede incluso que empiece a cambiar tu forma de tratarlo, como me sucedió a mí con Teddy.

WC Yoga

Como ya describí en el capítulo 1, cuando comencé a practicar yoga en 1995, en contra de todos mis instintos, los asanas me parecieron bien raros. Miraba a mi alrededor a las mujeres (porque eran casi todas mujeres) con las extremidades enroscadas y me decía: ¿tendré yo esa misma pinta de nudo marinero? Sin embargo, tardé bien poco en volverme un tipo bastante excéntrico, posturalmente hablando.

La clave de mi perdición fue precisamente adquirir el hábito, durante mis sesiones de yoga, de conectar frecuentemente y en profundidad con las sensaciones corporales. Ya no podía seguir aguantando esos maratones cotidianos de estudio, con los codos clavados en la mesa desde la mañana hasta la noche, y con descansos sólo para comer, beber e ir al baño. O más bien, sí podía aguantarlos, porque tenía mucha práctica, pero no sin escuchar los ladridos de Teddy a mi lado:

—¡Estírame un poco, anda, ahora que sabes!

Me di cuenta de que Teddy tenía bastante razón. Si no le hacía más caso acabaría pagando las consecuencias. Ahora entendía que el asana más absurdo de todos era la "postura del despacho", sobre todo mantenida durante diez horas seguidas.

Además de una sesión completa de yoga cada día, o cada par de días, comencé a interrumpir mis largas jornadas de estudio al menos un par de veces para estirar bien la espalda en todas las direcciones. Al levantarme para beber un vaso de agua, o para el descanso de la comida, o para sacar a Teddy a pasear un rato, aprovechaba para hacer unos cuantos movimientos sencillos: un poco como hacen los perros cuando se levantan tras permanecer un rato inmóviles. Es lo que me pedía el cuerpo en esos momentos.

Eso sí, al adoptar esta costumbre me topé con un problema: estirarse no está bien visto. Cuando estudiaba en casa, en privado, era fácil cuidar la columna y las extremidades de mi animal corporal. Pero durante mis jornadas en la sala de ordenadores del Instituto Universitario Europeo me daba vergüenza estirarme como hace cualquier labrador, San Bernardo o caniche.

Choqué con unas normas sociales, no escritas pero de sobra conocidas, que limitan radicalmente nuestros movimientos en público. Justamente las mismas que me habían impulsado a reír y extrañarme ante aquellos asanas del yoga tan «raros». En una universidad, en una estación de trenes o en una frutería no está permitido elevar los brazos, dejar la cabeza colgar por delante de las piernas o girarte sobre el hombro si no es para echar una miradita rápida. La gente empieza a alejarse de ti discretamente.

Por lo tanto, empecé a practicar lo que podría denominarse el «WC Yoga» en el único espacio privado que suelen ofrecer los lugares públicos. El rango de movimiento en estas estrechas cabinas es muy limitado, pero aun así me permitía liberar cantidad de tensiones acumuladas, tanto físicas como mentales, y volver a mi silla doblemente refrescado tras mi paso por los servicios. Luego, con Teddy más contento, me daba la impresión de que las ideas fluían mejor.

No sé si mi tesis —600 páginas aburridísimas sobre el sentido del humor— mejoró a causa de mis prácticas de yoga dentro y fuera del WC. Lo que sí tengo claro es que salvé mi espalda de daños bastante serios, y que a partir de entonces empecé a tratar mi cuerpo con más mimo. O sea, fui adoptando, muy poquito a poco, esas normas tan draconianas que pide a voces la profesión médica: *¡No comáis tanta carne roja! ¡Fuera azúcares, tabaco, alcohol! ¡Fibraaaaa! ¡Ejercicio todos los días, por lo que más queráis! ¡Y a dormir ocho horas diarias!* Esas normas, hace 100.000 años, eran ley de vida, porque aún no habían inventado el bar de la esquina, y porque cazar un ciervo con flechas requería varias semanas de corretear por el campo. Hoy en día, ni siquiera los médicos siguen sus propias recomendaciones. (En el capítulo 12 te daré algunas pistas sobre cómo acercarte a este milagro.)

Sigo abusando del pobre Teddy, pero cada vez menos. Lo saco a pasear (o a practicar natación o yoga) todos los días. Además, trato de adoptar posturas más ergonómicas, le doy de comer alimentos mucho más sanos y hace unos años me vine a vivir a la sierra de Guadarrama, cerca de Madrid, donde respira un aire más puro. Lo hice pensando sobre todo en él.

Prácticas de mindfulness

para seres humanos de los de toda la vida

/////////////////////// (08) ///////////////////////

TREINTA TRILLONES DE CÉLULAS

Este ejercicio de «exploración corporal» te permite descubrir los paisajes, los ritmos, las cualidades y los límites del asombroso animal que da vida a tu materia física. Suele practicarse en posición tumbada, en una esterilla o incluso en la cama. Es una gran forma, de hecho, de prepararte para dormir o para desperezarte por la mañana. Puede llevarse a cabo velozmente en cinco minutos o alargarse hasta una hora o más.

1. Buscas un lugar libre de distracciones (ver la práctica 3) y te tumbas sobre una esterilla o manta con los pies separados la distancia de los hombros, los brazos ligeramente separados del cuerpo y las manos orientadas hacia el cielo.

2. Si quieres, puedes colocar un cojín o una manta doblada debajo de las rodillas, para relajar mejor la zona lumbar sobre el suelo. También puedes colocar una manta doblada o un cojín bajo la cabeza si lo necesitas. En épocas de frío es importante cubrirte con una manta o abrigarte bien, ya que la temperatura corporal suele descender durante el ejercicio.

3. Dejas que tu cuerpo descanse en esta postura, tratando de soltar cualquier tensión y permitiendo que el suelo te sostenga sin tener que hacer ningún esfuerzo.

4. Tomas consciencia de las sensaciones del cuerpo, de los sonidos del entorno, del estado de la mente y de las emociones que están presentes. Observas durante unos momentos tu respiración o tu ancla (ver la práctica 7). Conectas con el momento.

5. Llevas tu atención al dedo meñique de tu pie izquierdo, sin moverlo, tratando de notar cualquier sensación o ausencia de ella (ver la práctica 2).

6. Haces el mismo ejercicio con el segundo dedo del pie, luego el tercero, el cuarto y el dedo gordo.

7. Continúas recorriendo las distintas partes del pie, notando las sensaciones presentes en cada una: planta, empeine, talón, interior del pie, tobillo.

8. Continúas recorriendo con tu atención las distintas partes de la pierna izquierda como una onda que va subiendo progresivamente: pantorrilla, espinilla, rodilla, muslo. Repites el proceso con el pie y la pierna derecha.

9. Continúas explorando las distintas partes del cuerpo con el mismo nivel de detalle:

• Pelvis: glúteo izquierdo y derecho, cadera izquierda y derecha, suelo pélvico, órganos internos y externos.

• Tronco: abdomen, plexo solar, pecho izquierdo y derecho, esternón, costillas, costado izquierdo y derecho, pulmones y corazón, zona lumbar y dorsal de la espalda, omóplatos.

• Brazo izquierdo y derecho: dedos uno a uno, palma, dorso, interior de la mano, muñeca, antebrazo, codo, brazo superior, hombro.

• Cuello y cabeza: zona cervical, lados del cuello, garganta, zona posterior de la cabeza, cada lado con su oreja y sien, coronilla y cuello cabelludo, frente, zona del ojo izquierdo y ojo derecho (ceja, párpados, ojo), nariz, fosas nasales, mejillas, labio superior e inferior, mentón, interior de la boca, lengua, mandíbula.

10. Si durante este recorrido notas alguna zona tensa puedes probar a soltar la tensión innecesaria. Pero no te preocupes si persiste. Simplemente presta atención a ello lo mejor que puedas.

11. Cada vez que te distraigas vuelves a la última zona que estabas recorriendo (ver la práctica 5).

12. Si experimentas mucha inquietud y te cuesta mantener la inmovilidad puedes probar a observar esta tendencia. ¿Cómo es? ¿Cómo y dónde la sientes? Si realmente necesitas mover alguna parte del cuerpo o cambiar de postura tratas de hacerlo con consciencia para luego continuar el ejercicio. O haces algo de ejercicio físico primero y luego vuelves a él. Quizás al escuchar a tu cuerpo lo que recibes es el mensaje «¡¡Necesito moverme!!».

13. Puede que te encuentres con algún dolor o molestia persistente que te distraiga mucho o alguna zona del cuerpo que te traiga memorias o emociones intensas al prestarle atención. Si es así, sigues las instrucciones de la práctica 10.

14. Si tienes la tendencia a dormirte durante este ejercicio (¡cosa muy habitual!) puedes probar a hacerlo con los ojos abiertos o incluso en postura sentada o de pie. En este último caso es recomendable apoyar las manos sobre una mesa o balda para mantener mejor el equilibrio. Si a pesar de todo te duermes: ¡dulces sueños!

Escanea este código QR
para acceder al vídeo

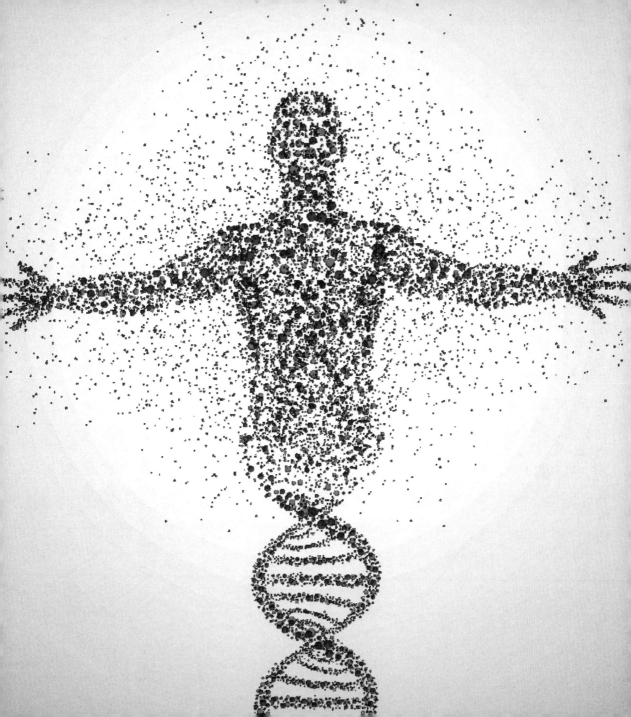

09.

Ladrones del ASOMBRO

Entre Cuenca y Albarracín, dos de las localidades más pintorescas de España, se alzan los montes Universales. Es un territorio remoto, de pueblos despoblados con nombres que parecen homenajear a gigantes mitológicos: Bronchales, Ponzondón, Calomarde. De hecho, sus cañones zigzagueantes y cerros escarpados hacen pensar en violentas batallas de monstruos descomunales.

Hace algunos años tuve la gran fortuna de pasear por este paraje secreto junto con Emanuela. Hacia el final de una mañana fría pero soleada de invierno caminábamos sobre una pista forestal elevada que nos ofrecía vistas sobrecogedoras sobre una lejana planicie. A nuestro alrededor se elevaban, como esculturas de arte abstracto, caprichosas formaciones de rodeno, una rojiza piedra arenisca, algunas de ellas decoradas con pinturas rupestres que dejaron aquí sus habitantes nómadas hace 10.000 años. En toda la excursión no nos encontramos con un solo turista. Estábamos solos en ese recóndito lugar.

Al cabo de un rato tomamos un desvío hacia un cercano mirador. Avanzando entre los pinos, comprobamos que el camino terminaba sobre un vertiginoso precipicio. Con esa mezcla de emoción y terror que inspiran los barrancos, nos acercamos casi hasta el borde. El panorama era grandioso: bajo un cielo azul despejado se extendía una inmensa y arrugada alfombra boscosa a nuestros pies, resquebrajada aquí y ahí por torres puntiagudas de piedra roja, como las ruinas de una antigua civilización.

Y entonces nos fijamos en un cartel clavado a un poste:

OBSERVA Y DISFRUTA

¿Quién habría plantado aquí esta surreal indicación? Era una ocurrencia digna de Luis Buñuel, nacido en el cercano pueblo de Calanda. En un mirador tan espectacular, ¿qué ibas a hacer más que observar y disfrutar? ¿Era posible hacer otra cosa?

Sin embargo, el recordatorio nos hizo reflexionar. A lo mejor no estaba de más. Hoy en día, pararse a mirar de verdad, disfrutar de la belleza que nos rodea, es algo bastante inusual. Se nos olvida, y necesitamos que nos lo recuerde alguien.

Abrir los ojos

Incluso en un mirador es posible llegar, echar una ojeada rápida (mientras continúas tu conversación sobre la penosa situación política o un pequeño drama familiar) y seguir adelante sin haber visto nada de nada. En este sentido, la ubicuidad de nuestras sofisticadas cámaras digitales no ayuda mucho. Me he pillado sacando selfis alegremente, con fondos espectaculares, sin dedicarle el mismo tiempo a contemplar el lugar con mis propios ojos, sin darme un espacio tranquilo de tiempo para ubicarme, abrir los sentidos y dejar que se vayan depositando en mí las impresiones de la vista, el oído, el olfato, el tacto y otros sentidos que ni las fotos ni los vídeos podrán registrar jamás.

Es como si me estuviera diciendo:

—No te preocupes, Edu, no hace falta que lo mires ahora. Ya lo harás más adelante...

Perdona... pero ¿¿QUÉ?? ¿Qué prisas hay en una excursión por los montes Universales, una visita a una pinacoteca o un paseo por Estambul que puedan empujarte con urgencia hacia el siguiente hito en el recorrido cuando aún no has saboreado el que tienes delante? ¿Es que no has venido para esto? ¿Para observar y disfrutar con calma? ¿De qué te sirve acumular fotos —que luego nunca hay tiempo de ordenar y revisar— si no has llegado a estar ahí realmente en cuerpo y alma?

No deja de asombrarme mi propia ceguera ante la maravilla que me rodea en este planeta. Y es que ver no es sólo cuestión de abrir los ojos. Hay que aprender a mirar. O más bien, hay que desaprender la fortísima tendencia mental a ignorar lo que vemos. Porque cuando éramos niños y niñas, alucinábamos con todo: un pato en un parque, el centrifugado de la lavadora, el mostacho del panadero, el vuelo de un avión. Encontrábamos algo interesante en cada momento, porque estábamos descubriendo el mundo por primera vez.

Pero ya estaba en marcha un fenómeno mental, crítico para nuestro desarrollo, que consiste en acostumbrarse a las cosas conocidas. Este proceso de aprendizaje, que los psicólogos llamamos «habituación», es tan fundamental que puede observarse en todas las especies vivientes, incluso en las *Amoeba*. En un estudio clásico con gatos dormidos, se midió la actividad en sus cerebros mientras sonaba un tono varias veces. La primera vez se produjo una reacción fuerte, pero con cada nuevo tono iba decreciendo hasta desaparecer. En los seres humanos pasa exactamente lo mismo. Al mudarse mi familia a una nueva casa en Los Ángeles, cuando yo tenía diez años, la primera noche nos despertó un tren que pasaba por unas vías cercanas. Mis padres se angustiaron:

—¡Ya decía yo que el precio era demasiado bueno! ¡Nos han engañado! ¡Nunca conseguiremos dormir aquí!

Sin embargo, al cabo de unos días los trenes no volvieron a despertar a nadie. Nos habíamos acostumbrado, igual que nos acostumbramos a las altísimas palmeras de la ciudad («¡guau!»), al olor de una cervecería cercana («horrible»), a tener una canasta de baloncesto sobre el garaje («¡como en las películas!») y a pasar tres o cuatro horas al día en las autopistas de la ciudad. Al principio la mente se altera por una novedad, ya sea para bien o para mal, pero al cabo de un tiempo ni te fijas. Tu mente deja de prestar atención a esa palmera increíble, porque cree que ya la conoce de sobra. Es simplemente «una palmera californiana» como cualquier otra. Y al igual que con las palmeras, sucede con casi todo.

El crimen del siglo

Imagínate que en el Museo del Louvre de París hubieran sustituido la famosa colección por burdas imitaciones. A primera vista todo parece en orden. La Libertad sigue guiando a su pueblo con la bandera tricolor en el aire. La Diana de Versailles sigue a punto de sacar una flecha de su carcaj. La Mona Lisa sigue regalando su enigmática sonrisa. Podrías pasearte por los amplios salones y pasillos de la galería durante toda una mañana sin notar nada extraño.

Sin embargo, bastaría acercarte un poco a cualquier cuadro o estatua para darte cuenta de que se ha cometido el crimen del siglo. En el lienzo de Delacroix faltan algunos de los personajes. El vestido de Diana no muestra el mismo nivel de detalle. Los colores de la Mona Lisa no coinciden con el original. Es un verdadero escándalo: todas y cada una de las obras han sido falsificadas.

Los seres humanos nos encontramos en una situación muy parecida, pero no sólo en los museos: en todas partes. La mente nos va sustituyendo todo lo que vemos, escuchamos y percibimos con modelos falsos, o por lo menos, parciales y limitados. En psicología, y en todas las ciencias sociales, es una de las primeras cosas que te enseñan los libros de texto. Se usan diversos términos para hablar de estos modelos: esquemas, marcos, hábitos, expectativas, estereotipos, roles.

Es un sistema realmente ingenioso que nos permite orientarnos fácilmente y navegar por la vida con una agilidad extraordinaria. Ves en tu nevera una botella de plástico medio llena de líquido transparente y tu mente la etiqueta al instante: botella de agua. No te planteas que pudiera ser otra cosa: una botella medio llena de vodka, por ejemplo, o de agua salada del golfo de México, o de cloro líquido. En el 99,99 % de los casos, si no el 100 %, efectivamente va a ser agua potable. Por lo tanto, el sistema funciona. Sin pensártelo dos veces, sin apenas mirarla, mientras charlas por teléfono con tu amiga, coges la botella, la destapas y te tragas un buen sorbo.

Nunca pasa nada.

O casi nunca.

Porque, ¿quién iba a cambiarte el agua por vodka, o agua de mar, o lejía? Tendría que ser un demente, o un enemigo mortal, o alguien tremendamente despistado... Cosas muy poco probables, en definitiva. Dicho esto, en mi piso, debajo del fregadero, guardamos una botella de plástico trasparente llena de agua mezclada con lejía. Y como ya he confesado, mis despistes son legendarios. Menos mal que a ninguno de los dos nos gusta el agua demasiado fría, y por lo tanto evitamos conservarla en la nevera.

No quiero decir con esto que tengas que ponerte ahora a revisar todo lo que te rodea, con la paranoia de un agente de la CIA, para asegurarte de que tu reloj es tu reloj, que no hay una bomba oculta bajo tu cama o que esa señora del traje azul sentada en la oficina de tu jefa efectivamente es tu jefa (y no una hábil impostora). Sería de locos ir por la vida así. Todos tranquilos, porque el mundo efectivamente es más o menos como creemos que es. Al menos a nivel práctico. Nuestro sistema de «atajos» mentales funciona extraordinariamente bien. Hablaré más de ellos en los capítulos 13-15.

Pero no debemos olvidar que estos atajos son atajos, y que a veces puede ser más conveniente, o más agradable, tomar las rutas turísticas, llenas de desvíos inútiles, monumentos e incluso miradores con carteles que te animan a observar y disfrutar. En algunos casos, como en el trabajo de los controladores aéreos o los guardias de seguridad, mantenerse alerta y no dejarse engañar por lo «ya visto» puede llegar a convertirse en un asunto de vida o muerte. Desafortunadamente, esto es más fácil decirlo que hacerlo. Las rutas turísticas de las que hablo, en mi experiencia, son difíciles de encontrar, con cuestas empinadas y puntos traicioneros donde lo más normal es resbalar por una pendiente hasta el viejo atajo de siempre. Requieren un entrenamiento especial.

Volver a mirar

Mindfulness es, precisamente, la capacidad de tomar estas rutas turísticas, y mirar de verdad. Sin esquemas o atajos de ningún tipo. Deshaciendo, aunque sea durante unos momentos, ese engaño cerebral de la habituación. Combatiendo a esos Ladrones del Asombro que han vaciado el mundo de su aspecto primordial. En la meditación zen se refieren a una cualidad que llaman la *mente del principiante*, que podría llamarse igualmente la mente del bebé de seis meses. Para entrenar esta cualidad basta con mirar lo conocido, lo *aparentemente* conocido, una vez más. Y otra vez más. Hasta darte cuenta de que no lo conoces en absoluto.

Las Gafas de la Atención Plena logran penetrar esta ilusión desilusionante. En un experimento con meditadores muy avanzados se pudo comprobar una asombrosa inmunidad al fenómeno de la habituación. Al escuchar una serie de ruidos repetitivos reaccionaban a cada sonido casi como si fuera la primera vez, a diferencia de las personas que no habían entrenado sus mentes a permanecer en el ahora. ¿Qué sucedería si no te acostumbraras nunca a la sonrisa de tu hija o tu sobrino? ¿Al perfume de una mandarina? ¿A las sensaciones de una ducha caliente? ¿Al movimiento de las nubes?

En nuestra actual era del aburrimiento se nos ofrecen tantas novedades cada minuto de cada día que apenas nos fijamos en los prodigios que nos rodean. En vez de saborear lo que ya tenemos pasamos a lo siguiente, creyendo que «lo de siempre» ya lo conocemos. Los niños abandonan sus juguetes en sus cajas de IKEA y los adultos nuestros libros en las estanterías. Adictos a lo nuevo, nos hartamos de las cosas a la velocidad de la luz.

Actualmente se estrenan cada año 10.000 nuevas series de televisión, 5.000 películas y 600 modelos de teléfono. Hay marcas de moda que lanzan hasta 900 novedades por semana para que la juventud pueda variar su imagen en Instagram. En los supermercados norteamericanos aparecen 30.000 productos nuevos todos los años, desde innovaciones tan barrocas como las patatas fritas con sabor a *capuccino* hasta opciones supuestamente sanas como esa sal rosa que en realidad no tiene nada de especial, excepto que es rosa y que viene «del Himalaya» (en realidad parece ser que lo importan sobre todo del Pakistán, pero lo del Himalaya suena mejor). Por otro lado, muchos productos se fabrican intencionadamente para que duren lo mínimo, forzándonos a renovar nuestros muebles, coches y electrodomésticos cada pocos años.

Para el medio ambiente esto no puede ser bueno. Pero así no nos aburrimos. ¿Que se te antoja una almohada con la cara de Nicholas Cage? ¡Dale! ¿Una hamburguesa hinchable gigante para tu *pisci*? ¡Claro que sí! ¿Un arnés con pajarita para tu gallina? ¡Lo tenemos, señorita! Y lo mejor es que basta sacar el móvil para poder ducharnos bajo la imparable cascada de nuevos tuits, *posts, tiktoks* y demás contenidos que se generan sin cesar. Sólo en Instagram se publican unas 50.000 fotos por minuto. Y si los peques se ponen revoltosos se les pone el video más adecuado a su edad: el «Baby Shark» o la canción de *Frozen*.

Desde este punto de vista, la meditación parece una locura absoluta: ¡ni que la hubieran diseñado a propósito para aburrirte como una ostra! ¿Contentarte con lo que ya tienes? ¿Con lo que está presente aquí y ahora? ¿Con la respiración? ¡Anda ya! Sin embargo, las apariencias a veces engañan. Yo a veces me pregunto si las ostras realmente se aburrirán tanto como dicen. Quizás sus vidas estén llenas de emoción y aventura. Quién sabe.

Desde luego, en el caso de la meditación resulta que no es tan aburrida como parece. Quizás no sea decir mucho, ya que parece LO MÁS ABURRIDO DEL UNIVERSO. Y no te voy a engañar: el aburrimiento, la pereza y la impaciencia aparecerán sin lugar a dudas en numerosos momentos de la práctica. Estas tendencias son naturales, ya que el ser humano, por razones lógicas de supervivencia, tiende a buscar la novedad.

Como veremos en el capítulo 12, cada vez que nos encontramos con algo nuevo recibimos un chute de dopamina, una sustancia química muy placentera. Pero el aburrimiento viene y va. Sobre todo cuando aplicamos la curiosidad.

Esta actitud es un auténtico antídoto al aburrimiento. Cuando logras penetrar más allá de todo eso que «ya sabes» sobre las cosas empiezas a descubrir que TODO es asombroso. Incluso el propio aburrimiento, si lo investigas, puede llegar a ser fascinante. Basta aplicar la curiosidad para desbaratar toda la obra de esos Ladrones del Asombro que te han robado el mundo entero. Y eso también genera dopamina.

Más allá de la meditación

Dicho esto, no basta con meditar. Te lo digo por experiencia. Este capítulo lo estoy escribiendo a finales de agosto en Capo d'Orlando, un pueblo costero de Sicilia. Aunque estoy trabajando, trato de dedicar al menos una hora al día a practicar *snorkelling* en este pequeño rincón del mar Mediterráneo. Además de proporcionarme un ejercicio físico fabuloso, el *snorkelling* me regala sensaciones increíbles. Al introducirme en el agua me libero del peso de la gravedad y puedo «volar» por un espacio tridimensional, un mundo silencioso lleno de paisajes insólitos y bellísimas criaturas que se deslizan a mi alrededor, a veces en grandes bandadas, a pocos centímetros. Para mí no existe otra cosa igual.

Sin embargo, no hay nada tan maravilloso que no podamos acostumbrarnos a ello los seres humanos. Aunque parezca mentira, a veces me da pereza meterme en el agua. Aún peor: a menudo me entretengo, bajo la superficie, con pensamientos aparentemente «más interesantes» que ese espectáculo que me rodea. Como si tuviera el cristal de la máscara empañada de vaho, no veo nada: ni peces, ni rocas, ni cangrejos, ni arena. Tras veinticinco años visitando esta misma zona de la costa no es más que «un baño más», «otro día en el agua», «lo de siempre».

A veces, cuando me doy cuenta, trato de aplicarme el cuento del mindfulness. «¿Dónde estoy?», me pregunto. «¿Qué puedo ver, escuchar, sentir ahora mismo?». Esta misma mañana me he fijado con asombro en el torbellino de burbujas doradas que soltaban las puntas de mis dedos, como por arte de magia, al surcar el agua con cada brazada; en la coraza plateada y las afiladas aletas de un enorme medregal que patrullaba la zona nerviosamente, persiguiendo bancos de alevines; en la divertidísima forma de unos alargados peces pipa que nadaban casi pegados al espejo ondulado de la superficie.

Más tarde me lo he vuelto a preguntar mientras flotaba sobre una zona vacía o aparentemente vacía: ¿qué más puedo ver aquí? ¿Qué no estoy viendo? El espacio se asemejaba a una gigantesca piscina sin paredes, con un fondo de arena. El agua era perfectamente transparente. Nada por aquí... nada por allá. Entonces me fijé en los reflejos del sol sobre el fondo. Ah, sí, claro: los reflejos. Los había visto tantas veces que me costó darme cuenta. Pero ahí estaban.

Decidí fijarme mejor. Como si nunca los hubiera visto. Inicialmente, el dibujo sobre la arena tenía la forma de una tremulante valla de alambre, sólo que dorada. Luego se fue volviendo más irregular, como una vieja red de pescadores, pero con nudos que iban trocándose a toda velocidad. Era un movimiento fascinante, hipnótico. Me sorprendió una vez más no haberme dado cuenta antes. No haber alucinado como un chaval ante unos fuegos artificiales.

Entonces descubrí que al nadar por la superficie, mis movimientos afectaban el resultado: bajo mi cuerpo se extendía una gran sombra, rodeada por una infinita tela de araña tejida de luz, que se estremecía con mis movimientos. Entonces me volví un artista, colaborando en el diseño con la estrella que derramaba su energía desde el cielo y el agua que la inclinaba en ángulos imprevisibles.

La verdadera sorpresa tardó en llegar. Tuve que observar esos reflejos durante varios minutos antes de percatarme de su verdadero color. Dorado, sí, pero la cosa parecía más complicada. A veces me daba la impresión de ver un matiz azul, o verdoso, en ese amarillo anaranjado. ¿Azul? ¿Amarillo? Espera, espera... Me zambullí. Buceé hasta el fondo. Me acerqué todo lo que pude a ese baile de luz para aumentar al máximo la definición.

¡Un arco iris! O sea, no un arco iris. Cien, mil, un millón de arcos, que no eran arcos sino cintas zigzagueantes, rombos enlazados, hilos entretejidos hasta el infinito. Cada rayo de luz solar, al atravesar la masa líquida del agua, se descomponía en una banda multicolor. Era un espectáculo jamás visto. O mejor dicho, visto mil veces, pero sin verlo. Bastaba poner la mano delante de la cara para descubrir cómo esos rayos multicolores la cruzaban sin parar, como una señal de alerta plantada ahí desde el principio de los tiempos por todos los dioses: *¡Eh! ¡Observa y disfruta!*

¿Cómo era posible que en veinticinco años de *snorkelling* y de mindfulness jamás me hubiera fijado?

Prácticas de mindfulness
para seres humanos de los de toda la vida

///////////////////// (09) /////////////////////

MÚSICA DE LA MÁS RABIOSA ACTUALIDAD

En 1952, John Cage escribió la partitura de su composición más célebre: «4'33"». Son 4 minutos y 33 segundos de silencio en tres movimientos. Parece una broma, pero Cage la consideró siempre su obra maestra. Influido por el budismo zen, el compositor explicaba que todo sonido puede ser música si sabes escucharlo. «4'33"», que ha sido interpretada por la BBC Symphony Orchestra, además de Depeche Mode, Living Colour y Frank Zappa, invita al público a prestar plena atención a los sonidos y silencios naturales del ambiente, que normalmente ignoramos por el proceso de habituación. Vamos a probarlo durante 4'33" o el tiempo que tú quieras.

1. Inicias el ejercicio como en la práctica 7 (instrucciones 1-10), estableciendo la atención en tu ancla durante algunas respiraciones, o el tiempo que te apetezca. Siempre que lo necesites puedes volver al refugio de tu ancla o seguir las indicaciones de la práctica 10 para gestionar molestias y desafíos.

2. Llevas tu atención hacia los sonidos del ambiente, tratando de captar todo lo que va emergiendo en el paisaje sonoro.

Escanea este código QR
para acceder al vídeo

3. Te focalizas en las cualidades de cada sonido y de cada silencio, más allá de las etiquetas mentales o asociaciones (perro, ambulancia, golpe, lluvia, tubería) y las evaluaciones (agradable, desagradable, neutro) que puedan surgir. Puedes investigar el tono, el volumen, el ritmo, la vibración y todos los demás elementos de la experiencia sonora.

4. Sueltas cualquier sonido o silencio pasado para abrirte al siguiente y profundizar en él. Intentas no perderte ni una sola «nota», ni una sola «pausa» en esta composición musical espontánea.

5. Cuando descubras, como es normal, que tu mente se deja llevar por algún pensamiento («vaya música más hortera que escucha mi vecina») vuelves con amabilidad al paisaje sonoro (Ver la práctica 5).

6. Finalizas el ejercicio como en la práctica 7 (instrucciones 11-13).

10.

Ogros, brujas y fantasmas del

SUFRIMIENTO

Un tipo va por la calle con un dolor de muelas terrible. A los pocos minutos encuentra una clínica dental con el siguiente cartel en la entrada:

Se queda tan extrañado que decide asegurarse en recepción:

—¿Es correcto el cartel? —pregunta, agarrándose la cara con ambas manos—. ¿50 euros sin dolor, 100 con dolor?

—Sí, sí —le responde la recepcionista, con tono impaciente—. ¿Qué prefiere usted?

—Bueno pues, SIN dolor, claro está...

—De acuerdo, acompáñeme.

—Sólo 50 euros, ¿verdad?

—¡Que sí, hombre!

La recepcionista le lleva a una sala, le invita a sentarse en un sillón reclinado y le pone un babero dental verde. Casi al instante aparece un dentista con un par de tenazas en sus manos enguantadas. Sin anestesia ni nada, le abre la boca, agarra la muela con las tenazas y comienza a tirar con ahínco.

—¡AAAAAAYY! —grita el paciente, paralizado del susto.

El fornido dentista tira con aún más fuerza, apoyando un pie en el pecho del paciente.

—¡¡AAAAAAAAAAAAYYYY!! —grita éste de nuevo con lágrimas en los ojos.

Jadeando como un toro, el dentista tira una tercera vez.

—¡¡¡AAAAAAAAAAAAAAAYYYYYY!!!

Al tercer alarido, el dentista suelta la muela rebelde, se limpia el sudor de la frente y con muy mal genio le suelta al paciente:

—Oiga, ¿¿a que le cobro CON DOLOR??

Es sólo un chiste, pero tiene mucha miga. Porque el ser humano, a diferencia de lo que sucede con un elefante o una liebre, paga un precio añadido por cada dolor. Sucede igual que con el estrés. A los humanos no nos basta con tragarnos las sensaciones inmediatas de un picotazo de avispa, por ejemplo, sino que lo agigantamos y deformamos hasta convertirlo en un espantoso ogro que disfruta hundiendo el aguijón en la carne humana y saltando cruelmente sobre la zona afectada entre grandes risotadas. Este monstruo nos tortura antes, durante y después del suceso, mucho más allá de las sensaciones originales. Lo queremos todo sin dolor, pero al final el resultado es que sufrimos el dolor por duplicado.

Desafortunadamente, esto sucede no sólo con los picotazos, los golpes y los demás males físicos, sino también con las mil y una incomodidades que nos reserva la vida, entre ellas:

• La música a todo volumen del vecino.

• El mareo provocado por una carretera de curvas.

• Los picotazos de mosquito el primer día de vacaciones.

• El corazón partido por una traición inexplicable.

• La angustia por tener a un familiar en quirófano.

• Los sustos que provocan las turbulencias en un vuelo.

• El aburrimiento en la cola de una Administración pública.

• El disgusto de un apestoso olor a basura.

• La resaca por esas tres copas de más.

• El agotamiento al final de una jornada interminable de trabajo.

• La rabia al cogerle el teléfono a un teleoperador publicitario.

Estas circunstancias desagradables las convertimos en ogros, brujas y fantasmas que nos secuestran la mente igual que la Banda de la Amígdala, amenazándonos con sus garras, su olor putrefacto y su aspecto horripilante.

Cómo sufrir lo mínimo indispensable

En este capítulo quiero enseñarte un truco para quitarte, como por arte de magia, la peor parte de cualquier dolor o molestia: su parte más «monstruosa», por así decirlo. En realidad, más que magia, se trata de una especie de *hackeo* cerebral. Eso sí, como todos los mejores trucos, ya sean de magos o de *hackers*, requiere práctica. No bastará con leerte este capítulo, ni todo el libro, ni otros diez libros. Hay que entrenar.

De hecho, yo tampoco lo consigo siempre. Como Harry Potter en la clase de pócimas de Hogwarts, aún tengo mucho que aprender. Pero desde que empecé a darle a mis prácticas contemplativas he progresado un montón. También confieso que fui siempre un tiquismiquis de primera categoría —de los que se desmayan ante una jeringa, pelan las gambas con cuchillo y tenedor y no salen al campo porque aquello está lleno de bichos. En mi familia, uno de mis motes es «El Exquisito», o más sencillamente, «El Esqui».

Este truco no sólo me ayuda cada vez que voy al dentista, sino todos los días, incluso varias veces al día. Lo pongo en práctica siempre que aparecen pequeños monstruillos cotidianos que tratan de secuestrarme la mente: el Licántropo del Hambre, el Vampiro de la Pereza, la Bruja del Picor, el Fantasma de la Tristeza... Así me voy preparando para el inevitable encuentro con los dragones y basiliscos más temibles que me esperan a lo largo de la vida. Incluso con mi particular Voldemort.

Empecé a entrenar esta capacidad gracias al yoga. Para hacer bien un asana hay que estirar lo suficiente, pero sin pasarse. Mientras no te esfuerces no hay progreso. Sin embargo, estirar demasiado significaría dañar el cuerpo. Al fin y al cabo, el dolor (al igual que un picor o cualquier otra molestia) es una señal del cuerpo que te avisa de un peligro. No conviene ignorarla. Por lo tanto, la idea es llegar a ese punto intermedio entre no sentir nada y advertir una de esas alarmas urgentes del cuerpo que te dicen: ¡¡EEEEH!! ¡¡QUE ME HACES DAÑO!!

En ese trabajo corporal vas familiarizándote de forma inevitable con la incomodidad. Lo que buscas es un nivel de incomodidad razonable, sostenible, seguro. A veces te pasas, y a veces te quedas corto, pero en cualquier caso debes sostener un cierto nivel de molestia. Y con la práctica vas aprendiendo que al permanecer en el momento, observando las sensaciones físicas de las partes que se esfuerzan (y las que no), mantener esa incomodidad se vuelve más fácil. Si te distraes cuesta mucho más. *Sufres* mucho más.

El Dragón del Calor

Hace algunos meses tuve una experiencia que me dio la clave para engañar al cerebro y sufrir menos. Suelo llevar a cabo mi meditación matutina justo al despertar, pero esa mañana me senté sobre el cojín más tarde, después del desayuno. Como era invierno, y hacía bastante fresco, pensé que sería agradable colocarme delante de las puertas acristaladas del balcón de mi piso, con el sol dándome de lleno en todo el cuerpo.

Sin embargo, las cosas —una vez más— no salieron como yo me las había imaginado. A esas horas, el sol estaba emergiendo por encima del cerro del Telégrafo, el monte que domina la vista desde mi balcón, y poco a poco fui sintiendo el calorcito, inicialmente muy agradable, en la rodilla derecha, luego la pierna y el brazo, la cara y el tronco, y finalmente en todo el cuerpo.

Iba vestido con calcetines de lana, calzoncillos termales largos, pantalones de deporte, camiseta, sudadera y un forro polar de los gruesos, de color azul oscuro. Al ir penetrando el calor solar y quedándose atrapado entre todas aquellas capas de tejido empecé a sospechar que había cometido un error. Un error grave.

Aún faltaba casi una hora de práctica, el sol seguía elevándose en el cielo y yo ya comenzaba a sudar. Lo lógico, en ese momento, hubiera sido quitarme una o dos capas de ropa. Normalmente es lo que hubiera hecho. ¿Para qué sufrir más de lo necesario? El mindfulness no es una práctica masoquista. Al contrario: como en el yoga, los maestros invitan a tomar decisiones sabias para la propia salud y el bienestar.

Sin embargo, como me vi muy concentrado, y sabía que realmente no corría ningún peligro, decidí dejar pasar el reflejo automático de desabrocharme el forro polar y orientar toda mi atención hacia la propia vivencia del calor. Es una paradójica estrategia que Jon Kabat-Zinn y miles de meditadores desde tiempos remotos han recomendado: familiarizarse con lo desagradable para derrotarlo. ¿Qué pasaría si me enfrentaba al Dragón del Calor directamente, no con las armas sino con la curiosidad?

Una parte te la puedes imaginar. Las leyes de la termodinámica son inexorables, y las de la fisiología humana también. La estructura de prendas invernales creó un efecto invernadero, atrapando el calor. Por su parte, mi cuerpo trató de regular la temperatura abriendo al máximo los poros y desencadenando el proceso de sudoración. Nunca he probado una de esas absurdas saunas hinchables que venden en los hipermercados, de las que emerge sólo la cabeza, pero la experiencia debe de ser parecida.

Junto con el calor y la humedad en sí mismos, sentí el impulso de tomar medidas urgentes para volver a una temperatura más razonable. El dragón de fuego trataba de forzarme la mano. El impulso se repetía de forma recurrente, como intensas llamaradas vomitadas una y otra vez por la bestia, cada vez más abrasadoras. Junto a ellas tronaba su sinuosa vozarrona, tratando de manipularme:

—Pero... ¿qué haces, insignificante humano? ¿Qué pretendes demostrar? No vas a poder aguantar TODA la meditación así. Y lo SABES. Te estás deeeerrriiiitieeeendoooo. Ha sido interesante el experimentito, no lo niego. Pero ya está bien, ¿no?

Y así sin parar.

El Dragón del Calor me insinuó en la mente imágenes de ventiladores, vasos de agua, abanicos, cubos de hielo. Me vi, como en un sueño, abriendo la cremallera de mi chaqueta técnica, gozando del alivio extasiado. Recordé un rito de los ascetas hindúes conocido como los «cinco fuegos», en los que el yogui se sienta entre cuatro piras ardientes mientras desde arriba le abrasa el «quinto fuego» del sol.

Lo curioso, a lo largo de toda esta experiencia, es que no sufría. No estaba *aguantando* el calor. Aguantar implica resistir, luchar, tensar, apretar los dientes, gruñir y, opcionalmente, soltar palabrotas contra lo divino y lo humano. Es una tarea para guerreros legendarios tipo Aragorn, capitán de grandes batallas en *El Señor de los Anillos*. Seguramente habrás notado que, cuando te esfuerzas así, las manecillas de todos los relojes parecen avanzar con una lentitud insoportable. Esto es genial para el suspense de una saga de fantasía, pero una pesadilla en el mundo real.

Lo mío se asemejaba más a la estrategia de Bilbo Bolsón, el pequeño y temeroso *hobbit* que entrevista al colosal dragón Smaug hasta descubrir su punto débil, un pequeño agujero en su armadura. Era la estrategia de la curiosidad. En vez de aguantar o luchar contra el calor, lo estaba simplemente *percibiendo*. Y percibir se asemeja más a recibir, abrirse, aceptar —no como resignación fatalista, sino como quien acepta un regalo y se dispone a desempaquetarlo. No requiere esfuerzo alguno. En cuanto a los relojes, sencillamente dejan de importar.

Era algo así como ponerse a saborear con detenimiento, con esa curiosidad que te empuja a ir más allá del primer golpe de efecto, un panorama desde un mirador aragonés. El cartel de «Observa y disfruta» quizás no sea tan adecuado aquí, pero podría sustituirse por un «Observa y aprende». Creía conocer ya al Dragón del Calor, evidentemente, por mil leyendas ajenas y propias. Pero más allá de todos mis cuentos sobre su fuego abrasador, ¿qué había de realidad?

Sentado frente al ventanal, percibía una infinidad de sensaciones subjetivas sueltas, independientes. No tenía nada que ver el achicharramiento de la piel de mi cara, por ejemplo, con la húmeda jungla tropical bajo mi ropa. Y hablando de humedad, me volvía consciente de que las gotas de sudor —las que se colaban en la hendidura del plexo solar, por ejemplo— eran diminutos oasis de frescor que describían sobre la piel trayectorias variables según la compleja relación geométrica entre la gravedad, el peso del líquido y las curvas del cuerpo.

Estas sensaciones no eran agradables o desagradables en sí. Eran sensaciones. Lo que sí notaba era una tendencia a rechazar algunas de ellas, a querer cambiar las cosas. Este movimiento primario de evitación —como cuando una Amoeba se aleja del peligro— parecía independiente de las propias sensaciones. También parecía independiente de mis pensamientos sobre ellas, voces razonables o histéricas de la bestia interna que me indicaba lo que debía hacer.

El truco, me di cuenta, consistía en permanecer en el momento. Te parecerá que estoy siempre con el mismo rollo, y tienes toda la razón. Pero esa mañana entendí que, si DE VERDAD me quedaba en el momento, dejaba de sufrir. El monstruo resultaba ser un fantoche, mucho menos peligroso de lo que aparentaba. Era una experiencia no rara, sino rarísima. A ver cómo te la explico....

Un momentillo de nada

Imagínate que te siento en mi salón, esa mañana invernal, y te pregunto:

—¿Serías capaz de sonreír mientras el sol te abrasa, bajo todas estas capas de ropa termal, sintiendo un calor de mil demonios durante 50 minutos?

Tu respuesta, lógicamente sería algo así:

—¿50 minutos? ¡Ni de broma! ¡Pero vamos... ni 50 ni 10!

Y tendrías razón.

50 minutos serían insoportables. O más bien, como diría un torturador profesional, serían soportables, pero no lo ibas a pasar nada bien.

Ahora imagínate que te pregunto:

—¿Serías capaz de sonreír mientras el sol te abrasa, bajo todas estas capas de ropa termal, sintiendo un calor de mil demonios, durante *un momentillo de nada*?

Probablemente, en este caso, la cosa cambiaría.

—Hombre, Eduardo, un momentillo yo creo que sí. Faltaría más. Hasta eso llego.

Imagínate que experimentas ese momento de calor intenso. Quiero aclarar que no hablo de un segundo, y ni siquiera de un nanosegundo. Hablo de un *momentillo* de incomodidad, un espacio de tiempo infinitesimal. Por desagradable que sea, eso lo aguanta cualquiera, ¿no?

Supongamos que al final de ese momento sigues sonriendo.

Bueno, pues ahora viene la clave del asunto. Con tu permiso, me voy a inventar todo un diálogo entre nosotros:

—¿Y si te pidiera que te quedaras ahí otro momentillo?

—¿Ehm, otro momento?

—Sí, otro más. El primero fue fácil ¿no?

—Facilísimo.

—Pues nada, ¿te animas a probar otro momentillo de nada?

—Sí, ¿por qué no?

Pasa el momento, y sigues sonriendo.

—¿Y ahora un tercero?

—Venga.

—¿Y uno más?

—Sin problemas.

—¿Y otro?

—¿No estarás intentando que siga así hasta que se cumplan los 50 minutos? Que 50 minutos no los aguanto, ¿eh?

—No, no, no, nada de eso. ¿Por quién me tomas? ¿No has visto la cara de buen chico que tengo? Un momento más.

—De acuerdo entonces.

—¿Y otro?

—Claro.

Y así, sucesivamente, hasta llegar a los 50 minutos. Porque básicamente es eso lo que acabé haciendo aquella mañana. No me dispuse a aguantar los 50 minutos de fuego incandescente en el cuerpo todos de una. Cada minuto hubiera sido un peso terrible, los 50, un dragón entero a mis espaldas.

Pero la cosa era mucho más fácil: sólo tenía que sostener un momento a la vez. ¿Y cuánto pesa un momento, aun en medio de una tormenta de fuego? ¡Nada!

Si te orientas a un calor así momento a momento —y no digo que sea fácil, que no lo es— puedes aguantar todo lo que te echen sin perder la sonrisa. Pero en cuanto te pones a pensar en términos de minutos, la cosa se vuelve imposible. Son dos formas de mirar el tiempo, una de ellas la habitual, la otra menos habitual, pero también accesible.

Accesible si te la trabajas, claro está. Como ya he comentado, esta forma de orientarse al tiempo es un truco que requiere práctica. Miles de ascetas, faquires, héroes de Tolkien y madres pacientes lo han perfeccionado. El propio MBSR de Jon Kabat-Zinn se diseñó para ayudar a pacientes con dolores crónicos, y diversos estudios han comprobado que efectivamente ayuda a los asistentes a soportar todo tipo de molestias físicas —sin los efectos secundarios nocivos de los analgésicos. En los últimos años, la neurociencia ha comenzado a entender cómo es posible.

Algunos estudios han empleado para este propósito el Medoc Thermal Stimulator. Aunque parezca el nombre de un nuevo y apetecible juguete erótico, serviría sólo para los forofos del sadomasoquismo. Consiste en una placa metálica que los experimentadores fijan a tu muñeca, impidiendo que puedas quitártela durante la prueba. Al accionar el sistema, unos tubos envían agua hirviendo hacia el Stimulator. Durante los primeros diez segundos la sensación resulta agradable, pero luego se vuelve insufrible —suelen compararlo con colocar el brazo sobre una vitrocerámica al rojo vivo durante 10 segundos enteros. (Para tu tranquilidad: el Medoc Thermal Stimulator no quema la piel; el cuerpo te avisa del peligro mucho antes de que el tejido pueda dañarse.)

Se ha comprobado en el laboratorio que las personas con un alto grado de entrenamiento meditativo soportan un nivel de dolor mucho más alto que la media, incluso sin estar meditando. Pero las diferencias no terminan ahí. El escáner cerebral revela que las personas «normales» empiezan a sufrir niveles elevadísimos de dolor casi 10 segundos antes del «momento vitrocerámica»: en cuanto se calienta la placa un poquito y saben que se acerca la tortura. Además de esto, siguen sufriendo casi al mismo nivel durante varios segundos más después de haber terminado (supuestamente) el suplicio. El Ogro del Dolor las vapulea.

Por el contrario, los meditadores y meditadoras avanzados parecen haber derrotado este monstruo. Las zonas del cerebro asociadas al sufrimiento se activan muchísimo menos, y sólo durante los 10 segundos exactos del «efecto vitrocerámica». Antes y después, estas extraordinarias personas se quedan tan panchas. Sin embargo, paradójicamente, sienten las sensaciones desnudas de quemazón con mucha mayor intensidad que la gente ordinaria. Sus circuitos sensoriales se encienden al máximo, demostrando que se abren a la experiencia con curiosidad, como hacía yo en el balcón de mi casa. Los científicos comprobaron que las conexiones entre estas dos partes del cerebro (sensación y sufrimiento) son más débiles en estos yoguis. Con su práctica meditativa han conseguido reducir el dolor a su mínima expresión.

La «mínima expresión» no significa cero dolor. Todo ser humano sufre. El Dalai Lama consagra 5 horas diarias a sus prácticas contemplativas, pero como tantas personas mayores padece una dolorosa artritis en las rodillas. En alguna ocasión ha observado que si la meditación le librara de todos los males no le costaría tanto subir las escaleras. Pero una cosa es el dolor de artritis que te fastidia al subir y otra el espantoso, verrugoso, apestoso Ogro del Dolor Artrítico, que te fastidia la vida entera.

Mis encuentros cotidianos con ogros, brujas y fantasmas

Este truco lo entreno todos los días, siempre que me doy cuenta de que mi mente quisquillosa empieza a agigantar una mala noticia, un fracaso o algún «bicho» con demasiadas patitas. No es difícil encontrar oportunidades, ya que —¿para qué nos vamos a engañar?— en la vida hay mil oportunidades para pasar un mal rato.

Por ejemplo, no sé por qué, pero lavar los platos me produce una pereza terrorífica. Cada vez que entro en la cocina y me encuentro con todo patas arriba aquello me parece un campo de batalla, un amasijo de ruinas, una catástrofe que requeriría años o siglos para subsanar. Da igual cuántas veces me haya dedicado a esta tarea —y son muchas, porque comencé a los 10 años, cuando mi madre decidió que con cuatro hijos no llegaba a todo. Da igual que hace poco en casa nos hicimos con un lavavajillas. Se trata de una reacción automática que no puedo evitar: la aparición en mi cabeza del Engendro de los Platos Mugrientos, su piel cubierta de grasa, migas y cáscaras, su risa fétida haciendo vibrar los cubiertos sucios.

Durante años he batallado contra el repugnante engendro, tenso como un guerrero, tratando de reducirlo a toda prisa, en un vertiginoso torbellino de acero inoxidable, loza, jabón y basura. Últimamente he dejado de luchar. Veo su forma horripilante, escucho su risa, siento su hálito nauseabundo... Y luego me centro en el primer plato: su forma, su peso en mi mano, el brillo de la luz en el aceite, el sonido del agua, su trayectoria de camino a los soportes en el lavavajillas, mi postura a lo largo del movimiento. Al hacerlo, el monstruo desaparece como una pompa de jabón: ¡plop! Sencillamente deja de existir lo de «lavar los platos», ese concepto para mí tan odioso. Queda sustituido por la realidad de *ese* plato.

No quiere decir que me libre de alguna sensación de cansancio, algún olor de ajo rancio al abrir la basura para arrojar ahí los restos, algún impulso de impaciencia por volver al salón y dedicarme a alguna actividad más agradable. Todo eso, y más, puede surgir en distintos momentos. Pero se convierte en parte de una realidad cambiante, que incluye tintineos musicales, platos ordenados, perfume de jabón y la satisfacción que ha quedado en mi sistema digestivo tras cenar como pocas personas en toda la historia de la humanidad. Al fijarme en esta tarea rutinaria (como te invitaré a hacer en la práctica 13) consigo desmontar las falsificaciones de los Ladrones del Asombro, y descubro un mundo nuevo, variado, misterioso e insondable en mi propia cocina. Nunca es igual.

De todas formas, para mí, la verdadera prueba de fuego llegó en medio del confinamiento inicial por la pandemia del coronavirus, cuando de pronto me empezó a molestar un dolor de muelas. Una caries, claramente. Los pinchazos fueron aumentando en intensidad y en frecuencia con cada hora, y mi mente los iba convirtiendo en las puñaladas de un maléfico goblin que me haría la vida imposible. Llamé a mi dentista, pero la consulta seguía cerrada por la normativa del covid-19. Me recomendó un analgésico.

Si me hubiera hecho falta me lo hubiera comprado. Pero increíblemente, considerando lo muy gallina que he sido siempre para estas cosas, no me hizo falta. Decidí experimentar con la estrategia de la curiosidad: cada vez que llegaba un pinchazo, trataba de abrirme a él, observando cómo reverberaban sus efectos en las encías, la boca, la cabeza y todo el cuerpo. Me fijé en su intensidad, sus dimensiones, sus cualidades. Al hacerlo, el goblin se desvanecía y me quedaba solo con el dolor que iba y venía. Desagradable, desde luego. ¡No te lo deseo! Pero con el tiempo, aprendí a convivir con él. Algunos días molestaba más, otros menos. No llegué a sufrirlo como lo hubiera hecho en otras épocas de mi vida.

Finalmente, llegó el día que abrieron los dentistas. Hice mi cita, me senté en el butacón, sacaron la jeringa y el taladro.

Me cobraron sin dolor.

Prácticas de mindfulness

para seres humanos de los de toda la vida

//////////////////// (10) ////////////////////

CÓMO LIDIAR CON LAS MOSCAS

¿Qué hacer cuando una mosca se te posa en la nariz durante una meditación? Tarde o temprano, si sigues este camino, te va a suceder. Y no es más que un ejemplo de la infinidad de molestias que te pueden surgir durante la práctica: un dolor en la rodilla, una ola de aburrimiento, una memoria desagradable, el ruido de unas obras que interrumpen tu idílica paz meditativa.

En realidad, estas vivencias son una gran oportunidad para entrenar el viejo truco contemplativo para sufrir lo mínimo indispensable. Si consigues abrir tu corazón a una mosca que decide aprovechar tu meditación matutina para darse un largo paseo por tu nariz, tu mejilla y los recovecos de tu oreja, ¿qué no podrás conseguir en tu vida cotidiana?

Lo mejor de esta práctica es la libertad que acabas conquistando. Abrir tu corazón a tus pequeñas o grandes molestias te permitirá acometer aventuras con las que jamás te atreviste a soñar. Yo, por ejemplo, ya soy un forofo de los paseos por la naturaleza, haya bichos, lluvia, frío o calor.

Te recuerdo, eso sí, que conviene equilibrar esta aceptación estoica con el autocuidado. No se trata de aguantar cueste lo que cueste. Si la mosca comienza a introducirse en el orificio de una fosa nasal, o del oído, llegó el momento de ahuyentarla. (¡A mí me ha sucedido!)

Se trata, por lo tanto, de un entrenamiento lento y progresivo. Cada vez que practicas es como ampliar un pequeño espacio entre el estímulo desagradable y tu reacción automática. Un espacio de libertad.

1. Durante tu próxima meditación sentada identificas alguna molestia física, mental o emocional: un picor en el pie, el hambre antes de una cena, la pereza cósmica que te provoca la propia práctica.

2. Lleva tu atención justamente a la molestia, ahí donde la sientas: en la superficie de la piel donde se produce el picor, en la zona del abdomen donde ataca el hambre, en la esquina de la mente donde una parte de ti se rebela a meditar.

3. Acércate a las sensaciones, los pensamientos o las emociones con curiosidad: ¿cómo es exactamente la «molestia»? ¿Qué dimensiones tiene? ¿Qué cualidades? ¿Es aguda o difusa? ¿Fija, pulsante o irregular? ¿Cómo sabes que es «desagradable»? ¿Cambia de un momento a otro? ¿De qué manera?

4. Recuerda: sólo tienes que «saborear» las sensaciones de este momentillo de nada. No hace falta que te preocupes por los siguientes.

5. Si pierdes la concentración vuelves de nuevo (con amabilidad, como siempre) a contemplar la molestia (ver la práctica 5).

6. Es importante no forzar este ejercicio, no ir más lejos de tus posibilidades y sobre todo no hacerte daño. No se trata de convertirte en Aragorn, hijo de Arathorn, heredero de Isildur y futuro Rey de Gondor. Mejor equilibrar ese lado heroico con tu prudente *hobbit* interior.

7. Si en algún momento las sensaciones resultan demasiado intensas para ti tienes tres opciones:

• Hacer algo para remediar la situación (si es que hay algo que puedas hacer): rascarte el pie para aliviar el picor, beber agua para aplacar la sed, cambiar de postura para acabar con un dolor. Te invito a llevar a cabo esta acción, en la medida de lo posible, con plena consciencia, y no en piloto automático.

• Llevar tu atención a un foco más neutro, como por ejemplo la respiración o cualquier otra «ancla» (ver la práctica 7).

• Alternar entre la molestia y el foco más neutro en un movimiento pendular. Puedes acercarte al desafío con mucho cuidado (como cuando metes un dedito del pie en el agua helada de un río) y luego alejarte de nuevo para refugiarte en el foco neutro. Cuando te atrevas a probar un poco más de la sensación, vuelves a abrirte a ella durante el tiempo que consideres prudente. Y continuas así.

8. ¿Ayuda un poco esta estrategia? Si le pillas el truco durante la meditación, puedes empezar a aplicarla en tu vida cotidiana: en un atasco terrible, durante una colonoscopia, en una reunión de vecinos que amenaza con terminar como el rosario de la aurora.

9. Si te atreves también puedes exponerte a alguna pequeña molestia *a propósito*. En la tradición del yoga a esto lo llaman «tapas». Son menos gozosas que un pulpito a la gallega o un pincho de tortilla, pero cuando les pillas el truco tienen su punto. Por ejemplo, puedes jugar con el agua fría de la ducha, abriendo el corazón a sus sensaciones «refrescantes». O hacer unos ayunos de un día entero. O meditar durante el doble de tiempo de tu práctica habitual. ¿Qué sucede? ¿Qué notas? ¿Cómo son las sensaciones y las resistencias internas, momento a momento?

Escanea este código QR
para acceder al vídeo

Se trata de un entrenamiento lento y progresivo. Cada vez que practicas es como **ampliar un pequeño espacio** entre el estímulo desagradable y tu reacción automática. **Un espacio de libertad.**

11.
El club del
GANCHILLO

Hace unos cien años, el doctor alemán Hans Berger inventó un curioso aparato capaz de medir la actividad eléctrica del cerebro. Lo llamó *electroencefalograma* (o EEG, para no trabarte tanto la lengua). Gracias a este invento hizo descubrimientos fascinantes, entre ellos las ondas alfa, también conocidas como «ondas Berger». Pero lo que más le llamó la atención fue que el cerebro no parecía descansar nunca. Daba igual si la persona con electrodos en la cabeza llevaba a cabo tareas matemáticas complejísimas o si leía un cómic de superhéroes. Incluso en momentos de «no hacer nada», su cerebro seguía emitiendo señales de actividad frenética.

¿Era esto posible? Los psiquiatras de la época no lo creyeron. De hecho, a Berger le consideraron una especie de charlatán de feria con su estrambótico aparatito. Durante las siguientes ocho décadas, sucesivas generaciones de expertos en neurociencia lo ignoraron por completo y siguieron suponiendo lo «evidente»: que cuando te tumbas en el sofá y contemplas las nubes pasar fuera de tu ventana, tu cerebro entra en una especie de aletargado «modo *standby*» para ahorrar energía.

Sin embargo, Berger tenía razón. A principios del siglo XXI, la neurociencia confirmó, con tecnologías mucho más sofisticadas, que el cerebro humano no para quieto ni un momento. ¿A qué se dedica entonces tu materia gris cuando no le das nada que hacer? Pues muy sencillo: comienza a darle vueltas a «sus cosas». Es algo así como el ganchillo que rápidamente saca mi tía Pili cuando tiene un rato libre en el pueblo: un jersey, una chaqueta o una bufanda a medio hacer. ¡Es impresionante el brío con el que mueve esas agujas!

Este «ganchillo mental» lo conoces muy bien. Por ejemplo, durante una reunión de trabajo, mientras tratas de concentrarte en el PowerPoint, tu mente empieza a fantasear con los chiringuitos y las vistas marinas de tus próximas vacaciones. ¡Ah, sí, mucho mejor que un gráfico de ventas! Lo malo es que luego, cuando finalmente llegas a la Costa del Sol y tratas de disfrutar de los chopitos y la brisa marina, te invaden justamente esas cifras de ventas y todo un batallón de preocupaciones asociadas.

—¿Me estás escuchando? —te pregunta tu pareja.

—Sí, claro —respondes, con una sonrisa y un apretón de manos afectuoso.

Pero incluso al responder, y al apretar esa mano, el ganchillo numérico sigue tejiéndose en tu cabeza, empañando la vista del Mediterráneo.

Traquete-traquete-traquete

En neurociencia han bautizado las partes del cerebro que se ocupan de esta divagación mental la «Red Neuronal por Defecto». El propio nombre indica lo muy activas que están: por defecto se mantienen encendidas, y sólo se apagan cuando te concentras en algo concreto.

Yo a estas partes del cerebro las voy a llamar el Club del Ganchillo. Sé que no suena tan amenazante como la Banda de la Amígdala o el Ogro del Dolor, pero cuando estas tejedoras empedernidas toman el control ¡son terribles! En un llamativo estudio de Daniel Gilbert, renombrado psicólogo de la Universidad de Harvard, usaron una *app* del iPhone para preguntar a 2.250 participantes, en momentos aleatorios del día, tres preguntas:

1. ¿Qué estás haciendo?
2. ¿Estás pensando en algo distinto a lo que haces?
3. ¿Cómo te sientes?

El primer resultado confirmó que el Club del Ganchillo te secuestra el cerebro muy a menudo: los participantes pensaban «en algo distinto» casi la mitad del tiempo (47%). El segundo confirmó lo que incontables meditadores de distintas tradiciones llevan diciendo desde hace milenios: una mente que divaga es una mente infeliz.

No es que los participantes de este estudio estuvieran pensando siempre en cosas desagradables. Al contrario: los pensamientos más frecuentes (42,5%)

eran sobre temas agradables: una memoria bella, una interpretación optimista, la anticipación de un placer. Sin embargo, fantasear con estas cosas no producía *más* felicidad que prestar atención a lo que estaban haciendo. Por el contrario, las otras dos categorías, pensamientos neutros (31%) y pensamientos desagradables (26,5%), empeoraban el estado anímico. En definitiva, el Club del Ganchillo, cuando toma el control, tiende a ponernos de mal humor.

De alguna manera esto lo sabemos. Quizás explique por qué tratamos de rellenar cada hueco en la agenda con alguna actividad, o incluso con tres. Queremos ocupar el tiempo para no quedarnos a solas con ese infernal traqueteo del croché mental. Daniel Gilbert se propuso comprobar, en otra serie de estudios, hasta qué punto tememos al Club del Ganchillo. Su equipo de investigación en Harvard dejó a los participantes a solas en una habitación sin decorar y les pidió que se sentaran en una silla y simplemente «pensaran».

A los participantes les resultó bastante difícil seguir estas instrucciones. ¿Bastante difícil? Me quedo muy corto: fue un auténtico suplicio. En uno de los estudios se les ofreció a estos conejillos de indias humanos, durante ese tiempo en el que no tenían nada que hacer, la posibilidad de pulsar un botón que les administraría un desagradable *shock* eléctrico. Aunque parezca mentira ¡un 25% de las mujeres y un 67% de los hombres pulsaron el botón al menos una vez! Aparentemente, la experiencia de quedarse a solas con el Club del Ganchillo, escuchando su incesante cháchara y viéndoles tejer sus bufandas a rayas, les resultaba tan odiosa que prefirieron electrocutarse.

Secuestradoras de pueblo

Con todo esto, no quiero decir que la tendencia a divagar sea sólo una maldición. Mientras estás conduciendo un coche puede ser muy útil recordar el horario al que tienes que llegar, planificar una ruta alternativa si hay un atasco o inventarte excusas creativas para justificar la tardanza. Además, a mí las mejores ideas suelen venirme en la ducha, dando un paseo por el bosque o incluso meditando (mal). Hay que decir que estas tejedoras a veces producen auténticas maravillas.

El problema principal, igual que con la Banda de la Amígdala, es que las componentes del Club del Ganchillo te roban los mandos del avión. No les hacen falta pistolas ni griterío. Sin que te des cuenta, hablándote de esto y de aquello, las muy pillas te despistan y se vuelven a instalar en los asientos de piloto y copiloto, añadiendo un par de sillas plegables que se han traído del pueblo. ¿Y tú? Pues ahí estás, probándote un jersey, emocionándote con el dibujo de un calcetín, charlando del tiempo y de la boda de la Paqui. Pero ¡un momento! ¿No tenías que hacer esa llamada urgente?

A mí también me pasa. Me gustaría poder decir que domino mis pensamientos, pero la realidad es que el Club del Ganchillo me secuestra la mente cada dos por tres, tejiendo críticas en tonos rojos, fantasías en azul celeste y planes a cuadros monocromáticos. Y es que sus cuentos enganchan más que cualquier serie televisiva. Da igual si estas fanáticas de croché mental se vuelven soñadoras o apocalípticas, halagadoras o criticonas, simpáticas o insoportables... es casi imposible no seguirles el rollo, porque su tema favorito es mi tema favorito: ¡Yo! Mis problemas, mis planes, mis relaciones, mis proyectos, mis deseos, mis obsesiones.

Por eso, aunque intente resistir su embrujo casi siempre acabo atrapado por los fascinantes cotilleos de estas viejas parlanchinas, cuyos hilos son tan pegajosos como los de las arañas. ¿Viejas parlanchinas? ¡Qué diré! En realidad las crochetistas de pueblo son sólo las cabecillas de esta peculiar asociación. ¿Recuerdas los acalorados debates entre el profesor oxoniense y el optimista californiano que viven en mi cabeza? También ellos forman parte del club, junto con mil personajillos más que van y vienen según el día y mi estado de ánimo. No sé si te habrás enterado, pero el *knitting* no es ya sólo un pasatiempo de ancianas sino una tendencia *hipster* que arrasa en las redes sociales.

Hay que decir que a veces se obsesionan con temas realmente absurdos. ¿Cómo se llama la actriz que hacía de la Khaleesi en *Juego de Tronos*? Las del Club son capaces de darle vueltas y vueltas a una pregunta así durante horas, tejiendo mil posibilidades... ¿Clara...? ¿Emma...? ¿Emily...? (Es Emilia Clarke, para que no tengas que *googlearlo*.) Y si entro en una tienda y resulta que por los altavoces está sonando *Never gonna give you up* de Rick Astley, que detesté desde el primer momento que la escuché en el verano de 1987, las del Club se pondrán a cantarlo al instante, siguiendo el ritmo con sus agujas tejedoras. ¿Cómo es posible que esta pegajosísima canción siempre vuelva a ponerse de moda, después de 40 años torturándome?

Lana negra

En algunas situaciones el traqueteo del Club del Ganchillo resulta aún más odioso. Sobre todo cuando las cosas se ponen feas. Al enfrentarte a una pérdida, un fracaso, un desafío o una crisis, la cháchara de estas tejedoras suele centrarse en los aspectos negativos de la situación, gastando mucho hilo negro. Si se trata de algún peligro y se ponen a chillar, irrumpirá en la cabina la Banda de la Amígdala al instante, con las escopetas cargadas. Otras veces, cuando empiezan con las críticas y las quejas, puede aparecer una tropa no menos inquietante: los Cuatro Jinetes del Apocalipsis Personal.

Estos fantasmagóricos caballeros, armados con largas espadas, emplean sus voces de trueno para amplificar tus pensamientos negativos: feo, gorda, tonto, vaga, tienes la culpa de todo, nadie te quiere, no sirves ni para atarte los zapatos, jamás podrás librarte de este trabajo, la vida es un asco y al final te mueres y te comen los gusanos. ¿Has escuchado en tu cabeza, alguna vez, alguna de estas perlitas? Por desgracia, son bastante habituales. En su manifestación más terrorífica, representan un fenómeno muy conocido en psicología clínica: la rumiación. Consiste en volver una y otra vez, machaconamente, hacia los mismos pensamientos funestos: reviviendo un trauma, ahondando en la autocrítica, enumerando los mil y un problemas a los que te enfrentas.

Aunque los seres humanos solemos ser bastante positivos en general, todos tenemos nuestros momentos de lana negra. A mí también me pasa: me agobio con un dolor en la rodilla, o con mi situación económica, o con alguna relación personal que se ha torcido. Mi primera crisis existencial la viví a los diez años, mucho antes de descubrir a The Cure. Una tarde, después del colegio, me obsesioné con la idea de que «todos los días son iguales»: me levanto, me aseo, me visto, preparo mi mochila, me monto en el coche, paso por las distintas clases y recreos del colegio, vuelvo al coche, hago los deberes, ceno y a dormir. Aún no se había estrenado la película *El día de la marmota*, pero me sentía igual que el personaje de Bill Murray, atrapado en una vida insoportablemente monótona. Recuerdo que entré en la cocina (la de siempre), donde mi madre preparaba la cena (como siempre): unas lentejas (las de siempre). Me vio con una cara tan desencajada que me preguntó:

—Pero, Eduardo, ¿¿qué te pasa??

Empecé a explicarle la trágica situación de mi vida cíclica y sin sentido, pero a mitad del discurso exploté a llorar. Menos mal que estuvo ahí para consolarme, en esa ocasión, y ahuyentar con su amor a los Cuatro Jinetes del Apocalipsis Personal. Con su amor y con sus maravillosas lentejas, claro.

En el caso de la depresión clínica, los Cuatro Jinetes llegan a ser una auténtico tormento, cabalgando en un ciclo continuo de negatividad alrededor de sus víctimas: los pensamientos negativos los paralizan y el malestar y la incapacidad de actuar proporcionan nuevas «evidencias» para desesperarse. Incluso el propio pensamiento «estoy entrando en otro ciclo depresivo» puede ser suficiente para que estos siniestros caballeros de negro arranquen de nuevo, cumpliendo su propia profecía.

¿Tienes que ponerte ese jersey de cuello vuelto?

Nunca vas a acabar con el Club del Ganchillo. La Red Neuronal por Defecto es un aspecto clave del funcionamiento cerebral, y sus componentes seguirán tejiéndote calcetines y gorros de noche toda la vida. Pero sí hay formas de acallarla un poco. Y no me refiero a cepillarte una botella y media de Ribera del Duero.

La estrategia más sencilla consiste en llevar a cabo alguna actividad de forma concentrada: trabajar, pintar, leer o hacer malabarismo con siete pelotas y un machete. Como ya hemos visto, la Red Neuronal por Defecto se apaga cuando el cerebro está ocupado. Pero ¿qué podemos hacer entre una actividad y otra? Como hemos visto, la divagación mental ocupa casi la mitad de nuestra vida consciente, minando nuestro bienestar mientras caminamos, conducimos, descansamos, esperamos, hacemos tareas rutinarias o nos aburrimos en reuniones interminables.

Aquí es donde pueden ayudar las prácticas de mindfulness. Al meditar, como ya hemos visto, no pretendemos eliminar los pensamientos. La idea no es arrebatarle sus agujas al Club del Ganchillo. Por mucho que lo intentes no va a funcionar. Son demasiado escurridizas, y tienen un almacén gigantesco de material con el que tejer sueños y pesadillas. Pero ¿hace falta que te pongas cada jersey que tejen, cada gorro y cada bufanda, incluso cuando te pican y te aprietan, incluso cuando te parecen horripilantes? ¿Hace falta que te creas todas y cada una de sus teorías? En absoluto.

Imagínate que se me pasan por la cabeza ideas como las siguientes, en un típico diálogo interior (es un ejemplo puramente hipotético: no quiero que pienses que realmente se me han ocurrido):

—Me quedan sólo 43 días para entregar este libro. ¡No es suficiente!

—Bueno, igual si me concentro sólo en eso...

—¡Qué dices, con todo lo que tienes que hacer!

—Pero lo tengo que entregar sí o sí.

—Va a ser una chapuza. No se van a vender ni 3 copias, y si se venden, peor.

—Anda, no seas tan cenizo. No tires la toalla. *Never give up!*

—*Never gonna give you uuuuup, never gonna let you doooown, never gonna run arouuund and deseeeert youuuuu...*

—¡¡Nooo, cualquier cosa menos Rick Astleeeey!!

¿Son estas ideas «mis» ideas? Quizás te parezca una pregunta un poco absurda. ¿De quién van a ser, si no? Bien, pues los budistas llevan asegurando dos milenios y medio que no son «mis» ideas. Son sólo ideas. No las controlo. No las he creado. Sobre todo esa pegajosa canción de Rick Astley. No es más que una grabación automática que de vez en cuando salta e invade mi pista de baile cerebral. Y el verdadero yo, ese yo que se sienta en el trono de mi subjetividad, ese yo que observa, escucha, siente y se da cuenta de las cosas, no es lo mismo que las grabaciones ochenteras que el Club del Ganchillo rescata de mi memoria. Soy otra cosa.

¿El qué? Pues no te lo sé decir, pero por lo que he ido aprendiendo, la meditación es precisamente una vía para tratar de llegar al fondo de ese misterio —que quizás no tenga un fondo—. Las Gafas de la Atención Plena también sirven para verme con mayor claridad y así poner en duda los cotilleos que cuentan sobre mí esas pueblerinas y sus secuaces: «Soy incapaz de hablar en público», «Odio el deporte», «No puedo aguantar este dolor ni cinco segundos más», «Mi libro va a ser un desastre», «¡Necesito comer chocolate AHORA MISMO!». Si te fijas, algunas de estas habladurías no son 100 % verdaderas, y por lo tanto no me conviene fiarme de ellas al 100 %.

A lo largo de mi vida, el Club del Ganchillo ha ido uniendo estas prendas multicolores para crear un enorme tapiz de memorias, sueños y creencias sobre mí mismo. En este tapiz aparecen representadas todas las historietas que has ido leyendo en estos capítulos, desde mi encuentro con Star Wars hasta mis aventuras en la consulta odontológica, y muchas muchas más. Sus cientos de episodios divididos en 50 apasionantes temporadas me han hecho reír y llorar incontables veces. Sólo de pensar en las siguientes entregas me pongo a temblar con el suspense... Pero ¿realmente soy el protagonista de esta novela gráfica de patchwork mental? ¿Soy ese Eduardo que creo ser? Según los budistas, no. Según los budistas, soy algo infinitamente más complejo.

¿Hay alguien ahí?

En las últimas décadas, diversas corrientes dentro de la psicología están llegando a conclusiones muy parecidas. Los neurocientíficos, por ejemplo, no han conseguido dar con ese «yo» que todos suponemos se sienta cómodamente en alguna sala de control cerebral. Lo que revelan sus diversos escáneres, más bien, son numerosos mecanismos independientes que compiten por el control. Cuando hablo entonces de mis acciones, mis pensamientos o mis emociones, ¿de quién estoy hablando realmente?

Como ya hemos visto en el caso del estrés o la habituación, muchos de mis mecanismos cerebrales son además completamente automáticos: no dependen de mí. La Red Neuronal por Defecto —o «Club del Ganchillo»— es de hecho otro mecanismo más que escapa a mi control y que irónicamente se dedica a elaborar esa idea un tanto cuestionable de un «yo» unitario. Esto no significa que no exista un «yo» (¡lo cual me preocuparía mucho!), pero sí indica que la realidad, como proponen los budistas, es mucho más complicada, interesante y misteriosa que las historietas que me cuenta mi propio cerebro.

Esas historietas, por mucho que medite, las voy a seguir escuchando toda la vida. El Club del Ganchillo tiene vida propia, y no hay quien las pare del todo. Lo que sí puedo hacer, sin embargo, es observar el movimiento frenético de sus agujas, y desengancharme de su maraña de pegajosa lana. Si yo observo, por ejemplo, como aparecen automáticamente esos temidos recuerdos sonoros — *¡Nevergonnagive, nevergonnagive... GIVE YOU UP!*— sin que yo haya hecho nada para quererlos ni para merecerlos, y me reconozco totalmente incapaz de detener la tortura, entonces cabe suponer que no soy eso. Soy un observador, incluso una víctima, pero afortunadamente no soy la canción. Puedo ver cómo aparece, cómo baila su ritmo ochentero por toda mi cabeza y luego cómo, en algún maravilloso momento, finalmente, desaparece. De la misma manera, puedo observar la ansiedad, o la desesperación, o la risa que pudiera provocarme el fantasma de Rick Astley. Noto los efectos que producen en mi cuerpo y en mi mente. Y como tampoco los he creado ni los controlo, sé que no son parte de mi esencia.

En definitiva, meditar me permite observar al Club del Ganchillo en plena faena. Veo cómo elaboran sus prendas, cómo tratan de colocármelas para abrigarme bien y cómo las van uniendo para crear el tapiz de mis sueños y pesadillas. Pero no tengo por qué hacerles caso. Me puedo rebelar a sus asfixiantes «cuidados». Para ello, basta prestar atención al movimiento de las agujas y las creaciones efímeras que van surgiendo de ellas. Puedo escuchar con toda mi atención a estas *knitters* tan parlanchinas que llevo dentro sin necesidad de creerme todo lo que dicen o quedarme atrapado entre sus hilos pegajosos. Basta investigar el proceso con curiosidad, sin juzgar ninguna de las creaciones de la mente, sea cual sea su forma, su color y su diseño.

Evidentemente, y como ya hemos visto, esto es mucho más fácil decirlo que hacerlo. Cuando empezamos a meditar, lo primero que descubrimos es precisamente la actividad continua del Club del Ganchillo, que nos secuestra la mente sin parar y nos viste con varias capas de lana. Pero las investigaciones científicas están encontrando numerosas evidencias de que con la práctica es posible reducir su poder. Incluso meditadores novatos consiguen reforzar en pocos días las zonas del cerebro que permiten controlar la Red Neuronal por Defecto. En el caso de meditadores más avanzados, la propia RND se vuelve menos activa, no sólo durante la práctica sino incluso en su vida cotidiana. Esta reducción va de la mano de la mayor capacidad para concentrarse en distintas tareas que cité en el capítulo 5.

Me pregunto si al Dalai Lama alguna vez le persigue Rick Astley por su laberinto cerebral.

Prácticas de mindfulness
para seres humanos de los de toda la vida

PRESTAR ATENCIÓN AL CROCHÉ MENTAL

Llegó el momento de pillar a las tejedoras de tu mente en acción. Antes de hacer este ejercicio te recomiendo acumular un poco de práctica observando el ancla (práctica 7) y los sonidos (práctica 9). De lo contrario, acabarás bajo una montaña de bufandas, chaquetas y calcetines de noche.

1. Inicias el ejercicio como en la práctica 7 (instrucciones 1-10), estableciendo la atención en tu ancla durante algunas respiraciones, o el tiempo que te apetezca. Siempre que lo necesites puedes volver al refugio de tu ancla o seguir las indicaciones de la práctica 10 para gestionar molestias y desafíos.

2. Diriges tu atención hacia el espacio interior de tu mente, exactamente como lo hiciste con el paisaje sonoro (práctica 9).

3. Observas todo lo que van elaborando las del Club del Ganchillo, ya sean pensamientos o emociones: recuerdos, análisis, fantasías, preocupaciones, cálculos, imágenes,

Escanea este código QR
para acceder al vídeo

jingles publicitarios... Puede que en distintos momentos haya mucha actividad, poca actividad o silencio total. El tono emocional puede ser positivo, negativo o neutro, y de mayor o menor intensidad. Todo está bien. Se trata sólo de darte cuenta de ello y contemplar lo que va apareciendo como si fuera una película sobre una pantalla, nubes cambiantes sobre un cielo, el agua de un río, o... jerséis y gorros de lana que se van tejiendo y destejiendo.

4. Tratas de no juzgar tus pensamientos («¿Cómo se me ocurre pensar en eso?», «Qué bonito recuerdo», «¡Menuda guarrada!»), pero si surgen juicios tratas de observarlos, de nuevo sin juzgar.

5. Pruebas a soltar cualquier pensamiento o emoción pasada para abrirte a la siguiente.

6. Cuando descubres, como es normal, que tu mente se ha dejado llevar por algún sonido, molestia corporal, pensamiento o emoción concreta («Tengo que cambiarle la batería a mi móvil, no le dura la carga ni tres horas»), vuelves con amabilidad al paisaje mental (ver la práctica 5). En este ejercicio es especialmente fácil distraerse, ya que las tejedoras son verdaderas expertas en engatusarte.

7. Finalizas el ejercicio como en la práctica 7 (instrucciones 11-13).

12.

El monstruo de la

D⬤PAMINA

¿Alguna vez has tratado de romper un mal hábito? Yo sí.

—¡Basta! —me digo, dando un puñetazo sobre la mesa— ¡Se acabó lo de mirar el móvil cada treinta segundos! ¡Chequearé mis redes sociales no más de tres veces al día, y sólo durante un máximo de 10 minutos!

Me pongo firme. Silencio el móvil y lo coloco en otra habitación. ¡Genial: lo he logrado! Sólo que cinco minutos después recuerdo que necesito llamar al fontanero para arreglar lo del grifo. Entonces recojo el aparato, me salta en pantalla el aviso de un *whatsapp* de mi hermana, sigo un enlace a Facebook y... media hora después me pillo ahí de pie, viendo vídeos de Star Wars.

Según Mark Twain, fumador empedernido desde muy joven, «No hay nada más fácil que dejar de fumar. ¡Lo he hecho cientos de veces!». Esta frase expresa a la perfección lo inútiles que somos los seres humanos a la hora de abandonar un vicio que nos encanta. Da igual si se trata de fumar, hacer *scroll* con el dedito, devorar crujientes patatas fritas con sabor a queso o empezar a medianoche otro episodio de una serie deliciosamente adictiva. Nuestra voluntad parece hecha de mantequilla y se derrite a la más mínima. Y hablando de mantequilla...

El problema es un monstruo que llevas dentro. No es un monstruo especialmente terrorífico. Al contrario. ¿Recuerdas a la peluda criatura que devoraba los *cookies* de pepitas de chocolate en Barrio Sésamo con tanta emoción que salían migas volando por los aires? A éste te lo puedes imaginar exactamente igual. Excepto que cuando ve algo que le gusta, en vez de exclamar...

—¡¡¡GALLETAAAAA!!! ¡¡AUMM ÑAM-ÑAM-ÑAM-ÑAM-ÑAM-ÑAM!!

Lo que dice es «¡¡¡DOPAMINAAAAA!!!». En neurociencia se refieren a él como el «sistema mesocorticolímbico dopaminérgico» o el «circuito de recompensa». Pero basta que recuerdes a tu viejo amigo de los ojos saltones, boca enorme y pelaje azul. Voy a llamarlo aquí el Monstruo de la Dopamina.

La palabra clave es «amigo». La Banda de la Amígdala se hace con los mandos de tu avión a la fuerza, el Club del Ganchillo distrayendo tu atención, pero este adorable monstruillo te reemplaza en la cabina del piloto porque te cae demasiado bien. No puede haber nadie en el universo más simpático, más entrañable, más querido que el *Dopamine Monster*. Representa el disfrute en su estado puro, el placer total, la culminación del deseo.

Y es que la dopamina es una droga natural (técnicamente un neurotransmisor) realmente fantástica. Es ella la que te proporciona el espléndido colocón cada vez que te suben el salario, Papá Noel te regala justo lo que pediste, tu equipo mete un gol, acumulas 300 ME GUSTA en un *post*, recibes un beso en los labios de la chica o chico de tus sueños, o (lo mejor de todo)... ¡te comes una exquisita galleta con pepitas de chocolate! Cada vez que ríes, te alegras o disfrutas de un orgasmo del tamaño de una supernova, el placer te lo proporciona la dopamina. ¿A que la amas?

Claro que la amas. No puedes vivir sin ella. Y ése es el problema.

Todos somos yonquis

El título de esta sección no es frase mía, sino de Judson Brewer, profesor de la Universidad de Brown y uno de los mayores expertos mundiales en adicciones. Por sus estudios sabe que a ti, a mí y a todo el mundo nos cuesta controlar a nuestro Monstruo de la Dopamina. Por eso lo considero un «monstruo», aunque no deje de ser uno de mis mejores amigos. En tu caso, ¿qué es lo que más te provoca ese ÑAM-ÑAM-ÑAM-ÑAM salvaje? ¿La cerveza bien tirada? ¿Los videojuegos *multiplayer*? ¿Los zapatos de diseño? ¿Instagram? ¿La velocidad? ¿Los *thrillers* televisivos? ¿Las apuestas en bolsa? ¿El sexo con disfraces?

Uno de mis vicios confesables (bastante poco original, lo sé) es la comida. Siempre he sido de los que se acaban hasta la última miga de pan, se sirven otro plato y medio, piden postre y ayudan a los demás a terminarse los suyos. En Sicilia, un lugar legendario por el amor a la *cucina*, gano mucho puntos entre mi familia política con mi capacidad para devorarme una tercera *arancina* (una bomba calórica, algo así como una croqueta de paella con queso) y culminar el festín con un buen *gelato*.

Mi glotonería suele sorprender bastante, porque físicamente soy más flaco que un poste telefónico. Debe de ser cosa de mi metabolismo: los nerviosos lo quemamos todo. O casi todo, porque la verdad es que a menudo me excedo, y mi pobre estómago no puede con la faena, chirriando como una lavadora sobrecargada. Los problemas digestivos también me han acompañado toda la vida, y ahora que he superado los cincuenta, sé que me tengo que cuidar más. Entre otras cosas, mi metabolismo ya no es el que era.

Según Judson Brewer, el ciclo de la adicción consiste en tres pasos:

1. ENCUENTRAS ALGO INTERESANTE
Por ejemplo, una noche después de cenar, me llega un anuncio del tráiler de una nueva serie llena de aventura, suspense, explosiones, criaturas extrañas, robots y naves espaciales. ¡Caramba, si es de *Star Wars*!

2. TE LO DEVORAS
Me pongo el primer episodio. ¡ÑAM-ÑAM-ÑAM! ¡Chute brutal de dopamina!

3. SE FIJA EN LA MEMORIA
El cerebro fija en la memoria las experiencias altamente placenteras con señales y alarmas para recordarme de que «aquí hay dopamina». A partir de entonces, el ciclo se repite: buscar-devorar-fijar, buscar-devorar-fijar.

Si te das cuenta, son los mismos tres pasos que se usan para entrenar a un perrito mediante el refuerzo positivo: Apolo se sienta, le das una galletita, se le fija en la memoria y la próxima vez se sentará más rápido. Con cada ciclo, el aprendizaje se refuerza.

Además de estos tres pasos clásicos, hay un cuarto paso exclusivo del ser humano, que como ya hemos visto tiende a liarla con su gran ingenio:

4. EL REMEDIO UNIVERSAL

Este posible cuarto paso se activa cuando tengo el ánimo decaído: en momentos de ansiedad, tristeza, enfado o simple aburrimiento. De pronto, a mi Monstruo de la Dopamina se le ocurre una idea brillante: ¿y si me pongo otro episodio de esa serie tan divertida? ¿O chequeo mis redes sociales? ¿O devoro unas galletitas de chocolate? ¡¡ÑAM-ÑAM-ÑAM-ÑAM-ÑAAAAM!!

En las inmortales palabras de Darth Vader:

—¡El círculo está completo!

Si me dejara llevar por el Lado Oscuro de mi adicción galáctica podría tirarme el día entero viendo vídeos de *Star Wars* en YouTube, gastarme todo mi dinero en libros y coleccionables y —cada vez que me sintiera un patético friki sin más vida que las historias inventadas por George Lucas— tratar de animarme con un nuevo visionado del episodio IV.

Cómo reformar al Monstruo de la Dopamina

Afortunadamente, mientras evite esos extremos, lo de *Star Wars* tampoco es para tanto. No me arrasa los pulmones ni me engrosa las arterias. Hay veces que pienso que podría consumir más Tolstoi y menos ciencia ficción escapista, pero tampoco voy a perder demasiado sueño por ello. Otro asunto bien distinto son mis hábitos alimentarios, que impactan directamente en mi salud, además de afectar a la biosfera terrestre y al bienestar de numerosos seres vivientes. Esto sí que merece, quizás, una batalla interna con sables láser.

Como ya hemos visto, dejar un mal hábito es casi, casi imposible —al menos si tratas de hacerlo únicamente con tu fuerza de voluntad—. A mí, cuando me ofrecen un postre, me cuesta horrores decir que no, incluso si ya me siento lleno. Puedo reprimir la tentación, pero es algo así como ponerle una correa al Monstruo de la Dopamina y tirar de ella mientras éste se lanza hacia el postre exclamando «¡¡BROWNIEEEE!! ¡¡CON HELADO Y NUECEEES!! ¡¡ÑAM-ÑAM-ÑAM-ÑAM!!». Requiere una enorme energía y sufro un montón.

Judson Brewer propone una estrategia completamente distinta. En vez de ponerle una correa al Monstruo, se trata de observar y escucharlo con curiosidad. No hace falta echarle una bronca, ni luchar contra él, ni siquiera juzgarlo. En otras palabras: mindfulness.

En el curso diseñado por Brewer para dejar el tabaco invita a los participantes a fumar —pero con plena consciencia—. Brewer les pide que observen, detalladamente, qué sucede en la mente y el cuerpo antes, durante y después de meterse el cigarrillo en la boca. Normalmente, los fumadores suelen entregarse a su vicio en piloto automático, y por lo tanto, paradójicamente, apenas tienen familiaridad con la experiencia real de fumar.

Al prestar atención, se encuentran cara a cara con el Monstruo de la Dopamina: su emoción alocada, esos ojos que giran en círculos, el ÑAM-ÑAM-ÑAM, las manos que se lanzan sobre el paquete y el mechero. Las primeras veces quizás no puedan resistir la tentación y acaban fumando otro cigarrillo. De hecho, Brewer les anima a ceder para investigar qué sucede realmente a continuación.

¿Se cumple la promesa del simpático monstruillo? ¿Realmente merece tanta excitación eso de chupar por un tubo para llenarse los pulmones de humo? En este curso, los fumadores descubren que no: ¡el Monstruo de la Dopamina exagera una barbaridad! Muchos de ellos, al investigar el acto de fumar con ojo científico, se topan con una realidad sorprendentemente desagradable. Nada que ver con la idea que tenían. Una participante describió la experiencia sensorial así: «Huele a queso podrido y sabe a sustancias químicas. ¡QUÉ ASCO!». Quizás la primera calada les ofrezca algo de subidón, pero con la segunda, la tercera y la decimoquinta empiezan a darse cuenta de que se están literalmente intoxicando.

Con cada cigarrillo desconfían más del entusiasmo de su monstruo interno. Y aprenden que para gestionarlo no hace falta atarlo a ninguna correa. Basta prestarle atención, escucharlo durante un tiempo, dejar que corra libremente por los campos de la mente y pegue sus aullidos. Incluso se le puede acariciar un poco.

—Que sí, querido Dopy, que sí. Que ya sé que te gusta. Buen chico, tranquilo...

Al cabo de un rato, el excitable monstruillo se vuelve a calmar. O se distrae con otra cosa. Poco a poco, los participantes del curso van conociendo mejor su impulso de fumar y aprenden a convivir con él.

Claramente, esta estrategia no se la ha inventado Brewer. La llevan empleando budistas y yoguis desde hace milenios para «desapegarse del deseo». Brewer simplemente la ha adaptado al control de las adicciones, acumulando numerosas evidencias de que el truco funciona a las mil maravillas. Por ejemplo, su curso para dejar de fumar tuvo cinco veces más éxito, en un estudio clínico aleatorizado, que los sistemas convencionales. También ha diseñado varias *apps* para *smartphone* (de momento disponibles sólo en inglés) capaces de reducir comportamientos adictivos hasta en un 40%.

Dopy y yo

Puedo dar fe de ello en relación con la comida. Hace 25 años, cuando empecé con el yoga, el hecho de redescubrir mi cuerpo me volvió mucho más consciente de mis hábitos alimentarios. Lo más evidente era el ritmo aceleradísimo al que comía, un reflejo de mi tendencia generalizada a correr por la vida. Tragaba los alimentos como el verdadero Monstruo de las Galletas, sin apenas masticar. En cualquier cena o reunión era siempre el primero en terminar cada plato. Bueno, excepto en las reuniones familiares, donde las medallas de oro y de plata se las llevaban mi padre y mi hermano Pablo, aún más precipitados que yo.

Recuerdo que en la época de mi tesis doctoral entré un día en el comedor del Instituto Universitario Europeo decidido a cambiar las cosas. Tras cargar una bandeja de comida con unos macarrones *al pomodoro*, pollo con patatas y un pedazo de tarta, me retiré a un rincón tranquilo para comer en soledad ante un ventanal con vistas a la ciudad de Florencia. No conocía el sistema de Brewer. De hecho, aún no se había inventado. Simplemente se me ocurrió ponerme a comer con la misma atención cuidadosa con la que practicaba yoga. ¿Sería capaz de controlarme como controlaba mis movimientos en clase?

Comencé con un macarrón. Sólo uno. Empecé a masticarlo a un ritmo más lento de lo habitual. Entonces pensé: ¿puedo masticar aún más lentamente? Resultó que sí. Podía masticar a la mitad de la velocidad. Incluso a una cuarta parte. Al ritmo que me diera la gana. Pero eso sí: sólo mientras permanecía concentrado. Si me despistaba, en seguida se aceleraba el ritmo, entregándome al salvaje ÑAM-ÑAM-ÑAM del Monstruo de la Dopamina. Resultado: mi garganta se atascaba con enormes bolas de pasta medio masticadas. No resultaba nada agradable, la verdad. Por el contrario, cuando conseguía comer más lento, disfrutaba mucho más. Caí en la cuenta de algo evidente: es en la boca donde se genera casi todo el placer, y por lo tanto no tiene ningún sentido mandar esos macarrones al estómago lo más rápido posible.

Tardé tanto en terminar los platos ese día que me quedé solo en el comedor. ¿Me había pasado? Seguramente. Pero ahora lo sabía: era posible cambiar. Ni siquiera había sido tan difícil. Nada de contar masticaciones ni forzarme a comer lento. Simplemente prestar atención a lo que estaba haciendo. En pocas semanas lo convertí en un nuevo hábito, encontrando un ritmo razonable que me permitiera alimentarme sin retrasar la entrega de mi tesis doctoral. Fue el primero de numerosos hábitos alimentarios que he ido cambiando a lo largo de los años, llevando a que mi sobrino Dario, hijo de Pablo, se refiera a mí actualmente como su tío «Detox».

No tengo una dieta perfecta, confieso, ni mucho menos. Ese glotón del Monstruo de la Dopamina sigue jugándome a veces malas pasadas, sobre todo cuando ya estoy que reviento y me sacan un postre apetecible: ¡¡*CHEESECAAAKE*!! ¡¡CON MERMELADA DE FRESAAAAAA!! ¡¡ÑAM-ÑAM-ÑAM-ÑAM!! Pero en fin, poco a poco.

Disfrutar de verdad

Quiero que quede claro, por si no ha quedado claro todavía, que soy un tipo disfrutón. No es por nada que escogí la risa como tema de mi tesis doctoral. Defiendo los churros con chocolate, las montañas rusas, el cine escapista, el ping-pong, las fiestas populares y el sexo en combinación con cualquier otro placer de esta lista, siempre y cuando sea consentido y disfrutado por todas las partes. Aspiro a maximizar el gozo, la alegría y la felicidad en la vida —tanto la mía como la ajena, por supuesto, aunque esa segunda parte siempre se me olvida con mayor facilidad.

En Florencia, cuando empecé a comer más lentamente, no renuncié a la dopamina. Lo que hice fue aprender a disfrutar de otra manera. Saborear los alimentos me permitió experimentar, para mi gran sorpresa, una montaña de placer. Y la sorpresa fue aún mayor para el Monstruo de la Dopamina. Como marca el tercer paso del modelo de la adicción, quiso entonces recordar cómo demonios había conseguido todo ese delicioso sabor (¡ah, comiendo lento!), y esto reforzó el nuevo hábito más saludable. A partir de entonces, el ÑAM-ÑAM-ÑAM se ha vuelto ÑAAAAM-ÑAAAAM-ÑAAAAAM.

Aunque me cae fenomenal mi Monstruo de la Dopamina y lo quiero un montón hay que decir que su peluda cabezota azul está totalmente hueca. No me puedo fiar de su criterio. Reacciona sin pensar ante cualquier cosa que se le ponga por delante, casi siempre de forma exageradísima, y no siempre en mis mejores intereses o los de las personas y seres que me interesa cuidar. ¿De qué me sirve comer precipitadamente si no disfruto de los alimentos y mucho menos de la digestión? ¿De qué me sirve sacar el móvil obsesivamente si me distrae de las cosas que realmente me importan? ¿De qué me sirve ver *La Guerra de las Galaxias* otra vez si...? ¡NO, NO, ESO NOOOO!

Ahora en serio, el asunto no es evitar placeres, sino escoger qué placeres quieres saborear a fondo. Un crujiente churro, untado en chocolate tan denso que sostiene la cucharilla, puede ser fantástico de vez en cuando. Pero si le prestas atención, un jugoso melocotón en su punto, o una almendra recién tostada, o un sencillo pedazo de pan artesanal con aceite de oliva, puede proporcionarte el mismo placer —o más—. Al fin y al cabo, aunque los sabores sean distintos, la dopamina es siempre la misma, y si el alimento le gusta a tu Monstruo del placer interno lo va a disfrutar exactamente igual.

Sé lo que estás pensando: tu Monstruo te va a pedir más el churro que el melocotón. ¡A mí también me lo pide con aullidos muy lastimeros! El proceso evolutivo nos ha programado un amor especial por los alimentos que rebosan grasa, azúcar y sal. Hace 100.000 años, este tipo de lujos indicaban salud y supervivencia. Convenía atiborrarse con ellos en cuanto los pillaras, ya que cazar un animal o dar con un árbol lleno de fruta madura requería muchos días de búsqueda. Cuando sucedía algo así daba lugar a una verdadera fiesta de la tribu. Hoy esta orgía gastronómica la tenemos al alcance de la mano en cualquier bar o tienda de la esquina, igual que tenemos siempre a mano una infinidad de cuentos cómicos, noticias frescas, películas porno, videojuegos trepidantes y música de todos los géneros posibles.

—¡No puedo evitarlo! —te dices, abrazando una bolsa de patatas fritas de tamaño familiar.

En realidad, los estudios de Judson Brewer indican que sí puedes. Lo que no puedes evitar es el ÑAM-ÑAM-ÑAM del Monstruo de la Dopamina. Pero es posible aprender a convivir con él, incluso a reírte un poco de él, disfrutando de los placeres sin engancharte tanto a ellos. Sin *depender* tanto de ellos.

Sobre todo **puedes ir cambiando sus gustos poco a poco**, buscando el placer en alimentos, actividades y hábitos que se adecúen mejor a tus valores más profundos. **Una vez más, es una cuestión de libertad.**

Escanea este código QR
para acceder al vídeo

Prácticas de mindfulness
para seres humanos de los de toda la vida

////////////////////// (12) //////////////////////

SABOREAR DE VERDAD

Aquí tienes un ejercicio que puedes probar la próxima vez que vayas a tomarte un desayuno, una merienda, una comida o una cena. Es más fácil si lo haces en soledad, y si puedes dedicarle un poco más de tiempo del habitual. Espero que, como a mí, te permita disfrutar más de lo que comes y, con el tiempo, tomar decisiones más sabias y saludables. ¡Que aproveche!

1. Al sentarte delante del plato adoptas una postura que invite a la interiorización (ver la práctica 6), y durante algunos momentos llevas tu atención al ancla (práctica 7) para saber que «estás aquí».

2. Abres los ojos y contemplas los alimentos que tienes delante como si nunca hubieras visto un plato de comida en tu vida. Sin moverte, examinas con la mirada sus colores y geometría, la textura exterior, el tamaño de cada pieza, los brillos de luz reflejada. Al inhalar, tratas de percibir cómo las virutas de su aroma penetran en tus fosas nasales. ¿Qué provoca esto en ti? ¿Notas alguna sensación de hambre? ¿El deseo de comer? ¿Cómo es exactamente este deseo? ¿Dónde se localiza?

3. Quizás quieras apreciar, ya que estás, la fortuna de poder disfrutar de este alimento. Puedes comenzar saboreando la sensación de agradecimiento hacia todas las personas y los seres que han hecho posible este festín. Para ello puedes imaginar de dónde vino cada ingrediente: quién lo preparó, quién hizo la compra, quién lo empaquetó y lo transportó, quién trabajó en el proceso de cultivo y recogida, y cuántas personas, plantas y animales han tenido cualquier otro papel en el asunto.

4. Si es adecuado, puedes explorar alguna pieza con los dedos empleando el tacto: la superficie de una fresa, la miga esponjosa de un trozo de pan, las curvas de un anacardo.

5. Acercas el primer bocado a tus labios. Puedes fijarte en su peso, las sensaciones en los dedos, el esfuerzo y la coordinación muscular que usas para hacer el movimiento. También si hay algún sonido asociado.

6. Te detienes cerca de la nariz para olerlo con detenimiento. Llenas tus fosas nasales con su perfume y te regodeas en él como un consumado sumiller.

7. Sin prisas, abres tus labios e introduces el alimento en tu boca, depositándolo sobre la lengua. ¿Qué sucede en este preciso instante? ¿Qué sensaciones se desencadenan?

8. Comienzas a masticar, sin precipitarte, tratando de mantener el control, con la idea de maximizar el disfrute. Te invito a investigar no sólo el sabor, sino otras sensaciones como la textura o la temperatura. ¿Qué emociones y reacciones se producen? ¿Notas algo en el cuerpo más allá de la propia boca? ¿Qué pensamientos y asociaciones aparecen?

9. Puedes fijarte en tendencias como la impaciencia, el reflejo de tragar, lo que te gusta y lo que no. ¿Cómo se manifiestan?

10. Cuando tú lo decidas comienzas a deglutir. Al terminar puedes darte unos momentos para acoger las sensaciones antes de comenzar con el siguiente bocado.

11. Continúas así hasta terminar, tratando de mantener la atención en el momento. Si te distraes vuelves a posar de nuevo la atención sobre los cinco sentidos (ver la práctica 5).

12. A lo largo del ejercicio tratas de controlar el ritmo. No tiene por qué ser especialmente lento, pero quizás descubras que no hace falta correr tanto, y que masticar mejor facilita el disfrute.

13. Prestas atención a tu sensación de hambre y de saciedad. Antes de cada bocado puedes tomar una decisión consciente: ¿me apetece comer más, o por el contrario no?

ESTOY MUY LEJOS DE LA ILU-MINACIÓN

(Una comedia de errores, engaños y amor verdadero)

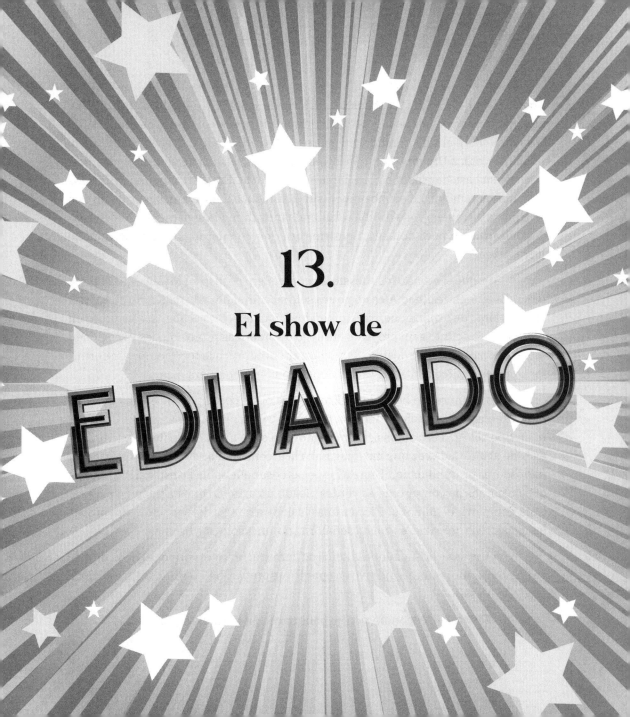

13.
El show de
EDUARDO

Eran las diez de la noche. Después de una jornada agotadora de trabajo en la oficina, finalmente entraba por la puerta de mi minúsculo piso en el centro de Madrid. Me desplomé sobre el sofá, rendido, mi cuerpo entero vibrando con el estruendo de la vecina discoteca Dreams. Con mis últimas energías, descolgué el teléfono inalámbrico de su base de plástico para llamar a Emanuela. En 1999, ninguno de los dos teníamos aún móvil. La echaba muchísimo de menos. Llevábamos más de un año viviendo a distancia, y me estaba resultando muy difícil la separación. Necesitaba desahogarme un poco con ella. Sentirme querido. Recibir alguna caricia, aunque fuera virtual.

Marqué el número de Alessio, su compañero de piso en Málaga, que sí tenía móvil. Bueno, en realidad Alessio no era sólo su compañero de piso, sino de *habitación*. Es largo de explicar, pero resumiendo: Emanuela, tras acabar sus estudios en Florencia, se apuntó a un proyecto europeo de prácticas profesionales, escogiendo Málaga como ciudad de destino. Por un error burocrático le tocó compartir dormitorio con este chico dentro de una vivienda con otras seis personas.

Yo siempre me he fiado de Ema, entre otras cosas porque es una persona muy directa y con principios férreos, para bien y para mal. Además, no me considero un tipo celoso. Pero aun así, mi novia dormía en la litera de arriba, y este bribón en la de abajo. Cada vez que me imaginaba la escena se me revolvía algo atávico en mis oscuras profundidades. Una de las pocas cosas que sabía de este tal Alessio era que no paraba de contar chistes verdes. Según un artículo que había leído para mi tesis, compartir el humor erótico es una clásica estrategia del seductor para probar las aguas. Si la chica ríe, es buena señal. Y si no, era «sólo una broma».

A través de la línea sonó la señal de llamada. Mi estereotipo del ligón de playa italiano se me ponía al rojo vivo en cuanto me preparaba, como ahora, a escuchar la voz de Alessio.

—*Pronto?* —respondió, con su habitual e insoportable simpatía.

—*Ciao, Alessio* —le saludé, tratando de controlar mi irritación—. ¿Me puedes pasar con Emanuela?

—*Come? Eh? Ah, sí! Emanuela!* —respondió. Había muy mala cobertura. Su voz se entrecortaba—. *Ascolta... uardo: Eman.... non può.... Mi senti??*

Por las interferencias no lo oí todo. Pero aun así hubo algo que no me gustó en su tono. Sobre todo ese último *Mi senti??* («¿¿Me oyes??»). Me sonó a amenaza. Me enderecé en el sofá.

—¿Qué pasa? ¿No se puede poner? ¿Dónde está?

Se cortaba la línea. La voz de Alessio sonaba tan distorsionada que no conseguía entender nada. Y entonces esto:

—*Ascolta, Eduardo: Emanuela ed io, ora usciamo insieme, CAPITO?*

Lo que entendí fue: «Escucha, Eduardo: Emanuela y yo ahora estamos saliendo juntos, ¿ENTENDIDO?». Me puse en pie. Se me había pasado todo el cansancio de golpe. Me batía el corazón al ritmo *jungle* del Dreams.

—¿¿QUÉ?? ¿CÓMO HAS DICHO?

—*Pronto? Mi ascolti?* —la conexión iba y venía. A partir de este momento, Alessio alzó el volumen y el tono. Me imaginé al ligón de playa sacando pecho y avanzando hacia mí, amenazador—. *EDOARDO, DA ORA IN POI, SAREMO INSIEME! HAI CAPITO??*

Mi italiano no era perfecto. Llevaba tres años y pico aprendiendo el idioma. Pero me parecía claro el mensaje: «EMANUELA Y YO, A PARTIR DE AHORA, ESTAREMOS JUNTOS. ¿¿LO HAS ENTENDIDO, PRINGAO??» (Lo de pringao lo he añadido, pero el tono que capté fue ese.)

—¿¿CÓMO QUE... *INSIEME*??

—*ORA USCIAMO INSIEME, CAPITO?? SAREMO INSIEME, CAPI-TOOOO??*

Colgué el teléfono y lo arrojé al suelo, como si se hubiera convertido en escorpión. Estaba temblando. Mi pesadilla se había hecho realidad. ¡Este hijo de Rómulo y Remo, al que habían metido en la habitación de Emanuela por un error burocrático, ahora estaba «saliendo con ella»? ¿¿A partir de ahora «estarán juntos»?? Mi mente se llenó de escenas horribles. Emanuela y este tiparraco brindando en los bares malagueños, bailando en las discotecas, revolcándose en la litera de abajo. Hasta ese momento había dudado de la existencia de un macho cavernario dentro de mí, pero de pronto escuché sus rugidos, su furia, sus ganas de estrangular.

Traté de calmarme. A lo mejor lo había entendido todo mal. Quizás no interpreté correctamente las palabras del idioma italiano. Además, la conexión telefónica había sido pésima. ¿Cómo me iba a traicionar Ema, después de cuatro años, con lo que nos queríamos? ¡Ella no era así! ¡Me lo habría dicho!

Por otro lado, tenía que reconocer que nuestras vidas se habían alejado. No era sólo la distancia física. Yo trabajaba con horarios larguísimos y caía rendido cada noche, mientras que ella terminaba de trabajar a mediodía y salía hasta el amanecer con sus nuevas amistades. ¿Qué sabía yo lo que se movía en su mente y en su corazón?

En ese pisito de Madrid me parecía que el mundo se me caía encima. ¿Qué podía hacer? ¿Llamarla? Sólo podía contactar con ella a través de ese canalla. ¿Cogerme un autobús a Málaga? Incluso si había algún nocturno, tardaría toda la noche. Además, era jueves, y al día siguiente aún tenía que ir a trabajar.

Durante las siguientes dos horas lloré lágrimas amargas, pataleé en la cama enfurecido, me imaginé cómo le sacaría las tripas a Alessio con mis manos de cromañón. Hasta que de pronto el teléfono abandonado en el suelo comenzó a sonar. Me lancé sobre él. La pantallita LCD mostró el nombre de Alessio.

—*PRONTO???* —respondí, rabioso.

Era Emanuela.

—*Ciao, Edu!* —me saludó, tan tranquila. Se escuchaba música pop y el gentío de un bar.

No voy a reproducir aquí lo que le grité por la línea, poseído por mi ira atávica. Me avergüenzo demasiado. Emanuela se quedó patidifusa. Poco a poco me lo fue explicando. Claro que no estaban saliendo juntos. O sea: sí, habían salido de fiesta esa noche por Málaga, pero como siempre, con todo el grupito del piso. Alessio sólo había querido avisarme de que a partir de las diez estaría con ella, y que podría llamarla tranquilamente al teléfono. Nada más. Como no había llamado yo, decidió hacerlo ella, porque me echaba mucho de menos. Aunque no le gustaba hacer llamadas con el móvil de Alessio. ¡Ya era bastante que nos hacía el pobre de telefonista...!

Tardé mucho en calmarme, en empezar a creerla, en ir saliendo de mi furia sangrienta.

Estaba atrapado en mi propia película.

Las películas que nos montamos

Fue una clásica comedia de errores, como las de Shakespeare y Calderón. Seguramente, alguna vez en tu vida te habrá sucedido algo parecido. Te habrás convencido, por pequeñas pistas malinterpretadas, de que el mundo es de una cierta manera. Sospechas de alguien que resulta ser inocente. O al contrario: mitificas a alguien que resulta tener sus defectos. Ves a las personas a través de estereotipos (como el mío del «ligón de playa italiano») que realmente no se ajustan a la realidad. Te defines de una cierta manera («no soy celoso») y luego la situación te demuestra lo contrario. Te ilusionas con unas vacaciones, te asusta un desafío, te alegras por un éxito, sufres por una preocupación terrible... Y luego las cosas resultan ser completamente distintas a la película que te habías montado.

Cuento mi propia anécdota para ilustrar algo que, con la práctica del mindfulness, se vuelve cada vez más evidente: el mundo que experimentas no es el mundo real. ¿Conoces la historia de la caverna de Platón? Según el célebre ateniense, los seres humanos nos parecemos a un grupo de prisioneros en una caverna. Confundimos las sombras que vemos en las paredes con la realidad, pero el mundo verdadero —que proyecta aquellas sombras— se encuentra en el exterior de la cueva. Las filosofías orientales cuentan algo parecido: el mundo está cubierto por el «velo de Maya», que nos oculta la verdadera naturaleza de las cosas. En la cultura occidental, esta idea nos la encontramos en el arte de Dalí, Magritte o Escher, en obras teatrales como *La Vida es sueño*, en películas como *Matrix* o *El Show de Truman*.

Sin duda, se trata de una hipótesis inquietante. Va en contra, por definición, de todas nuestras creencias. ¿Cómo no va a ser real el mundo? ¡El tuyo a lo mejor! ¡El de la gente que cree en cosas raras o votan a los otros! ¡Yo sé cómo es la realidad! Así reaccionas, y así reacciono yo también. Sin embargo, ¿de dónde viene esta reacción? ¿Quién trata de tranquilizarme con la idea de que las cosas son como son? ¡Caramba, pero si es mi propio cerebro! ¿Debo fiarme? ¿O es justamente el principal sospechoso de montar todo el engaño?

Hay que decir que la filosofía, la psicología y las ciencias sociales, a partir del siglo XX, han llegado a las mismas conclusiones que Platón y los místicos de Oriente. El cerebro no puede acceder directamente a la realidad. ¿Cómo va a hacerlo, si se encuentra encerrado en un cráneo de 7 milímetros de espesor? Desde su caverna de hueso, nuestra masa gris está obligada a contarse cuentos sobre lo que se mueve ahí fuera a partir de la información parcial que recibe de la vista, el oído y los otros sentidos. Son cuentos a veces muy sofisticados, pero siguen siendo cuentos. Y nos los tragamos todos —aunque de vez en cuando, como me sucedió a mí con Alessio, nos damos cuenta de alguna metedura de pata especialmente gorda.

¿Te atreves a poner en duda los cuentos que te cuentas? ¿Te atreves a tomarte la pastilla roja de Matrix? ¿A cuestionar la realidad de tu propio *reality show*, como hizo Truman? En realidad, si has puesto en práctica los ejercicios que te he contado hasta ahora ya has comenzado a mirar detrás de las bambalinas. Las Gafas de Mindfulness sirven justamente para penetrar el engaño. Con ellas ya has puesto en duda las alarmas de la Banda de la Amígdala, las falsificaciones de los Ladrones del Asombro, las amenazas del Ogro del Dolor, las promesas del Monstruo de la Dopamina, las ideas tejidas por el Club del Ganchillo. Y al hacerlo, te has enfrentado al personaje más poderoso de todos, una figura misteriosa que controla a todas las demás, como una hábil titiritera en la sombra.

En otras culturas se la han imaginado como una diosa que crea y recrea la ilusión de la realidad. Pero en el siglo de la neurociencia sabemos que este Matrix lo genera un conjunto de sistemas cerebrales a partir de los datos ya conocidos y las señales del exterior. Por lo tanto, la voy a representar aquí como una *hacker* quinceañera con capucha y *piercings* sentada ante media docena de pantallas en una sala de control. Nadie conoce su verdadero nombre, pero podemos referirnos a ella por su pseudónimo en las redes: La Hechicera.

Un *glitch* en el Matrix

Deshacer la realidad virtual diseñada por esta programadora es imposible. O casi imposible. Pero no es tan difícil pillar a La Hechicera en acción con las manos moviéndose velozmente sobre su teclado. Basta que contemples la siguiente imagen durante unos 30 segundos para darte cuenta del engaño. Aunque ya la conozcas, te animo a que vuelvas a sumergirte en ella hasta que notes el extraño efecto que produce:

La dificultad que experimentas puede resultar desorientadora. Se trata de un *glitch*, un fallo informático en el sistema. ¿Hay un jarrón blanco? ¿O dos caras negras? ¿Cuál es la figura y cuál, el fondo? La capacidad de distinguir las «cosas» en un entorno no depende del ojo, sino del cerebro. La tendencia habitual es ver la figura central (el jarrón) sobre un escenario negro. Pero en este caso, el sistema entra en conflicto con otro impulso automático: una poderosa atracción por las caras humanas. (Esta tendencia explica los «rostros» que ves en las nubes, las rocas o los garabatos aleatorios.) El resultado es que La Hechicera no puede decidirse. Confundida, quizás incluso algo rabiosa, salta de una posibilidad a la otra. ¡La has pillado!

Pensarás que se trata de una excepción. *Ah, claro, una ilusión óptica de esas, con las que se entretienen los peques.* Eso es lo que La Hechicera susurra en tu oído tratando de tranquilizarte. Pero hay cientos de ilusiones de este tipo, provocadas por las múltiples reglas que usa la *hacker* para programar tu realidad virtual. Un mundo de caras y de jarrones que no existen. Un mundo de cosas que no son cosas. Un mundo de ideas que te crees a pies juntillas.

Te voy a enseñar una idea poderosa para que puedas notar el control que ejerce sobre ti La Hechicera. Para percibirla deberás abrirte a su terrible influjo (si te atreves), aunque en esta ocasión basta que lo hagas durante 1 segundo:

EL LUNES

¿No se te revuelven un poco las tripas? El programa no falla, sobre todo si trabajas (o has trabajado alguna vez) de lunes a viernes. Te voy a explicar cómo ha sucedido. En fracciones de segundo, sin que tú lo hayas querido ni puedas evitarlo, tus neuronas han pasado a la acción:

• Tu sistema visual ha resuelto figuras negras sobre un fondo blanco.

• Una zona del cerebro las ha identificado como letras («L», «U», «N»…) y ha reconocido la combinación («LUNES»).

• Otra zona ha asociado la palabra a ciertos significados («primer día de la semana», «vuelta al curro», «pesadilla total»...).

• Estos significados te han provocado una reacción emocional (desazón, rechazo, pánico...).

• Finalmente, la Banda de la Amígala ha irrumpido en la cabina brevemente para pegar un grito de alarma. Si tuvieras enganchado un electrocardiograma probablemente se habría detectado una ligera aceleración de tu ritmo cardíaco.

Esto lo provoca una simple palabra sobre la página. ¡Imagínate lo que sucede cuando llega el lunes de verdad! Bueno, no hace falta que te lo imagines mucho. Lo conoces perfectamente. Pero quizás no sepas que los lunes se registra, además de una caída generalizada en el estado anímico de la población, una mayor tasa de infartos y de suicidios. Incluso tiene un efecto negativo sobre el mercado bursátil. En definitiva: ¡vaya una forma de empezar la semana!

Lo curioso es que el lunes no responde a ningún ciclo natural. A las mariposas les da lo mismo que sea lunes o sábado. Incluso el ciclo de día/noche afecta sólo a planetas como la Tierra, y varía dependiendo de dónde te encuentres sobre su superficie. Aunque los terrícolas estemos «de lunes», a los alienígenas de la Galaxia de Andrómeda (si es que los hay) no les afecta. Este día fatídico existe sólo en nuestras cabezas. ¿Y quién nos lo ha colocado ahí? ¿Quién va a ser? Esa dichosa *hacker* de los *piercings*.

Cuentos compartidos

Cuando te enseñé la ilusión óptica del jarrón, las caras te saltaron a la vista porque pertenecen al código original de tu cerebro. Los bebés recién nacidos ya reconocen las caras humanas y se interesan especialmente por ellas. Pero el cuento del lunes se instaló en tu cerebro cuando alguien te lo contó, probablemente a una edad bastante temprana. Tu cabeza está llena de ideas así. ¿Cómo si no ibas a leer este libro?

Los cerebros humanos tienen esa capacidad increíble de contarse cuentos usando un código que llamamos el lenguaje. De hecho, tu programadora cerebral trabajó sin descanso, durante toda tu infancia, para adquirir este código (o códigos, si aprendiste más de un idioma). Este sistema de ideas compartidas y asociadas entre sí —las palabras— sirven ahora para crear tu particular realidad. El lunes, concretamente, es uno de los inventos más antiguos de la civilización humana: lo crearon las culturas mesopotámicas (¡malditos babilonios!) al dividir el ciclo lunar en cuatro semanas de siete días, con uno de ellos reservado para la fiesta, y el siguiente para la «vuelta al curro». En la mayoría de las culturas humanas, a lo largo de cientos de miles de años, no ha habido nunca un lunes.

Aun así, como hemos visto, este día de la semana tiene efectos muy reales, incluso mortíferos. El lunes será sólo una idea, pero las ideas son precisamente las piezas que emplea La Hechicera para construir el mundo que nos rodea. Si todos creemos en el calendario, en los relojes y en las fechas tope, entonces tienen una realidad verdaderamente sólida, que puede afectar a nuestras emociones, nuestro bienestar y nuestra salud.

El objetivo de la sociología y la antropología es justamente estudiar estos cuentos compartidos, y sus efectos. ¿Existe Francia? ¿La propiedad privada? ¿El hinduismo? ¿La democracia? ¿La marca Apple? Dentro de tu cerebro, y de millones de cerebros que han sido programados por estas ideas, existen sin ningún lugar a dudas: *¡no me quites mi iPhone, que te meten en la cárcel!* Cada uno de estos conceptos tiene efectos muy reales sobre nuestras vidas. Pero no dejan de ser ficciones.

Incluso el dinero, que parece algo tan «contante y sonante», no existe fuera de nuestras cabezas. En cuanto dejamos de creer en el dólar, su valor se desploma, y esos billetes con las caras de Lincoln, Washington y Franklin vuelven a ser lo que siempre han sido: papel. Por el contrario, si empezamos a creer en bitcóin de pronto surge una moneda digital como por arte de magia. ¡Literalmente de la nada! Pero aunque el dinero sea un cuento, compartir este cuento y creer fervientemente en él (o sea, darle «crédito») nos permite organizar toda nuestra economía global y darle emoción a las películas de atracos.

La fragilidad de lo sólido

A lo mejor te parecerán ejemplos demasiado fáciles. Una cosa es desmontar conceptos abstractos como el tiempo o el dinero. Pero ¿qué hay de los objetos físicos? Una mesa, por ejemplo, sobre la cual puedo dar un sonoro puñetazo. ¿Una mesa? Desmontarla no cuesta nada. Ahora mismo estoy trabajando precisamente sobre una mesa IKEA de la serie LINNMON con cuatro patas OLOF fácilmente desmontables. Parece mi mesa. Incluso puede decirse que es mi mesa. Pero si le quito una pata ¿sigue siendo mi mesa? ¿Y si le quito dos? ¿O las cuatro? ¿O si sustituyo algunas patas por un modelo distinto pero compatible?

Quizás lo de IKEA no te impresione tanto. Hablemos de la entrañable Vespa de mi compañero de universidad Steve, bautizada *Summer Breeze* en honor a la canción de los Isley Brothers. Steve, un verdadero entusiasta de los *scooters*, se ha recorrido todos los *rallies* del Reino Unido con este icono del diseño italiano. Incluso vivieron juntos en 1993 un romántico peregrinaje hasta la fábrica de Piaggio en Italia, la cuna de las Vespas. Steve ama a su pequeña *Summer Breeze*. Considera que tiene «alma». Yo lo del alma no lo tengo tan claro, pero reconozco que también le tengo mucho cariño.

He aquí la pregunta: ¿dónde está realmente la Vespa de Steve? Mi amigo la compró de segunda mano en 1987, y desde entonces, entre arreglos y mejoras, ha sustituido hasta el 90% de sus componentes, motor incluido. Cuando yo la conocí, en los años noventa, mi compañero universitario la había decorado en plan hippy, toda cubierta de flores coloradas. Más adelante la pintó de negro, y últimamente está pensando en pintarla de nuevo. Según Steve, aun con todos estos cambios, sigue siendo *Summer Breeze* sin ninguna duda. La pieza que nunca ha sustituido es el chasis, con el número de serie original, y para él su «espíritu» reside ahí. No me atreví a llevarle demasiado la contraria.

¿Y tu propio cuerpo, o el mío? Dicen los biólogos que cada nueve años se recicla más del 99% de la materia de tu organismo, incluido el cerebro. Inhalas y exhalas. Comes y excretas. Tus células nacen, se multiplican y mueren. Al parecer, hasta el 50% del polvo de tu casa es piel muerta. En definitiva: un poco como *Summer Breeze*, ya no eres lo que eras, ni serás lo que eres. Ni siquiera se salva tu chasis. Te vas recomponiendo a partir de materiales que pertenecieron a una cantidad inimaginable de criaturas.

Se ha calculado que ahora mismo, tus músculos, huesos, sangre y neuronas contienen cientos de billones de átomos que pertenecieron al cuerpo de Tutankamón, el célebre faraón egipcio. También compartes esa cantidad de materia con Juana de Arco, Leonardo da Vinci y la primera persona en reírse de un chiste —que nadie sabe quién fue, pero debió de ser alguien—. Con tu último aliento acabas de inhalar átomos que respiraron los dinosaurios más colosales de la prehistoria. Tu cuerpo es tan inestable como un río, aunque mucho más lento. No tiene una esencia física. Como mi mesa, como la Vespa, como el dinero o el lunes, es una idea que limita la mareante complejidad de las cosas.

Cada copia impresa de este libro está fabricada con papel. En sus hojas, por lo tanto, hay una nube. ¿La ves? ¿La tocas? ¿La sientes? Basta mirar las hojas, tocar las hojas, sentir las hojas. La nube que regó los árboles que se emplearon para fabricar este papel está aquí, literalmente. No hay nada místico en lo que digo. O quizás sí, pero a la vez es la simple realidad de nuestro universo cambiante. Nada aparece de la nada, y nada desaparece del todo. Cualquier «cosa» que puedas nombrar antes fue otra, y sigue transformándose momento a momento hasta el final de los tiempos. Basta prestar atención a estos cambios. El desayuno que disfrutaste esta mañana mueve ahora mismo tus ojos y anima tus pensamientos.

Thich Nhat Hanh, célebre monje zen vietnamita y una de las principales fuentes de inspiración de Jon Kabat-Zinn, falleció mientras yo corregía el manuscrito de este libro. La idea de la nube y el papel es suya, no mía. La usaba Thay («maestro», como le llamaban afectuosamente sus discípulos) para explicar que nada nace y nada muere. Antes de que su corazón dejara de latir, Thay pidió que esparcieran sus cenizas en los caminos de los varios monasterios que fundó, para que pueda seguir acompañando diariamente a sus discípulos en sus paseos meditativos.

Pero más allá de ese gesto simbólico y a la vez rematadamente físico, cada una de sus palabras y acciones siguen teniendo consecuencias continuas e imprevisibles. ¿Cuánto habrán influido sus ideas en las mías a lo largo de estos capítulos? No tengo la más remota idea. Pero sin duda han influido y siguen influyendo en estos párrafos que añado en el último minuto. El impacto que pueda tener este libro en ti, ahora y en el futuro, son el resultado de los pasos que dio Thich Nhat Hanh sobre esta tierra. ¿Ha muerto entonces? ¿O sigue aquí junto a la nube?

Dos formas de conocer el mundo

Con todo esto no quiero decir que haya que abandonar las palabras o las ideas. Sin ir más lejos, a mí me están viniendo de perlas para comunicarme contigo. La Hechicera no es la villana de este cuento. Personalmente, la aprecio mucho, aun con todos sus errores. Hace lo que puede. Me ha programado un mundo muy fácil de habitar, con sus decorados y personajes conocidos, sus categorías claras y sus flechas para no perderme. Además, gracias a la ciencia, un sistema sofisticadísimo de cerebros trabajando en conjunto para entender este desbordante mundo que nos rodea, puedo acceder a modelos de la realidad increíblemente detallados.

Estos modelos no son perfectos, desde luego. Las mentes más brillantes de la física no han conseguido aún reconciliar la mecánica cuántica con la teoría de relatividad general, que describen el universo de dos formas totalmente incompatibles. En biología se ha calculado que no conocemos más que el 15% de las 8,7 millones de especies que comparten la Tierra con Homo Sapiens. Y de éstas ¿qué sabemos en realidad? Recientemente hemos descubierto, para nuestro gran asombro, que los árboles se comunican e incluso colaboran a través de enormes redes de hongos y raíces subterráneas. Resulta que, como nosotros, los robles, olmos y pinos viven en comunidad. ¿Cuánto más nos quedará por descubrir? Supongo que casi todo. Aun así, los modelos científicos actuales son muchísimo más certeros que los que manejábamos hace pocos siglos, cuando se creía, por ejemplo, que las golondrinas, al desaparecer durante la migración invernal, se convertían en ranas.

En cualquier caso, estas cuestiones científicas apenas afectan a nuestra vida cotidiana. Para eso nos bastan modelos mucho más sencillos: hombrecillo rojo, espera; hombrecillo verde, cruza. Gracias a La Hechicera que cada cual tenemos en la cabeza, todo nuestro mundo queda bien ordenadito —con la excepción de alguna zona confusa que preferimos no mirar demasiado—. Resultaría imposible pasear por la calle sin ese orden, por no hablar de entendernos y cooperar. De hecho, si intentas darte una vuelta por Tokio sin conocer el idioma y la cultura, la experiencia te resultará tremendamente desorientadora.

El mindfulness nos proporciona otra forma de conocer el mundo. No para sustituir la ordenada ilusión de La Hechicera, sino para equilibrarla. Al colocarnos las Mindfulness Glasses empezamos a descubrir la verdadera complejidad del universo. Esta visión ampliada nos la pueden proporcionar también los grandes artistas, poetas, escritores, filósofas, investigadores, humoristas, educadores, activistas, músicos y otras figuras que van más allá de lo que «todo el mundo sabe». En mi experiencia, las Gafas de la Atención Plena facilitan la apertura mental necesaria para aprender de todas ellas.

Gracias a esta visión ampliada vamos comprendiendo que en el fondo todas las cosas están interconectadas, tan interconectadas que ni siquiera tiene sentido hablar de «cosas» realmente. No pueden separarse —como ahora entienden la medicina y la psicología— la mente, el cuerpo y las emociones que conforman tu ser. No pueden separarse —como ahora entiende la biología— las distintas especies que conforman la familia de la vida, de la que formas parte. No pueden separarse —como ahora entiende la física— materia y energía, espacio y tiempo, partículas y ondas, aspectos de un proceso continuo que incluye el propio fluir de la vida.

¿Para qué puede servirte esta visión?

Sobre todo, para dudar un poco más de lo que «sabes» o crees saber. Para no dejarte engatusar por los cuentos de La Hechicera. Acabo de cumplir los cincuenta. ¿Soy viejo? ¿O soy joven? Nací en Oxford, mis padres son navarros y me apellido Jáuregui. ¿Soy inglés, español o vasco? Estudié psicología social, pero he trabajado en consultoría y he publicado novelas. ¿Soy psicólogo? ¿Consultor? ¿Novelista? Me afeito todos los días, pero me gusta más el yoga que el fútbol. ¿Soy masculino o femenino? Me desconcentro siempre en mis prácticas contemplativas, pero vuelvo a la carga una y otra vez, como un surfista empedernido. ¿Se me da FATAL la meditación? ¿O se me da FENOMENAL? Da igual qué respuesta des a cada una de estas preguntas, porque vas a acertar y vas a equivocarte. Como saben bien los monjes zen, los lingüistas y los poetas, las palabras tratan de definir algo indefinible, de limitar algo ilimitable.

Yo esto también lo «sé», en principio, pero se me olvida siempre. Caigo en la trampa una y otra vez. Supongo que a los monjes zen y a los poetas también les pasa. Aunque no sé si llegarán a meter la pata tanto como yo. En 1999, cuando hablé con Alessio esa noche de jueves, le estaba juzgando a través de mis celos, de mis inseguridades, de mis prejuicios culturales. Me imaginé toda una película de infidelidad a partir de datos incompletos. Quizás se tratara de un caso extremo, pero no fue una excepción.

La realidad es que siempre me estoy montando películas de todo tipo. Juzgo a las personas. Interpreto lo que tengo delante. Le doy vueltas a mis recuerdos.

Me pierdo en fantasías sobre el futuro. ¿Acierto? ¿Me equivoco? Quizás sería mejor preguntarme «¿Cuánto me equivoco?». La mayoría de las veces no tengo la oportunidad de descubrir la profundidad de mi error, como sucedió aquella noche en mi pequeño piso de Madrid al aclarar las cosas con Emanuela. Por eso le resulta tan fácil a mi Hechicera convencerme de que tengo razón en casi todo.

Mis ideas se basan siempre en información incompleta y etiquetas limitantes. A veces en cuatro datos y medio. Sin embargo, me afectan, como si fuera la realidad, y afectan también —a través de mis acciones— al mundo que me rodea. No puedo evitarlo, ni tú tampoco puedes, porque, como veremos en el capítulo 15, el programa funciona de forma automática, a toda velocidad.

Lo que sí puedo hacer es volverme consciente de estos cuentos según se van desarrollando, por capítulos, en mi mente. Puedo observar a las tejedoras con su croché mental, a los secuestradores del estrés, a los diversos monstruos y personajes que tratan de tomar el control. Puedo volver, mediante la atención abierta, a mirar la realidad como si fuera por primera vez, más allá del show de Eduardo en el que vivo normalmente.

A hablar con Alessio como un ser humano, sin prejuicios.

A mirar a Emanuela con ojos nuevos, como si no la conociera desde hace veinticinco años.

A enfrentarme al futuro con optimismo pero sin expectativas.

A girarme hacia adentro y cuestionar los cuentos que llevo contándome sobre mí mismo durante toda la vida...

Prácticas de mindfulness
para seres humanos de los de toda la vida

TU VIDA SIN CUENTOS

Las prácticas formales, como la meditación sentada o la exploración corporal, son fundamentales para recargar las pilas de tus Mindfulness Glasses. Pero al fin y al cabo, lo importante es vivir la vida. Te propongo aquí una serie de prácticas informales que puedes probar en distintos momentos para ir llevando esto de la atención abierta a tu cotidianidad. ¿Cómo es la realidad, momento a momento, en comparación con los cuentos de tu Hechicera?

No se trata de cambiar nada, sino de experimentar con ello, investigando cómo el hecho de prestar atención sin juicios afecta a tu experiencia. Eso sí, puede que al ver las cosas con mayor claridad decidas tomar decisiones distintas. Si sucede, ¡luego no me eches las culpas...!

Recomiendo hacer cada ejercicio durante una semana.

1. Escoges una actividad rutinaria, como lavarte los dientes, sacar al perro a pasear o fregar los platos. Tratas de llevarla a cabo como si fuera un momento de tu vida tan importante como cualquier otro. Como si fuera, de hecho, el más importante de todos. Para ello, llevas la atención a lo que haces, momento a momento. Puedes comenzar por el ancla (práctica 7) y luego ampliar el foco a las sensaciones corporales, los estímulos externos y lo que se mueve en la mente y el corazón. Cada vez que te distraes vuelves a la actividad (práctica 5). ¿Cómo cambia la experiencia al prestar atención? ¿Qué diferencias hay entre el cuento que te cuentas y la realidad?

2. Tratas de fijarte cuando te sucede algo agradable (una risa, unas palabras amables, una tostada con mermelada, un momento de paz tumbada en el sofá) mientras sucede.

Llevas tu atención para ver si puedes saborear realmente las sensaciones físicas y emocionales, sin aferrarte a ellas. ¿Cómo es la experiencia real, vivida momento a momento?

3. Tratas de fijarte cuando te sucede algo desagradable (un *email* antipático, un error, un golpe con la puerta de un armario, unos segundos inesperados de agua fría en la ducha) mientras sucede. Llevas tu atención para ver si puedes saborear las sensaciones físicas y emocionales, abriéndote a ellas con curiosidad, sin resistencia. ¿Cómo es la experiencia real, vivida momento a momento?

4. Diriges la atención abierta a las situaciones de estrés. Observas las reacciones en tu cuerpo y tu mente, momento a momento. ¿Qué sucede cuando lo haces? ¿Cambia algo?

5. Intentas pillarte en «piloto automático», haciendo o diciendo cosas de forma inconsciente. ¿Qué sucede cuando empiezas a prestar atención? ¿Qué posibilidades descubres?

6. Llevas la atención a tus conversaciones, investigando qué sucede en ti a nivel mental y emocional, tratando de permanecer realmente presente, sea quien sea la persona o personas que tengas delante. ¿Cómo cambia el nivel de comunicación? ¿Qué tendencias detectas en ti? ¿Qué hay en esa persona, más allá de la idea que tienes de ella?

7. Prestas atención a cómo tratas a tu cuerpo, en momentos como las comidas, el trabajo, el ejercicio físico, el descanso. Tratas de percibir qué efectos producen en ti. ¿Es eso lo que quieres, o cambiarías algo?

8. Prestas atención a lo que consume tu mente: televisión, radio, series, *podcasts*, cine, lecturas, redes sociales, música, hobbies. Tratas de percibir qué efectos producen en ti. ¿Te satisface esta dieta, o cambiarías algo?

9. Te inventas todos los ejercicios que se te ocurran en esta línea. ¿A dónde quieres llevar esta semana la atención? ¿Al tiempo que dedicas a tu hija? ¿A tu tendencia de apresurarte? ¿A la postura cuando te sientas en la silla de trabajo? ¿A cómo te comportas con los desconocidos? ¿A los colores que te rodean? ¿A tu trabajo o hobby favorito? ¿A tu relación con la naturaleza o el mundo social? ¿A la apreciación de la música? ¿A tus trayectos en coche? ¿Qué sucede al llevar la atención a cada uno de estos aspectos de tu vida? ¿Qué diferencias notas entre el «show» programado por tu cerebro y la realidad vivida momento a momento?

14.
LET IT BE

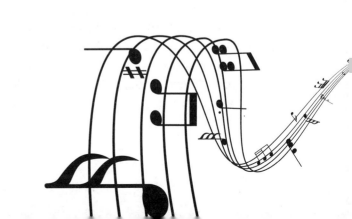

Mi madre tocaba el armonio en las misas de su pueblo desde los trece años, ha cantado en coros toda su vida y nos dormía en brazos con la melodía del quinto movimiento de la *Sinfonía Pastoral* de Beethoven. A mi padre nada le emocionaba más que interpretar en un buen órgano de tubos, con manos y pies, la endemoniada *Toccata y fuga en re menor* de Johann Sebastian Bach. Tengo un hermano guitarrista clásico, una hermana violinista, una cuñada *mezzosoprano* y un cuñado pianista de jazz. Una de mis sobrinas, Eva, ya ha cantado en el Teatro Real de Madrid antes de cumplir los diez años. En mi familia, si no cantas o manejas algún instrumento para unirte a las *jam sessions*, no eres nadie.

Conmigo también lo intentaron: a los ocho años, mis padres me apuntaron a clases de piano. Sin embargo, mi naturaleza inquieta e impaciente se revolvía en el taburete. No sé si lo sabrás por experiencia, pero aprender cualquier pieza musical requiere repetir las mismas notas una y otra vez. Y otra, y otra, y... en fin, tantas veces como para volverte totalmente loco. Al menos yo lo vivía así. Me daba una pereza horrorosa sentarme delante del teclado para tocar siempre lo mismo durante horas. ¿Podía haber algo más aburrido? Y luego, cuando FINALMENTE me empezaba a salir bien la pieza, y lograba obtener una brizna de satisfacción, mi profesor, Mr. Lavner, me sacaba una nueva partitura de Schubert o de Schumann, y era como comenzar desde cero.

Yo quería tener los dedos de Mr. Lavner, capaces de tocar cada pieza a la perfección desde el principio. Me frustraba ser tan condenadamente patoso. ¿Equivocarme una vez? Podía aceptarlo. ¿Dos? De acuerdo. ¿Tres? Grrrr... vale. ¡Pero cien no! ¿Y mil? ¡Ni de broma! Yo no tenía la paciencia de un santo. Mi frustración se expresaba en gruñidos, gritos, tacos y a veces puñetazos a las propias teclas del piano, provocando un estruendo en toda la casa y la ira de mis padres, cuyo presupuesto no llegaba para reparaciones. Con esa actitud es normal que no progresara mucho.

Sin embargo, ensayar no era lo peor. En el capítulo 7 describí algunas de mis desventuras sobre el escenario, pero aquí te confieso que las mayores humillaciones las he vivido sentado en el taburete de un piano. Al fin y al cabo, durante una conferencia tampoco es grave si te saltas una frase, cambias alguna palabra o te trabas un poco. Con la música, el más mínimo error revienta el ritmo o hunde todo el invento con una disonancia estridente.

Antes de un concierto me ponía frenético, caminando hacia el instrumento como si se tratara de la guillotina. Mi mente ardía con pensamientos catastróficos, mis dedos resbalaban con el sudor, los latidos percusivos de mi corazón apenas me dejaban seguir el ritmo. Resultado: cometía diez veces más fallos de lo normal.

Por lo tanto, sufría al ensayar y sufría al tocar en público. ¿Para qué insistir con el piano? A los dieciséis años me enfrenté finalmente a mis padres para comunicarles que lo dejaba. Para ellos fue una pataleta de adolescente incomprensible. Para mí, una liberación largamente soñada.

De la música al silencio

Pasaron más de tres décadas en las que dejé que los profesionales me deleitaran con la música, desde mis vinilos de U2 y Depeche Mode a mis CD de Chicane y Massive Attack y finalmente a mis eclécticos *playlists* de ambient, jazz, tecno, folk y pop. Escuché a The Cure en Las Ventas de Madrid, a los Pixies en el Crystal Palace Bowl, a Paco de Lucía en Florencia, a Amy Winehouse en Glastonbury y a Chick Corea en el festival jazz de Juan-les-Pins. A lo largo de todo este tiempo también seguí disfrutando de la música clásica, y sobre todo de Bach. Para mí no hay nada como desayunar, el domingo por la mañana, con los *Conciertos de Brandenburgo*, las *Suites para orquesta* o las *Variaciones Goldberg* interpretadas por los mágicos dedos de Glenn Gould. Y cuando quiero recordar a mi padre nada le devuelve a la vida como esa *Toccata y fuga en re menor*.

En todo ese tiempo no volví a tocar un piano. De hecho, la mera idea de acercarme a las teclas me provocaba repelús. Como si hubiera perdido un brazo y no me gustara hablar del asunto. En memoria de ello, voy a dejar el resto de este párrafo en silencio...

Y hablando de silencio: en febrero de 2020 asistí a mi primer retiro de meditación de una semana entera —un retiro parecido al que asistió Jon Kabat-Zinn cuando le vino su «visión» sobre el mindfulness para todos—. Viajé hasta una casa rural en el País Vasco para permanecer en silencio total durante siete días, llevando a cabo prácticas meditativas con otras cincuenta personas (aparentemente normales) que, como yo, se habían apuntado a esta peculiar oportunidad de no hacer ni decir nada durante todo ese tiempo. Con lo hablador e inquieto que soy, a mi familia le hizo mucha gracia saber que me apuntaba a una experiencia como ésa. ¿Aguantaría una semana entera sin abrir la boca? ¿Sin móvil ni ordenador? ¿Sin tele, libros o... música?

Ciertamente, no fue fácil. El primer día me subía por las paredes de tanto observar la respiración y caminar caminando sin ningún tipo de distracción. Era como inyectarme el aburrimiento en vena. Entendí a esos participantes del experimento de Gilbert que pulsaban el botón para «divertirse» un poco mediante un *shock* eléctrico. Después de la primera cena en silencio escuchamos una conferencia de Bob Stahl, uno de los dos guías del retiro junto con Florence Meleo-Meyer. ¡Por fin un poco de entretenimiento!

Bob, un hombrecillo encantador y risueño con cierto aire a David el Gnomo, había vivido ocho años como monje zen en un monasterio californiano rodeado por un bosque de gigantescas sequoias. Recuerdo que aquella primera noche del retiro nos dio un consejo con referencia musical:

—En esto de la meditación, cuando llegan pensamientos o emociones difíciles, a veces se dice eso de *let it go* («suéltalo»). Pero seamos honestos: cuesta horrores. ¿Soltarlo? Uff... no sé vosotros, pero hay veces que por mucho que intentes soltar una emoción se te queda bien pegada. Si también te pasa a ti, quizás puedas probar algo un poco más sencillo: *Let it be* («Permite que sea así»). Eso es, como los Beatles.

Let it be. Vale, Bob. El segundo día, con la canción merodeándome por la cabeza, lo intenté. Y la verdad es que algo me ayudó. Empecé a permitir que esas reacciones de aburrimiento, impaciencia y angustia «fueran así». O sea, dejé de luchar, de querer acabar con ellas a toda costa y traté de observarlas sin más. Gracias a este consejo descubrí, una vez más, que investigar el aburrimiento es mucho menos aburrido que dejarse llevar por él. Y que tarde o temprano las emociones difíciles se van por sí solas y dan paso a... ¡Caramba! Pues a muchas cosas. Algunas por lo menos tan interesantes como el aburrimiento, y (afortunadamente) bastante más placenteras.

A partir de entonces, el retiro de silencio se volvió infinitamente más llevadero. Incluso puedo decir que comencé a disfrutarlo, lo cual hubiera parecido imposible veinticuatro horas antes. Era como si, tras un día de pesadilla, despertara de un desagradable sueño para encontrarme no en un «retiro de mindfulness» con muchas prácticas que realizar, sino en un lugar fascinante que llamamos el planeta Tierra, en una existencia misteriosa que llamamos la vida, en un momento único e irrepetible que llamamos el presente. La ilusión creada por mi Hechicera cerebral parecía haberse debilitado un poco.

Nada místico, ni complicado, ni especialmente exótico. Simplemente, la realidad desnuda de las cosas. El murmullo del río entre las piedras. El brillo diamantino del rocío sobre la hierba fresca. El latido líquido del corazón, reverberando en todo el cuerpo. Nos parece conocer todo esto, pero hay que volver a mirarlo una y otra vez con ojos nuevos. Bob Stahl nos había citado a Antonio Machado: «Si vivir es bueno, es mejor soñar, y mejor que todo, despertar.» Tuve la impresión de haber entendido al poeta.

Problemas vecinales

Dicho esto, lo de abstenerse de la palabra tiene sus dificultades, algunas de ellas bastante prácticas. Un ejemplo: Jaime, mi joven compañero de dormitorio, resultó ser un chico muy desordenado. A lo largo de la semana fue invadiendo nuestro espacio común, progresivamente, con todas sus pertenencias: su maleta abierta entre las dos camas, sus calcetines sobre la única mesa de noche, zapatos y pantalones por el suelo, jerséis y abrigos colgando de la barandilla... Llegó un momento en que ya no sabía dónde meter el pie para atravesar el espacio.

Al principio me lo tomé con sentido del humor, pero la cosa se tornó más seria cuando descubrí que Jaime había dejado caer agua (un vaso entero, diría yo) sobre mi MacBook Air. ¿Lo había hecho a propósito? Yo había guardado mi portátil en un cajón de mi mesilla de noche hasta el final de la semana. Pero mi compañero, por algún extraño motivo, lo había abierto. Tuve la ocasión de practicar eso del *Let it be* al explotar mi pánico, mi cabreo y mil millones de palabras que quería, pero no podía decirle a Jaime. Afortunadamente, el agua no llegó a penetrar en los delicados circuitos del aparato.

El colmo llegó una noche, después de meterme en la cama, rendido tras otra larga e intensa jornada de meditación. Incluso con los ojos cerrados pude percatarme de un repentino fogonazo, seguido de un gritito agudo en el dormitorio. Me levanté de golpe, protegiéndome por instinto con las sábanas y mantas. Al hacerlo noté un fuerte olor a quemado. Casi a la vez vi las llamas, que brotaban de unos calzoncillos que Jaime estaba arrancando violentamente de su lámpara de noche.

—¡JODER! —exclamó, rompiendo el silencio.

Al parecer se le había ocurrido la feliz idea de secar su ropa interior sobre la pantalla metálica de la lámpara. Con unos cuantos pisotones consiguió apagar la pequeña llama, y quedó sólo el silencio, la oscuridad y el olor a chamusquina. Estábamos bajo la ley de silencio, pero durante varios segundos se sintió una fuerte tensión en el aire. *Let it be, let it be, let it be...* Aunque realmente lo que me apetecía gritarle era la letra de otro tema del mismo álbum: *Get back to where you once belonged!* («¡Vuelve al lugar donde pertenecías!»). Finalmente me volví a acostar, con la cabeza agitada por un torbellino de visiones terroríficas, indignación, intentos desesperados de calmarme y dudas de todo tipo. ¿Debía advertir a los organizadores? ¿Pedir un cambio de habitación por la mañana? ¿O huir directamente antes de que fuera tarde?

Un momento de claridad

Aparte de estos problemillas fue una semana muy reveladora. No alcancé ninguna Iluminación con «I» mayúscula, pero sí experimenté varios momentos de mayor claridad. Uno de ellos tuvo que ver justamente con la música.

Al observar mi mundo interior durante tanto tiempo me di cuenta de que mi mente me proporciona muy a menudo una banda sonora. No sé cómo será tu Club del Ganchillo, pero al mío le encanta tararear cualquier melodía que pille, o que recuerde, o que se le ocurra. Mis problemas con Rick Astley no son más que un síntoma de una tendencia más generalizada. Mi mente, privada de cualquier estímulo musical durante una semana, se convirtió en un serio competidor a Spotify: desde Pink Floyd hasta Pink Martini, pasando por la fanfarria de Star Wars, numerosos *jingles* publicitarios y por supuesto el *Let it be* que nos metió Bob en la cabeza.

Irónicamente, en la sala de meditación, un pabellón redondo de paredes blancas y amplios ventanales, se alzaba junto al escenario principal un piano de cola, negro y reluciente. Durante toda la semana, el voluminoso instrumento nos acompañó pacientemente, sin emitir una sola nota. Parecía un monumento al silencio que nos había reunido ahí. Quizás, por lo tanto, no es de extrañar que entre los muchos pensamientos que tejían y destejían las del Club del Ganchillo me aparecieran recuerdos de mi anterior vida como pianista, culminando en una idea impertinente: *¿Y si vuelvo al piano?*

A esas alturas del retiro le estaba pillando el truco a eso del *Let it be*, contemplando el ir y venir de pensamientos y emociones sin dejarme arrastrar demasiado por ellos. En este caso pude comprobar cómo se despertaba Edu, mi Adolescente Rebelde, para mofarse de la incómoda propuesta.

—¿Volver al piano? Pero ¿te has vuelto gilipollas de tanto meditar o qué? A ver, amigo, te lo recuerdo... Ensayar: ¡un rollo! Conciertos: ¡una pesadilla! Acuérdate de la liberación que vivimos al dejarlo... ¡POR FIN!... después de ocho años.

Le escuché, como tantas otras veces. Sin embargo, en esta ocasión no tomé su parte. Sentí su risa, y su rabia, y su miedo, y su sentido de culpa. Permití que llegaran y que se disolvieran. Tras ellas llegó otra emoción por sorpresa: una hondísima tristeza. Parecía emanar de una parte de mí que había arrinconado durante demasiado tiempo: mi Músico Interior. De pronto, me di cuenta de que llevaba años —todos los días, a casi todas horas— escuchando la voz y los múltiples instrumentos de este hombre-orquesta. Era él quien me torturaba con Rick Astley o me deleitaba con los Beatles, en la ducha, en el coche y en la mesa de trabajo. Me enviaba su imparable música desde el profundo sótano en el que seguía encerrado desde hacía tanto tiempo, maniatado a una pared.

Maniatado, sí, con esposas imaginarias que inmovilizaban mis manos reales. Esas manos que habían ensayado obedientemente durante ocho años. Esas manos que al escuchar cualquier tema musical a veces reaccionaban con movimientos ágiles de los dedos, siguiendo el ritmo y la melodía. ¿Qué sabían de mis agobios o mis conflictos de adolescente? Sólo querían tocar, y yo se lo había impedido. Al sentir su dolor me brotaron las lágrimas: un luto por todos esos años de silencio.

Sentí la humedad de las gotas que iban recorriendo mis mejillas, atraídas por la fuerza de la gravedad, mientras mis manos permanecían quietas sobre mis rodillas. Mientras tanto, la tristeza se fue disipando como una nube. Ya no era necesaria. *Let it be*. Permite que así sea. «¿Y si vuelvo al piano?» De pronto vi con claridad que no había motivo para seguir impidiéndomelo. Al contrario: intuí que mis capacidades musicales habían mejorado una barbaridad en treinta y tres años, aún sin haber tocado una sola nota.

Si era capaz de permanecer seis días sentado (o como mucho caminando a cámara lenta), ¿cómo podía aburrirme al repetir la misma melodía diez, cien o incluso mil veces? Por otro lado, últimamente había conquistado la capacidad de disfrutar en el escenario. Tocar en público no tenía por qué seguir siendo la misma tortura que había sufrido a los nueve o a los catorce años. Era absurdo seguir enganchado a esa vieja idea. Bastaba mirar con ojos nuevos para desbaratarla por completo. Era sólo un cuento más, un burdo engaño de La Hechicera.

«¿Y si vuelvo al piano?».

Edu, el Adolescente Rebelde, se había quedado sin argumentos y se largó malhumorado. La *hacker* que programa mi cerebro se mordió el labio justo al lado de sus tres *piercings*.

El fin del silencio

La última mañana del retiro, después del desayuno, decidí acercarme a la sala de meditación. Me atraía la idea de sentarme un rato solo antes de que llegaran los demás para la sesión final. A esa hora, el sol se reflejaba en un pequeño estanque junto a las ventanas y creaba formas caprichosas, como efímeros duendes, sobre el techo cónico achatado. Parecía increíble, después de lo que había sufrido ahí el primer día, pero me di cuenta de que iba a echar de menos este templo laico y su profundo silencio.

Al abrir la puerta y entrar en la sala, sin embargo, me encontré con algo totalmente inesperado. No había silencio. En su lugar, una bellísima melodía resonaba en el inmenso espacio vacío. Una cascada de notas brotaba de aquel piano de cola, hasta ahora inutilizado. Sobre su taburete se sentaba un chico joven, muy joven, que —sorprendido en el acto— interrumpió la canción y se dio la vuelta de golpe.

Era Jaime, mi vecino del dormitorio.

No me lo podía creer. Esa catástrofe hecha persona... que me dejaba todo desordenado... que casi me destroza el ordenador... que por poco no pega fuego a todo el hotel... ¿¿era capaz de producir una música así?? Despierta, decía Machado. Y volví a despertar. Me sentí un cretino. Reí, una vez más, de mi propia estrechez de miras. No tenemos ni idea de la persona que tenemos delante. No sabemos verla realmente. Hay que volver a mirarla con ojos nuevos, una y cien veces. Y en este caso, escucharla con oídos nuevos.

Jaime se congeló, con expresión avergonzada. No sé si por haberle pillado tocando durante el silencio o por los varios «accidentes» en el dormitorio durante la semana. Quizás por todo un poco. Luego descubrí que estaba ensayando tras pedir permiso a Bob y Florence para tocar una canción al final del retiro.

—No, no, sigue, por favor— lo animé con una sonrisa. La primera sonrisa que dirigía a alguien en una semana. Estaba infringiendo la regla, pero en fin, Jaime también.

El joven volvió a sentarse frente a las teclas y comenzó su pieza desde el principio. Me recordaba a Ludovico Einaudi o a George Winston, pero entendí que no era ninguno de los dos. Era Jaime, simplemente Jaime. La música luminosa, que fascinaba como los reflejos ondulantes del sol sobre el techo de la sala, brotaba de su espíritu creativo, de su belleza humana, de su propio músico interior.

Se me humedecieron los ojos de nuevo. Ésta era la magia de la música. Participar en la creación del mundo, momento a momento, mediante el sonido. Compartir una emoción y recibir otra. Liberar el pulso de esta vida tan preciosa, que termina antes o después como termina cualquier retiro, y como terminan también las ilusiones falsas sobre el mundo, las personas y uno mismo. Jaime no podía imaginarse el regalo que me estaba haciendo.

A mi vuelta del País Vasco, toda mi familia celebró mi decisión de regresar al piano. Eso sí, considerando el coste y el espacio que ocuparía en el salón, Emanuela me preguntó repetidas veces si «estaba seguro» antes de animarse a comprar el Yamaha eléctrico —con la contribución de todos— que finalmente desempaqueté el día de mi cumpleaños.

Pero no tenía ninguna duda. Y desde el momento en el que liberé mis manos sobre las teclas supe que había acertado. Treinta y tres años después estaba efectivamente preparado. Tenía la paciencia suficiente para ensayar y la tranquilidad suficiente para tocar ante los demás sin morirme del espanto. Desde entonces me siento ante las teclas casi todos los días, aunque sea un rato. Me parece un milagro hacer brotar con mis dedos la música de Nina Simone, de Renato Carosone y por supuesto de Johann Sebastian Bach. Incluso, a veces, las improvisaciones de ese músico que llevo dentro.

¿Cuál fue la primera canción que toqué después de 33 años?

Evidentemente: *«Let it be»*.

Prácticas de mindfulness
para seres humanos de los de toda la vida

//////////////////// (14) ////////////////////

EL REGALO
DEL MOMENTO PRESENTE

Has probado a observar tu ancla (práctica 7), los sonidos (práctica 9) y la película interna de tu mente (práctica 11). Ahora ya puedes juntarlo todo en esta meditación mindfulness deluxe. Suele conocerse por ahí como «meditación de foco abierto», «presencia abierta» o «conciencia sin elección». Se trata de ir abriendo el regalo de cada momento, el presente del presente. Como sucede en los cumpleaños, cada regalo puede gustarte mucho, poco o nada. No tienes por qué fingir que te chifla alguno de ellos si no es así. Pero te invito a desempaquetar cuidadosamente cada uno, investigarlo con curiosidad y luego pasar al siguiente.

1. Inicias el ejercicio como en la práctica 7 (instrucciones 1-10), estableciendo la atención en tu ancla durante algunas respiraciones o el tiempo que te apetezca. Siempre que lo necesites puedes volver al refugio de tu ancla o seguir las indicaciones de la práctica 10 para gestionar molestias y desafíos.

2. Si quieres, puedes dirigir tu atención hacia el cuerpo (práctica 8), los sonidos (práctica 9) y la mente (práctica 11), dedicando unos minutos para irte familiarizando de nuevo con cada ámbito de la experiencia.

Escanea este código QR
para acceder al vídeo

3. Cuando quieras pasas a la fase de foco abierto. Observas todo lo que va surgiendo en tu experiencia, ya sean sensaciones corporales, información sensorial del mundo exterior (vista, oído, olfato, tacto, gusto), pensamientos o emociones. Es como abrir un espacio sin límites en la consciencia o colocarte en medio del río de la experiencia total del momento.

4. No hace falta que lo asimiles todo «a la vez» —de hecho, no creo que algo así sea posible—. Simplemente permite que tu atención vaya saltando por sí sola de una cosa a otra: un picor en el pie, el sonido de un móvil sonando a lo lejos, un recuerdo de la infancia, una sensación de nostalgia. Lo importante es saber, en la medida de lo posible, dónde está tu atención en cada momento.

5. Tratas de no juzgar nada de lo que emerge, abriendo cada regalo con renovada curiosidad. Si surgen juicios, tratas de observarlos como nuevos regalos, sin juzgarlos tampoco.

6. Pruebas a soltar cualquier regalo ya abierto para abrir el siguiente.

7. Cuando descubres, como es normal, que tu mente se ha quedado enganchada con algún regalo concreto, vuelves a abrir el foco para acoger toda la experiencia (ver la práctica 5).

8. Finalizas el ejercicio como en la práctica 7 (instrucciones 11-13).

15.

¿Quién

CONTROLA

mi mente?

Al leer sobre La Hechicera, el Club del Ganchillo, la Banda de la Amígdala, el Monstruo de la Dopamina y todos los demás personajillos —ficticios, pero basados en mecanismos reales— que pululan por tu cabeza como en una disparatada secuela de *Inside Out*, quizás te habrás preguntado con un cierto nerviosismo: ¿hasta qué punto estoy en control? ¿Puedo considerarme el capitán o la capitana de este avión? ¿O es mi cabina de mando tan caótica como el camarote de los Hermanos Marx?

Siento informarte de que, al menos desde el punto de vista científico, las noticias son poco alentadoras. Y es que aún no te he introducido al héroe (o heroína) de esta película de Pixar. Estoy hablando de ti, o más bien de esa parte de ti que agarra la palanca de mando —por lo menos de vez en cuando— para pensar, decidir y actuar libremente. Ya seas hombre o mujer, el nombre en la plaquita del uniforme es el mismo: Captain Free. En versión masculina me lo imagino como un piloto norteamericano de los años setenta, con gafas de sol, condecoraciones de todo tipo y sonrisa de macho seductor. Se cree el verdadero rey del mambo: apuesto, competente, decidido y racional. Un auténtico *crack*.

Desafortunadamente, Captain Free se equivoca en casi todo. Al supuesto héroe, como ya hemos visto, le secuestran el avión todo tipo de pilotos automáticos, desde bandas armadas hasta pueblerinas que hacen croché. Pero el pobre iluso apenas se da cuenta del barullo que reina en la cabina durante los vuelos. Y cuando la cosa se descontrola tanto que no tiene más remedio que fijarse, prefiere disimularlo —incluso a sí mismo—. Este autoengaño, la creencia universal en el libre albedrío, es el aspecto más sutil de la ilusión creada por La Hechicera. El ejército de autómatas y su misteriosa programadora consiguen dominarnos sin dejar apenas rastro de su existencia.

Captain Free vs. los Autómatas

Hay cantidad de cosas que pienso, digo y hago que realmente no tengo ni idea de dónde vienen. Y cuanto más practico esto de llevar la atención al momento presente, más veces pillo a mis pilotos automáticos actuando por mí. Sin ir más lejos, esta mañana, mientras me cepillaba los dientes, mis pies me sacaron del cuarto de baño y me pasearon por todo el dormitorio y parte del pasillo. ¿Te pasa a veces? Dime que sí, por favor, porque de esa manera no me siento tan raro.

Durante este breve paseo en bata y pijama, Captain Free claramente no estaba al mando. Mis pies caminaban por su cuenta, sin duda impulsados por la Reina de los Relojes, una impaciente tirana interna que me acelera siempre al máximo, tratando en vano de llegar a todas las tareas de su interminable lista. Quizás hayas sufrido también los azotes de su látigo.

Lo curioso es que el Capitán tampoco dirigía la mano que cepillaba mis dientes, ni la mandíbula que se movía para facilitar el paso del cepillo. Una rutina automática, aprendida desde los cinco años, se había puesto en marcha y funcionaba por sí sola, sin requerir mi atención. La rutina la había activado yo, sin duda, como pongo en marcha mi robot aspirador cada fin de semana: pulso un botón, suena un pitido y empieza a funcionar. ¿O no fue así? Ahora que lo pienso, puede que incluso el botón lo hubiera pulsado algún robot cerebral encargado de mi secuencia habitual de aseo: 1) Dientes; 2) Afeitado; 3) Ducha. Así yo podía ocuparme, en el escritorio de mi mente, de lo verdaderamente importante: este capítulo que estás leyendo.

Pero... ¿realmente controlaba mis propios pensamientos creativos? Ni siquiera de eso estoy tan seguro. Puede que en algunos momentos sí, pero temo que más bien se trataba del *traquete-traquete-traquete* de mis tejedoras mentales. Desde la antiguedad se habla de las musas o de la inspiración que «llega» a los artistas no se sabe muy bien de dónde. Para mí, son las del Club del Ganchillo, que tejen y destejen ideas a partir de los trillones de hilos mentales —observaciones, experiencias, ideas y personajes— que acumulamos a lo largo de la vida. ¿Y mientras ellas trabajaban furiosamente con sus agujas, qué hacía ese holgazán del Captain Free? ¡Roncando otra vez en su asiento reclinable con su antifaz para dormir, mantita y almohada de vuelo!

Recuerdo que mi vecino del 3.º A, cuando vivía de pequeño con mis padres en un piso de las afueras de Madrid, nos saludaba siempre así:

—¡Holaquehayquetalcomoestás!

Todo del tirón, como una palabra. Nos hacía mucha gracia, como nos hacen gracia tantas expresiones típicas de políticos y celebridades que luego imitan los cómicos profesionales. Pero me doy cuenta de que yo también tengo mis tics, frases hechas, muletillas y clichés, y me pregunto qué porcentaje de mis discursos son como las grabaciones que emiten los muñecos al pulsar un botón. Hay veces que me sorprendo soltando oraciones enteras, incluso expresiones de cariño con beso incluido, sin «estar ahí» realmente. Por no hablar de esos tacos que parecen escaparse de mi boca cuando un deportivo tuneado me adelanta por la derecha a 180 km por hora.

El psicólogo Daniel Kahneman ganó en 2002 el Premio Nobel de Economía precisamente por desbaratar la idea, con toda una serie de ingeniosos experimentos, de que un «yo» racional guía nuestro comportamiento. En su exitoso libro *Pensar rápido, pensar despacio*, describe dos sistemas de control: el primero es rápido, impulsivo y automático; el segundo, mucho más lento, requiere atención y esfuerzo mental. Kahneman los denomina Sistema 1 y Sistema 2, pero como ya has visto para mí son Captain Free y los Autómatas.

Según Kahneman, la mente humana sigue la ley del mínimo esfuerzo. Captain Free interviene sólo cuando realmente hace falta: para hacer un cálculo matemático, aprender una nueva habilidad, tomar una decisión compleja, reaccionar a un suceso inesperado o actuar en una emergencia. El resto del tiempo deja el avión en las manos de sus pilotos automáticos, pide un *whisky on the rocks* y a dormir. Digamos que se llama Captain Free no tanto porque sea libre, sino porque se pega la vida padre.

Si te fijas bien (y los ejercicios en este libro te ayudarán a hacerlo), buena parte de lo que hacemos durante el día son tareas que tenemos muy ensayadas y que podemos llevar a cabo sin dedicarles demasiada atención: caminar, asearnos, abrir y cerrar puertas, navegar por pantallas, trocear alimentos, manipular cacerolas, poner la mesa, comer, vaciar la vejiga y el intestino, prepararnos para ir a la cama. Sorprendentemente, esta lista incluye también habilidades bastante complejas y arriesgadas. Mis manos a menudo se ocupan del volante de mi coche, y mis pies de los pedales, mientras yo escucho un audiolibro o mantengo una conversación por teléfono. Sólo cuando surge un imprevisto o un tramo más complicado tengo que despertar a Captain Free de su placentera siesta. Mientras tanto, ¿para qué molestarle, con lo a gustito que está?

Pensamiento automático

Imagínate (o busca en tu supermercado más próximo) una marca de fiambres que coloca en sus paquetes el siguiente rótulo, a todo color, en medio de una llamativa estrella dorada:

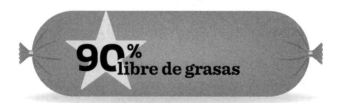

¿Suena bien, no? Según los estudios, para la mayoría de las personas resulta mucho más atractivo que el siguiente rótulo:

En realidad, si lo piensas un poco (¡tendrás que despertar a Captain Free!), ambas frases describen la misma realidad. ¿Por qué preferimos la primera formulación? Porque los Autómatas mentales tienden a fijarse en lo que ven («libre de grasas»), ignorando el lado oculto de las cosas («las grasas»). Es como cuando el mago te enseñaba el pañuelo colorado en la mano derecha mientras se sacaba la carta de la manga izquierda.

Ahora imagina que te adentras en el corazón de uno de los bosques vírgenes más antiguos del planeta, en una isla rodeada de delfines. Sigues un sendero zigzagueante entre cedros milenarios recubiertos de musgo, espiando algún tímido ciervo a lo lejos. Al llegar a un pequeño claro donde un rayo dorado penetra hasta el suelo, te agachas, colocas una mano sobre la tierra y en un inesperado arrebato poético te vienen a la cabeza las siguientes palabras:

TIERRA FÉRTIL, CUNA DE VIDA

¿Cómo has vivido la experiencia de leer estas últimas palabras? Puedes volver a saborearlas si quieres, dejando que el significado de cada una te empape como la propia humedad del bosque primigenio. ¿Se te expande el pecho? ¿Respiras más libremente? Como ya vimos en el capítulo 13, las palabras nos afectan. Y los escritores como yo dedicamos muchas horas de trabajo a unirlas de tal forma que provoquen no sólo ideas e imágenes sino emociones. En este caso quizás hayas sentido algo de la paz, la calma y el sobrecogimiento que inspiran ciertos paraísos naturales. Al menos, era ésa mi intención.

Si ha sido así, los responsables son un pequeño escuadrón de Autómatas bibliotecarios que recuperaron de tu memoria cada palabra. Al hacerlo fueron encendiendo una «luz» justamente en ese punto del inmenso laberinto de tu vocabulario que iluminó también otras palabras cercanas. Por ejemplo al leer «bosque» se habrán iluminado también «árbol» y «verde», facilitando la sucesiva lectura de «cedro» y «musgo». Además de estas asociaciones léxicas, los robots bibliotecarios encienden para cada palabra una asociación emocional que puede ser positiva, negativa o neutra.

Volvamos de nuevo al corazón del bosque. Ahí estás, sintiendo el tacto de la tierra fresca y el hechizo de la naturaleza. Te invito a saborear ahora estas palabras:

CADÁVERES, GUSANOS, BICHOS, HONGOS, PODREDUMBRE

¿Has retirado tu mano imaginaria al instante? ¿Se ha removido algo en tus tripas? Lo hayas notado conscientemente o no, se habrá desencadenado en ti la reacción del disgusto (¡te pido perdón si lo has pasado mal de verdad!). El corazón se te habrá acelerado ligeramente y se te habrán activado también las glándulas de la sudoración. Si alguien hubiera observado tu rostro al leer esas dos líneas quizás habría notado una expresión asqueada más o menos intensa. De nuevo, los Autómatas bibliotecarios entraron en acción al instante sin que pudieras evitarlo, encendiendo luces entre tus estanterías neuronales que iluminaron palabras y emociones más bien desagradables. Resultado: la Medusa del Disgusto asomó su horripilante rostro por tu cabina de mando.

Sin embargo, como sabrás, la tierra fértil de un bosque primigenio se compone en buena parte de esos mismos ingredientes «desagradables» que acabo de citar. Contiene de hecho toneladas y toneladas de cada uno de ellos. Si despiertas a Captain Free para reflexionar fríamente sobre el asunto te darás cuenta que la descomposición y los organismos que trabajan en medio de la materia muerta son una parte fundamental del ciclo de la vida. La tierra no sería «tierra» sin todo ello: sería sólo el polvo de un desierto. Pero aunque despiertes al piloto de tu aeronave cerebral y tratéis de adoptar una actitud rigurosamente científica, «gusanos y podredumbre» te seguirán provocando un impacto muy distinto al que te provoca «cuna de vida». También te impactaría de forma distinta saber que el bosque que he descrito se encuenta en Japón, en la isla de Yakushima, o por el contrario en el territorio canadiense del pueblo indígena Nuu-chah-nulthel, en la isla de Vancouver. Aunque a los árboles y a las hormigas les daría lo mismo.

Los juicios automáticos que activan estos Autómatas bibliotecarios del cerebro humano son tan involuntarios como el reflejo del parpadeo. Esto lo saben los anunciantes que te hablan de patatas fritas «de la abuela», del tacto «fluido y mágico» de una pantalla de *smartphone*, o de la «paz» y la «calma» que te dará un seguro de «vida». También lo tienen muy en cuenta los políticos cuando pontifican sobre la «patria» y los «ilegales», la «libertad» y la «censura», los «fascistas» y los «comunistas». Aunque a ti no te afectan sus manipulaciones, ¿verdad?

En psicología se han identificado decenas de autómatas cognitivos conocidos como «sesgos». Por ejemplo, el efecto de mera exposición hace que nos atraigan las cosas simplemente por verlas repetidas veces: te encuentras con el anuncio de un estreno cinematográfico en la marquesina de un autobús (*¡Vacaciones en Groenlandia!*) y al principio ni te fijas o piensas «menuda estupidez» o «qué feo ese oso polar», pero después de ver el cartel una segunda, tercera, quinta y octava vez empieza a caerte más simpático el oso, e incluso a picarte un poco la curiosidad. ¿A que sí? No, no, no, a ti esas cosas no te pasan.

Muchos sesgos te provocan errores típicos, como creer que la gente en general comparte tu pasión por las aves migratorias, practica el canto tirolés o cree que las misiones *Apolo* fueron falsificadas, simplemente porque tú y tus peculiares amistades de Facebook os pasáis el día colgando fotos, vídeos y chistes de estos temas (efecto del falso consenso). Otros tienen que ver con la memoria. Por ejemplo, recordamos mejor las cosas buenas que las malas, y por eso el pasado suele parecernos mejor que el presente (efecto Pollyana).

También recordamos mejor, convenientemente, las ideas que apoyan nuestras creencias, ya sean de izquierdas, de derechas, de arriba o de abajo (sesgo de confirmación). Por otro lado, si una mañana pegamos cuatro gritos en la oficina de una Administración Pública, lo atribuiremos al comportamiento indignante del burócrata que nos atendió, o si acaso a un mal humor pasajero por haber dormido poco; pero si los cuatro gritos los pega el tipo barbudo que tenemos delante en la cola, lógicamente asumiremos que ese tipo «es así»: maleducado, colérico, quizás incluso peligroso (sesgo de correspondencia). Esta visión egocéntrica es típica de nuestros autómatas mentales, que suelen colocarnos en el centro del universo. ¿Sabías que la gente en general suele considerarse «por encima de la media» en todo tipo de cualidades y capacidades, como la honestidad, la conducción automovilística o incluso la suerte en juegos de azar (superioridad ilusoria)? No digo que lo hagas tú, que conste. Digo «la gente en general».

Otra serie de autómatas tienen que ver con la sociabilidad de *Homo sapiens*. Solemos dejarnos influir muy fácilmente por los demás, a menudo sin darnos cuenta de ello. ¿Has notado lo contagiosos que pueden ser la tos, el bostezo o la risa? Pues sucede también con otros comportamientos, como mirar hacia arriba o rascarse (efecto camaleón). La próxima vez que observes a dos personas hablando animadamente fíjate bien en lo que hacen con sus cuerpos. ¿Notas como se imitan al ladear la cabeza, cambiar de postura o agitar un pie nerviosamente?

Incluso las opiniones se acaban contagiando. Por eso, en cualquier grupo, los miembros tienden hacia una norma común, y cada familia, cuadrilla de amigos, club, región y país acaba desarrollando sus reglas sobre lo que es «ridículo» o «sensato», «moral» o «inmoral». Aquí en España, llegar diez minutos tarde a cualquier reunión se considera perfectamente aceptable. Lo que estaría mal visto es quitarte los zapatos cuando entras en la casa de alguien o eructar abiertamente al final de una cena. Pero en Suiza, la gente se disculpa si llega un minuto tarde; en Islandia lo correcto es quitarte los zapatos a la entrada, y en China un sonoro eructo es de buena educación, ya que significa que has quedado satisfecho. Por cierto, «nuestra» forma de ser es la buena, ¿no es cierto? (etnocentrismo).

Aunque no nos convenza una opinión o forma de actuar de nuestro entorno, la presión social nos impulsa a cumplir la norma, ya sea hacerse un tatuaje, defender una política empresarial o separar la basura en diez o más tipos de materiales reciclables como hacen cotidianamente en Japón (conformidad social). En un célebre experimento de 1951, el psicólogo Solomon Asch metió a cada participante en una sala con cinco actores que daban una respuesta claramente falsa a una pregunta muy sencilla. El 75% siguió al rebaño, aun conscientes del error. Aunque evidentemente, tú estarías en el otro 25%, ¿verdad? ¡Faltaría más!

Hay un autómata social cuyos efectos pueden llegar a ser terribles: la tendencia a encasillar a la gente en categorías sociales (estereotipos) asociadas a actitudes positivas o negativas (prejuicios): hombre/mujer, homosexual/heterosexual, creyente/ateo, conservador/progresista. Según los estudios, lo hacemos habitualmente sin darnos cuenta de ello, incluso cuando repudiamos estos mismos prejuicios.

Existe un «test de racismo implícito» que consiste en aparejar palabras positivas (sonrisa, honesto, suerte) y palabras negativas (desastre, accidente, inepto) con fotos de personas de origen europeo («blancos») o de origen africano («negros»). Normalmente, tardas más tiempo y cometes más errores al tratar de aparejar las palabras negativas con los «blancos» y las positivas con los «negros». Lo contrario resulta mucho más natural.

Ya, ya lo sé, estas cosas a ti no te pasan. No te equivocas tanto como el resto de la humanidad. Tampoco te guías por estereotipos, ni te afectan las presiones sociales, ni los mensajes publicitarios, ni los sesgos cognitivos. Tú eres especial. Como yo. Somos excepciones, ¿a que sí? Esta creencia responde a otro autómata conocido como el punto ciego de los prejuicios: la tendencia a creer que los sesgos nos afectan menos —y sobre todo los sesgos egocéntricos—. Un 85 % de los participantes en un estudio afirmaron tener menos sesgos que la media.

Despertando a Captain Free

El mindfulness no te va a salvar de tus pilotos automáticos. Si te planteas esto como una batalla épica de Captain Free contra los Autómatas tu derrota está asegurada. La única esperanza es llegar a familiarizarte con estos robots internos para supervisar su funcionamiento e impedir que dominen tu vida. Es una cuestión de aprender a convivir con ellos: reformando algunos, dando rienda suelta a otros, aceptando los que se te escapan e incluso programando tus propios robots conscientemente.

Yo cada vez los aprecio más. El que conduce mi coche, el que camina por mí, el que sabe expresarse con palabras y moverse por un escenario para dar un discurso. Son impresionantes. A veces la pifian, desde luego, pero se nota que tienen muchos años de experiencia, y normalmente hacen un trabajo extraordinario. Sin embargo, no me conviene dejarlos solos. Necesito estar ahí, presente, para asegurarme de que hacen lo que realmente decido hacer (por ejemplo, llegar al supermercado o dar mi conferencia lo mejor posible). Además, como son parte de mí, considero que se merecen mi atención. Al hacerlo voy perfeccionando su funcionamiento, aprendiendo cada vez más y aportando algo de creatividad a los mecanismos automatizados. Gracias al mindfulness trabajamos en equipo.

Esto lo entendí más claramente hace algunos meses, después de mucho entrenar la meditación caminando. Cuando aprendí el ejercicio por primera vez, hace unos diez años, reconozco que tras la novedad inicial me resultó un rollo y lo acabé dejando. Al recuperarlo, años después, decidí empeñarme de verdad. Pero me resultaba difícil, porque trataba de controlar conscientemente cada movimiento. De esta manera, acababa caminando aún más torpemente de lo habitual. Luego empecé a pillarle el punto a la práctica, confiando en mis piernas y dejándolas libres para ir a su ritmo. Quizás me pasé, sin embargo, y llegué a asustarme un poco al comprobar hasta qué punto mi cuerpo caminaba sin yo controlarlo para nada. Y finalmente un día, me pareció *entrar* en el movimiento. A estar realmente en él. Fue como una pequeña revelación.

Intentaré explicártelo, esperando que, con este párrafo y la práctica 4, tardes algo menos de diez años en entenderlo. Lo que hago es dejar fluir el cuerpo, fiándome del Autómata Caminante, que conoce el arte del bipedismo mucho mejor que yo. Al mismo tiempo, paradójicamente, me siento en control al dar cada paso: como si me hubiera convertido en el propio Autómata y estuviera al mando, sabiendo intuitivamente lo que sabe. Cuando noto una tensión excesiva en una pierna, o el cuello, trato de soltarla. Consigo así una gran ligereza y camino con el mínimo esfuerzo. Y poco a poco voy perfeccionando el movimiento, probando pequeñas mejoras, aprendiendo, liberando mi creatividad al caminar. Porque si pones interés en lo que haces, incluso en algo tan familiar como poner un pie delante del otro, realmente nunca terminas de aprender. Siempre puedes seguir mejorando.

El mismo día que pillé este truco, Emanuela notó el cambio. Cuando nos conocimos me tomaba el pelo (con mucho cariño, evidentemente) por mi forma de caminar «como un pato». Sus bromas me habían reformado un poco, pero artificialmente: mi Autómata ahora forzaba los pies a alinearse mejor para eliminar ese movimiento a lo Pato Donald. Sin embargo, después de veinticinco años juntos, de pronto empecé a caminar con la elegancia de un modelo de pasarela, la soltura de un chaval callejero y el equilibrio de un cazador nómada del Kalahari. Durante el primer paseo por el bosque cercano a nuestro pueblo me lo comentó:

—Estás caminando distinto —dijo.

—Ya —le respondí, orgulloso—. ¿A que ya no hago *cua-cua*?

Lo que estaba viviendo al caminar se conoce en psicología como *flow*. El psicólogo Mihályi Csikszentmihályi propuso en su clásico libro del mismo título que las bailarinas, al hacer sus piruetas, experimentan algo muy parecido a lo que viven los moteros cuando queman gasolina en sus Harley-Davidson o los cirujanos en plena operación a corazón abierto. Aunque parezcan radicalmente distintas, todas estas actividades permiten alcanzar un estado de absorción completa —el *flow*— en el que te olvidas de todo, incluso de tus recuerdos, deseos, temores y preocupaciones. La sensación es de actuar sin esfuerzo, asemejándose al concepto taoista del *Wu-wei* o «hacer sin hacer». Actuar así, como confiesan bailarines, moteros y cirujanas, proporciona una gran satisfacción.

Sin embargo, entrar en este placentero «modo ser», tan distinto del habitual «modo hacer», no significa que las cosas no se hagan. Al contrario: podría argumentarse que es cuando mejor se hacen. Como explica Csikszentmihályi, fluir implica crecer, desarrollarse, acumular recursos personales. Significa que Captain Free está en control de los autómatas, supervisando su programación. Según diversos estudios, las personas que «fluyen» con regularidad desarrollan talentos y habilidades, gozan de relaciones sociales más sanas, logran mayores éxitos en diversos ámbitos y son más felices. Recientemente se ha comprobado además que, mientras dura el *flow*, la divagación mental producida por la red neuronal por defecto se detiene. Este dato tiene mucho sentido, ya que, como hemos visto, esta red cerebral se activa cuando dejamos de concentrarnos en algo.

Según Csikszentmihályi, para alcanzar este estado de «experiencia óptima» hace falta equilibrar el nivel del desafío con el nivel de esfuerzo. Sólo entonces cesará la cháchara y el traqueteo del Club del Ganchillo. Si una escaladora elige subirse a una montaña demasiado fácil, puede aburrirse (y por lo tanto, comenzará a divagar). Si se enfrenta a una pared demasiado complicada, sufrirá el estrés (en este caso, es la Banda de la Amígdala la que tomará el control). Pero si escoge un desafío a medida de sus talentos, el parloteo mental cesará durante el tiempo que fluye, crece y se desarrolla. Lo mismo puede conseguirse mediante el dibujo, el ajedrez, la lectura, la jardinería, la cocina, la guitarra eléctrica o los videojuegos.

Sin embargo, he comprobado que si aplico el mindfulness puedo fluir en situaciones atípicas, sin tener que encontrar ese equilibrio perfecto entre competencia y dificultad. Lo que podría resultar tremendamente pesado —sentarme «sin hacer nada» o caminar a lo largo de una esterilla durante media hora— se vuelve fascinante al prestar atención y redescubrir la experiencia como por primera vez. Lo que podría resultar estresante —un desafío excesivamente ambicioso— se vuelve soportable al desengancharme de los pensamientos, las sensaciones y las emociones.

Ya hay indicios —en estudios con atletas de alto rendimiento, por ejemplo— de que la práctica del mindfulness facilita el *flow*. En mi caso, lo aplico diariamente al tocar el piano, esa actividad que antes casi siempre me aburría o me estresaba. Como ya he descrito, plantarme delante de las teclas con la atención abierta me permite ahora fluir con mayor facilidad, ya sea durante repeticiones rutinarias o en momentos de alto desafío. Esto no significa que no me aburra nunca o que no sufra a veces de nervios. El *flow* va y viene, y los despistes son constantes, como en la propia meditación. Si me sigues por la calle seguro que me pillas caminando a lo Pato Donald. Pero si de pronto comienzo a pisar la acera con la dignidad de un nómada del Kalahari, es que he conseguido despertar a Captain Free de su siesta durante un ratito.

Programando a mi ejército de robots

Cada vez que me enfrento a una pieza nueva de Bach en el piano, el progreso es lentísimo y me equivoco sin parar. Tengo que mirar la endemoniada partitura, buscar las notas, hacer pruebas para decidir con qué dedo tocar cada tecla y luego ir repitiendo pequeñas frases una y otra vez. Ésta es la etapa en la que Captain Free se tiene que ganar los galones, sudando a los controles.

Sin embargo, al interpretar la secuencia de notas una y otra vez —ese ensayo repetitivo que me resultaba tan tedioso de pequeño— estoy programando un pequeño autómata musical que Captain Free va dejando al mando. Cuando la pieza ya me la sé, la puedo tocar sin apenas esfuerzo y sin pensar. De hecho, cuanto menos piense mejor: activo al autómata pulsando su botón de arranque y dejo que toque lo aprendido a través de mis manos. Si lo analizo demasiado, o peor aún, me agito emocionalmente, mis dedos se lían. Aun así, como ya comentaba, para tocar bien de verdad tengo que «estar ahí», acompañando al robot musical, añadiendo una cierta intención y viviendo el momento plenamente. Esto es lo que marca la diferencia entre una repetición mecánica y una interpretación emocionante.

Al aprender una rutina de este tipo puede decirse que me estoy programando yo mismo, de la misma manera que me he programado a conducir un coche, a manipular un cepillo de dientes o a escribir palabras como éstas. Durante mi infancia y adolescencia, esta programación la guiaron mis pacientes progenitores y toda una escuadra de docentes. Pero el aprendizaje no termina con el último examen. Como indican los estudios sobre plasticidad neuronal, mi cerebro no deja de desarrollarse nunca. Cada vez que doy un paso, toco una nota, leo un periódico o me zampo tres episodios seguidos de *La Casa de Papel* estoy creando nuevas conexiones neuronales, programando nuevos autómatas.

A mí siempre me ha costado levantarme de la cama. Sobre todo en invierno, cuando todo está oscuro, hace frío y el calor corporal crea ese gozoso refugio bajo el edredón que tanto disfruta mi Monstruo de la Dopamina. Sin embargo, al sonar la alarma, me tengo que levantar. ¡Qué remedio! Mi agenda está casi siempre llena, y antes de ponerme con el desayuno, el aseo y mis mil tareas, me toca sentarme en el cojín para meditar. Pero... ¿cinco minutitos más?

Los gemidos lastimeros de Dopy a veces doblegan mi voluntad. Y es fácil que cinco minutitos se conviertan en diez o quince. Por eso, hasta hace poco recurría a mi Sargento Matutino, una mala bestia de robot interno que masca puros y carece de escrúpulos a la hora de cumplir su misión. La escena solía ser bastante violenta: algo así como arrancarle el edredón de encima al peludo monstruo azul y sacarle a patadas entre aullidos desesperados (¡DOPAMINAAAA!). El Sargento me ponía en pie con tanta brusquedad, de hecho, que yo a menudo acababa mareado porque la sangre no tenía tiempo de subirme a la cabeza. ¡Un auténtico drama!

Hace algunos meses descubrí un nuevo truco para levantarme, cien por cien libre de patadas, aullidos y sargentos con puro. Se me ocurrió gracias a la exploración corporal (práctica 8). Un día me di cuenta de que al final de esta práctica relajante no me costaba nada levantarme. Al contrario: al ser muy consciente de mi cuerpo y dirigirlo de forma deliberada, el acto de moverme me resultaba muy placentero. ¿Por qué, entonces, me daba tanta pereza salir de la cama? Decidí aplicar la misma estrategia por las mañanas, y a mí me funciona.

Se trata de hacer una miniexploración corporal de cinco o diez segundos, sintiéndome presente en el cuerpo. Como si me pusiera un traje de piel y músculo. Una vez «ahí dentro», respiro dos o tres veces profundamente, dirijo mi atención hacia una zona concreta (como los dedos de la mano izquierda) y empiezo a moverlos, saboreando las sensaciones. Luego amplío el movimiento poco a poco, llevando la mano y el brazo hacia un lado de la cama, girando el cuerpo, empujando para incorporarme y abriendo los ojos poco a poco. Todo muy lento, sin ninguna prisa ni violencia, con sumo cuidado y delicadeza. Incluso me puedo acariciar, estirar, dar los buenos días. Y acordarme de la fortuna que tengo de haber dormido en una cama confortable, en un hogar con calefacción, en un pueblo entre las montañas, en un país seguro y sin guerras. Tras repetir esta rutina durante meses, mi nuevo y reformado Autómata-Despertador, más osito de peluche que sargento despiadado, me ha cambiado la vida.

El verdadero desafío

Si es posible reprogramarte poco a poco, quizás se te habrá ocurrido ya la pregunta clave: ¿cómo me quiero reprogramar? He aquí el verdadero desafío que nos plantea el mindfulness. Lo de reducir el estrés está bien, pero no deja de ser un detalle. Lo de conocerse a fondo, investigando el engaño de La Hechicera, es un primer paso. El verdadero asunto es decidir qué quieres aprender; cómo preferirías caminar, hablar, actuar, vivir; qué contribución te gustaría dejar en el mundo. Yo ya te he confesado mi sueño: convertirme en *jedi*. Pero como no existen, me conformo con alcanzar una décima parte del autocontrol, la sabiduría y la bondad del Maestro Yoda.

En este camino tengo trabajo para rato. Uno de mis objetivos, por ejemplo, es liberarme de esa Reina de los Relojes que me tiene siempre corriendo por el mundo a latigazos —sobre todo los lunes. El infernal ritmo al que me tiene acostumbrado lo tengo que ir reprogramando para cada una de mis actividades. En el capítulo 12 ya he explicado cómo fui aprendiendo a comer más lento. La práctica de meditación caminando me ha ayudado a decelerar sobre las aceras. También en las conversaciones empleo el mindfulness para vigilar tendencias como precipitarme con frases hechas, parlotear a toda prisa y rellenar todos los huecos posibles con palabras. Trato de escuchar y escucharme, de fluir con la conversación, de dialogar. No lo consigo casi nunca, y el progreso es lento (HORROROSAMENTE lento, según mi impaciente Reina de los Relojes), pero poco a poco me voy reprogramando.

El peligro es que si yo no me programo me seguirá programando La Hechicera a escondidas —como siempre ha hecho—. Cualquiera de mis autómatas, al repetir su rutina sin mi supervisión, la refuerza. Cada vez que camino a toda prisa inconscientemente, o me critico por equivocarme, o me zampo media docena de galletas de mantequilla, estoy fortaleciendo un hábito que la próxima vez será más difícil de evitar. Y lo que es más preocupante: cada vez que Facebook o Instagram atraen mi dedo índice para hacer *swipe* o clic sucede lo mismo.

¿Has visto *The Social Dilemma*? Si no conoces este documental, te lo recomiendo. En hora y media, varios de los pioneros de la revolución digital te explican en detalle cómo Google, Facebook y las demás plataformas aprovechan tus tendencias automáticas para reprogramarte según sus intereses, permitiendo de paso (a un módico precio) que cualquier anunciante o grupo político te reprograme según los suyos. No hay que olvidar que la *hacker* cerebral que te programa es, ella misma, una autómata que se deja programar por el entorno: tus amistades, tu entorno de trabajo, tus medios de comunicación, tus redes sociales, lecturas, series, música, videojuegos y películas.

Es por eso que trato de despertar a Captain Free todo lo que puedo. Y no sería posible sin haberme programado para llevar a cabo, todas las mañanas, mis prácticas formales de mindfulness.

Escanea este código QR
para acceder al vídeo

Prácticas de mindfulness
para seres humanos de los de toda la vida

STOP

Este ejercicio es un gran recurso para detener a tus autómatas internos y crear un espacio de libertad más amplio. Lo puedes aplicar en cualquier momento del día, cuando notes que la Banda de la Amígdala, el Monstruo de la Dopamina, el Club del Ganchillo o cualquiera de tus pilotos automáticos han tomado el control. O sea: casi siempre. Los cuatro pasos corresponden a las siglas S-T-O-P.

Aunque parezca una tontería, se trata de un verdadero salvavidas al que agarrarte cuando los pensamientos y las emociones te están arrastrando. Si has ido ejercitando la capacidad de mindfulness sobre el cojín, aquí es cuando podrás notar tu nuevo superpoder en acción.

1. Stop. Te detienes un momento, en medio de tu drama familiar, desayuno acelerado, pereza de hacer «esa llamada» o impulso de chuparte el quinto episodio consecutivo de esa serie que te ha enganchando.

2. Tomas un respiro. Inhala y exhala con consciencia. Estás aquí, de vuelta en el momento.

3. Observas lo que está sucediendo, con las Gafas de Mindfulness puestas, percibiendo las sensaciones, los pensamientos y las emociones presentes momento a momento. Sin juicios, con curiosidad.

4. Procedes con lo que estabas haciendo. Gracias a la nueva perspectiva que has adquirido, puede que actúes de otra manera, eligiendo conscientemente entre más opciones, según tus verdaderos intereses. Quizás ese quinto episodio pueda esperar...

16.
El
DESPIERTO

Cuentan que Siddartha Gautama, más conocido como «El Buda», alcanzó la iluminación tras meditar bajo un árbol durante 49 días seguidos. Poco después de este atracón meditativo, dicen que se encontró con un sacerdote hindú que reconoció algo extraordinario en él.

—¿Eres un dios? —le preguntó con asombro.

—No —respondió—. Simplemente estoy despierto.

Por si no lo sabías (yo me enteré hace poco), la palabra «Buda» significa precisamente eso: «El despierto». No sé si esta leyenda será cierta, pero creo que a Antonio Machado le habría hecho gracia.

Al principio de este libro me preguntaba: ¿para qué seguir meditando, si se me da tan mal? Ahora te puedo dar la respuesta que se ha ido desarrollando en mí a lo largo de la escritura de estos capítulos: para despertar. Cuando descubrí el yoga empecé a darme cuenta de lo muy dormido que estaba. Iba por la vida como un auténtico zombi, sin hacer caso a mi cuerpo, dominado por mis nervios y automatismos, con la mente casi siempre en Babia y creyéndome el ombligo del mundo. En definitiva: un ser humano normal y corriente, de los de toda la vida.

Aproximadamente un año después de probar mis primeros asanas, en 1997, tuve una experiencia transformadora que aún no te he contado. Caminaba por las calles de Florencia rebosante de energía. Después de casi tres años de trabajo tenía mi tesis doctoral bastante avanzada y comenzaba a ver el final del largo túnel. Además, iba de camino a una cita con el vendedor de una bicicleta de segunda mano —un modelo de los años cincuenta precioso y a muy buen precio—. ¿Puede haber algo más entusiasmante que comprarse una bici? En este día soleado de primavera, toda la ciudad parecía participar de mi alegría: el dependiente que barría delante de su tienda, los grupos de estudiantes universitarios, incluso los pajarillos en los árboles que comenzaban a salir del letargo invernal.

Según avanzaba por la acera, me di cuenta de que me sentía vivo —más vivo quizás que en mis veinticinco años de existencia—. El motivo de mi felicidad aquella mañana iba más allá de mi tesis, de la bicicleta, de la primavera. Tenía que ver con todo lo que había conquistado dentro de mí gracias a mis prácticas de yoga. Sufría menos el estrés, estaba cambiando mis hábitos y me sentía integrado con la gente a mi alrededor y también con la naturaleza. Ahora, al caminar, lo hacía consciente de cada pisada, dirigiendo el movimiento con un mínimo de esfuerzo. Era capaz de saborear realmente los olores de la frutería, los colores que arrancaba el sol a la arquitectura renacentista, los sonidos de voces y el canto de las aves. En definitiva, había dejado de dormir. ¡Había despertado!

Y así, reflexionando, me estampé contra una farola y caí al suelo.

Olvídate de la iluminación

Las farolas iluminan mucho. A mí esa me iluminó especialmente. Aprendí, gracias al considerable chichón que me salió en la frente, una de las primeras lecciones más importantes en estos asuntos, y es que el camino no es lineal. No te va a llevar directamente a tu meta, sea cual sea. Subes, bajas, das vueltas en círculos hasta marearte, te metes en bosques oscuros y sales a claros con panoramas fantásticos para un pícnic. A veces sigues a alguien porque te crees que se sabe el camino. Otras veces te sigue alguien porque se cree que te sabes el camino. Pero la verdad es que no hay camino, como también dijo Machado: el camino se hace al andar. En algunas tradiciones comparan este viaje a un laberinto. A veces parece que estás a punto de llegar al centro, pero luego un giro te vuelve a llevar traicioneramente hacia fuera. Otras veces te sientes totalmente perdido, y de pronto... ¡Uy, si ya he llegado! Pero al llegar al centro, ¿a dónde vas a ir? Y sales de nuevo...

Cuidadín, por cierto, con los «iluminados» que te encontrarás en este laberinto. Los que proclaman una verdad definitiva, exhaustiva y bien delineada, que sólo podrás alcanzar postrándote a sus pies. La realidad es un lío y no hay quien la entienda. Buscamos certezas, pero seguimos en la caverna de Platón, hagamos lo que hagamos. Esa tendencia a buscar la Verdad con mayúscula, y a seguir a un tipo que baja del monte con la antorcha de los dioses, es una de las trampas más endiabladas de La Hechicera que llevas dentro. Cada tradición, cada cultura, cada secta, cada mente ilumina algunas partes de la realidad, deforma otras y deja muchas en la sombra.

Si existen personas realmente sabias (y estoy convencido de que las hay) son aquellas que más se dan cuenta de este truco existencial. Una pista que yo sigo: ríen mucho, como una niña al pillar al mago con el pañuelo en la manga. Sobre todo, se ríen de sí mismas o de sí mismos. Creo que la verdad hay que leerla en sus corazones, y por lo tanto en sus acciones. Las palabras son lo de menos. Más allá de eso, sólo ofrecen la duda. Te invitan a dudar con ellas, a reír con ellas, a despertar del sueño de vez en cuando. Pero no te pueden despertar. Eso sólo lo puedes hacer tú, investigando por tu propia cuenta, siguiendo tu propio camino por el laberinto.

Después de pasarme media vida practicando estas cosas tan peculiares, confieso que sigo dormido casi todo el tiempo. Se me olvida el cuerpo, me despisto, me come el estrés, actúo sin pensar y sigo creyéndome el centro del universo. Pero hay dos diferencias. La primera es que cada vez soy más consciente de lo muy dormido que estoy. La segunda es que numerosas veces al día de pronto me doy cuenta: «¡Eh, pero si estoy dormido!», y al recordarlo me despierto al instante. Un despertar normalito, ¿eh? Nada de luces estroboscópicas ni coros de ángeles. Simplemente abrir un ojo y ver. A veces, dos.

Este despertar, aunque sea sólo fugaz, se convierte en una nueva oportunidad para corregir las distorsiones de mi mente, o al menos para cuestionarlas. Me permite disfrutar más de lo bueno, encontrar interés en lo anodino y sufrir menos las molestias que son parte inevitable de la vida. Recuerdo, en esos momentos, que no soy el ombligo del mundo, sino una minúscula célula de un universo infinitamente mayor. Y lo más importante: vuelvo a tomar el mando de mi aeronave durante un ratito, hasta que alguien me la secuestre otra vez.

Quizás te parezca poco, después de tantas horas de meditación. Quizás en algún momento decidas mandar esto del mindfulness a la porra como hice yo con el piano a los dieciséis años. Puede incluso que tengas razón, al menos en esta fase de tu vida. Aunque quién sabe si, treinta y tres años después, decidas volver a sentarte sobre el cojín. Personalmente tengo más que comprobado que vale la pena. Sobre todo después de escribir este libro, que me ha aclarado las ideas más de lo que me imaginaba. Mi conclusión es que cada momento de consciencia, cada instante vivido realmente, brilla con una intensidad especial —y sin necesidad de filtros de Instagram.

Son éstos los fotogramas de la vida que cuentan —ya sean tristes o alegres, tranquilos o frenéticos, largamente deseados o totalmente anodinos—. Son éstas las escenas que sirven para montar la película de tu paso por este mundo. Ahí estás, de verdad, fluyendo y creciendo, actuando según tus verdaderos valores, como el héroe o la heroína de la aventura en la que has caído por casualidad. Conectas con una amiga querida, con una pérdida dolorosa pero importante, con el jugo de una fresa al morder —incluso con la cruda realidad, el chichón y la risa tras estamparte contra una farola—. Da igual lo que esté sucediendo. Basta despertar y todo cambia. Esa posibilidad la tienes siempre: ahora mismo, mientras lees estas palabras, ahí donde estés.

Por eso es inútil esperar a que llegue una «iluminación» definitiva, un «despertar» como el del Buda, o más sencillamente eso que solemos llamar «la felicidad». Quizás no llegue nunca. Incluso si te sentaras bajo un árbol durante cuarenta y nueve días, no la ibas a encontrar. Seguramente ni siquiera existe, al menos como tú te la imaginas. Y si existe, se encuentra en el futuro, que no es más que una fantasía, otro sueño de La Hechicera, igual que cualquier pasado que quieras recuperar. Lo verdadero, lo único real, es el momento presente. Sólo en él es posible aprender, crecer y navegar por el laberinto.

El laberinto de la vida

Por si no te ha quedado claro, el laberinto del que hablo no es el laberinto del mind-fulness. Se trata de las vueltas que da la vida misma. En un dédalo tan enrevesado es fácil perderse, y la atención curiosa es una capacidad valiosísima para volver a encontrarse. Sin embargo, no es la única habilidad que te va a hacer falta.

Podríamos considerar esta capacidad la primera de varias con las que equi-parte para la aventura, como esos objetos que se esconden en los vericuetos de ciertos videojuegos: armas, escudos, vidas extras, pócimas y vehículos. Avanzas por los pasi-llos del laberinto y en una esquina te encuentras las legendarias Gafas de la Atención Plena. Te lanzas a por ellas. *¡Tling!* ¡¡CONSEGUIDAS!! Bueno, qué estoy diciendo... ¡De conseguidas nada! Vienen con unas baterías que hay que recargar diariamente, sentándote un rato en el cojín que encontrarás en cada pantalla del videojuego.

En este libro he citado varias formas de aplicar el mindfulness. En cada una de ellas, ponerse las Gafas de la Atención Plena, si te fijas, es sólo el primer paso. Prestar atención a mi estrés no lo elimina directamente: simplemente lo pone en perspectiva. A partir de entonces puedo responder a la situación con mayor liber-tad, desoyendo los gritos de la Banda de la Amígdala y tomando las decisiones más adecuadas en cada momento. De la misma manera, estas prácticas me permiten cuidar de Teddy, pillar a los Ladrones del Asombro, derrotar al Ogro del Dolor y la Bruja del Picor, reformar un poco al Monstruo de la Dopamina y reprogramar a los Autómatas que bloquean mi creatividad o me llevan por mal camino. No siempre lo consigo, claro, porque a menudo se me olvida que llevo las Mindfulness Glasses en el bolsillo, o no están recargadas al 100 %, o simplemente no logro encontrar el buen camino a pesar de todo. Pero al menos tengo esa posibilidad.

En distintos mundos como la medicina, la educación y la empresa se han desarrollado un montón de aplicaciones que te animo a investigar. Lo usan los con-troladores aéreos para no desconcentrarse, las directivas para mejorar la comunicación con sus equipos, los trabajadores sociales para reducir el desgaste emocional y los profesionales ferroviarios para mejorar su ergonomía. Tiene sentido, porque si el mindfulness se asemeja a un par de gafas que corrigen tu visión de la realidad, cualquier entorno que contemples con ellas se vuelve menos distorsionado, ofreciendo nuevas posibilidades. Prestar atención es fundamental para fijar algo en la memoria, para conectar con la creatividad, para hablar desde el corazón, para hacer deporte o matemáticas. En el sexo ya ni te cuento.

La psicoterapia, lógicamente, es una de las disciplinas que más se está beneficiando de las ventajas que brinda este entrenamiento —tanto para profesionales como para pacientes—. En los últimos años han surgido diversas terapias que emplean técnicas de atención plena como ACT (terapia de aceptación y compromiso), MSC (mindfulness y autocompasión) y DBT (terapia dialéctica conductual). Uno de los mayores expertos en depresión, John Teasdale, de la Universidad de Oxford, diseñó a finales del siglo xx un curso para ayudar a sus pacientes a detectar y cuestionar sus pensamientos negativos, esos Jinetes del Apocalipsis Personal de los que hablé en el capítulo 11. Resultó ser tan eficaz que este curso se ha adoptado en el sistema de salud británico como el tratamiento principal para la depresión recurrente. Pero realmente la «causa» de las mejoras no es el mindfulness en sí. El método de identificar y cuestionar los pensamientos, para romper el ciclo vicioso de la rumiación, ya existía: la terapia cognitiva. Lo que Teasdale hizo fue simplemente añadir la atención abierta al proceso. Y así, en el año 2000, nació la terapia cognitiva basada en mindfulness.

La ciencia del bienestar

Mientras tanto, otro de los expertos mundiales en depresión, Martin Seligman, se dedicaba a fundar el estudio de los aspectos más luminosos del ser humano: la psicología positiva. Antes de que te lleves la impresión equivocada, quiero aclarar que no estoy hablando del «pensamiento positivo», o sea, de repetirte que todo es maravilloso aunque el mundo esté ardiendo —lo cual, con el cambio climático, es literalmente cierto.

A mí me divierte mucho cantar la canción de *Madagascar* con Sofía, mi sobrina de 3 años, («*I like to MOOVE it MOOVE it!*»), pero también soy consciente de que en Madagascar viven niñas que nunca han visto esa película, obligadas a extraer minerales con sus familias para sobrevivir. La psicología positiva no tiene nada que ver con evitar realidades «negativas» como la explotación infantil. Esta disciplina emplea el método científico para investigar el bienestar y el potencial humano —incluida la valentía para fijarse en lo más terrible, la humanidad que permite sentir el sufrimiento ajeno profundamente, y la tenacidad para luchar contra ello aunque implique grandes sacrificios.

Si tuviera que resumir en una frase el estado actual de esta ciencia del bienestar diría esto: los filósofos de la antigüedad no andaban mal encaminados. Platón, Aristóteles, Séneca, Buda, Lao-Tse, al igual que numerosas tradiciones contemplativas, artísticas y poéticas de todos los rincones del planeta, han insistido siempre que el verdadero bienestar depende no tanto de lo que la vida nos da o nos quita, sino de qué hacemos con todo ello; no tanto de lo que tenemos, sino de lo que somos. Estas personas sabias nos han animado siempre a dudar de lo conocido, a superar nuestros deseos y temores, y a desarrollar virtudes como la bondad, el coraje y la sabiduría. Por encima de todo, nos han animado a trascender nuestro egoísmo y a aprender a amar verdaderamente —incluso a toda esa gente que no pertenece a tu país, no comparte tus ideas y ni siquiera apoya a tu equipo deportivo.

Estos asuntos nunca han estado de moda, y en el siglo XXI aún menos. Abundan las recetas fáciles de la felicidad —sobre todo en los incontables anuncios que contaminan nuestras calles, pantallitas y camisetas—, todas ellas más atractivas que el desafío permanente de cultivar la virtud. En cualquier centro comercial puedes seguir el ejemplo de esa gente que sonríe de oreja a oreja en los carteles publicitarios, «feliz» porque luce ese abrigo retro rebajado al 30 por ciento, le mete un lengüetazo a un helado de chocolate supercremoso o disfruta de un nuevo champú anticaspa con esencia de peonía y microaceites reparadores. Desde tu propio teléfono, con un simple clic, puedes acceder a una selección interminable de *thrillers* televisivos, *sketches* hilarantes, tutoriales de maquillaje, videojuegos espectaculares y todas las posibles variedades de porno.

¿Dan felicidad estos atajos? Desde luego... ¡Sobre todo el del helado de chocolate supercremoso! Lo que pasa es que dan bastante menos felicidad, en general, de lo prometido: una efímera experiencia de placer, provocada por sustancias cerebrales como la dopamina. Que no está nada mal, ¿eh? Un chute de dopamina puede ser maravilloso, y conozco una heladería en Sicilia que en este sentido no falla. Pero el efecto, lamentablemente, dura poco: bastante menos de lo esperado. Sobre todo si el helado de chocolate no es justamente el de esa heladería siciliana, o si se derrite con demasiada velocidad, o si te lo tienes que comer con mucha prisa porque llegas tarde al tren. Y luego, cuando se termine, ¿qué?

Felicidad auténtica: 5 euros la botella

La felicidad que tú quieres —la de tus metas, gustos y placeres— es un espejismo. Por mucho que corras detrás de ella, seguirá ahí a lo lejos, tentándote desde el horizonte. ¿El dinero da la felicidad? ¡Sí, claro! ¡Muchísima! Pero sobre todo cuando no tienes suficiente para vivir: cuando falta el alimento, un techo sobre la cabeza, un mínimo de seguridad física —como sucede con los niños mineros de Madagascar. Para la mayoría de las personas que vivimos en Occidente, el dinero apenas influye en nuestro bienestar subjetivo a largo plazo. Algo parecido sucede con el clima, el éxito o la fama.

Por culpa de los Ladrones del Asombro, te acostumbras a lo bueno en seguida. En cuanto consigues lo que quieres, dejas de valorarlo y vuelves a tu nivel habitual de felicidad, que nunca es suficiente. ¿Te mosqueas cuando no te llega bien el wifi? Yo también. Pero si me mosqueo, es porque se me olvida que una de cada tres personas en el mundo (según el último informe de UNICEF) carecen de agua potable. Se me olvida que mi propia madre creció en una casa sin calefacción, WC o teléfono, y que durante cientos de miles de años mis antepasados tenían que cazar mamuts y evitar ser cazados por tigres «diente de sable». Se me olvida que vivo en una abundancia que ni los más poderosos emperadores de antaño se imaginaban posible.

La ciencia del último siglo ha aportado numerosos datos que los antiguos filósofos no podían conocer. Por ejemplo, ahora tenemos una teoría muy buena para explicar por qué nos atrae tanto el sexo, las malas noticias, el helado o la idea de pegarle un puñetazo a ciertos burócratas. No hace falta recurrir a demonios o espíritus malignos. Sencillamente somos el resultado de un largo proceso evolutivo que ha ido seleccionando comportamientos que protegen y difunden nuestro ADN.

Este proceso evolutivo no nos ha diseñado para la felicidad. Nos ha diseñado para la supervivencia y la reproducción. Así se explican todos esos mecanismos que nos impulsan a evitar los peligros, buscar la novedad, derrotar a nuestros rivales, devorar las rosquillas con azúcar y divertirnos con juguetes eróticos que vibran rítmicamente. Y así se explica también nuestra (casi) permanente insatisfacción: cada uno de estos impulsos debe renovarse periódicamente para seguir defendiéndonos, progresando y repartiendo por el mundo nuestro material genético. No hay duda de que el sistema operativo del cerebro humano se ha quedado bastante anticuado. Se diseñó, al fin y al cabo, para perseguir mamuts y defenderse de tigres prehistóricos. Pero la actualización del software nunca te va a llegar si no te la programas tú.

¿Quieres ser feliz? Olvídate entonces de las recetas fáciles. Si te compras la felicidad a cinco euros la botella, la sonrisa te va a durar bien poco (y probablemente se te esté llenando de caries). Según la filosofía clásica, y también los últimos estudios en psicología, el verdadero bienestar implica superar la atracción de estos espejismos. Requiere cultivar hábitos como el saboreo y el optimismo, talentos como el arte o la música, virtudes como la gratitud y la humildad, y algún propósito vital que dé sentido a todo ello. Sin olvidar (como solemos hacer casi siempre) la nutrición, el vigor, la flexibilidad y equilibrio del propio cuerpo. Son estas las herramientas, armas, escudos y superpoderes que puedes ir adquiriendo a lo largo del laberinto de tu videojuego personal. Pero nadie te va a regalar ninguna de ellas, en una oferta de 2x1: cada una requiere superar pantallas llenas de obstáculos y temibles guardianes.

Explorar este laberinto no tiene fin, no tiene garantías, y no hay forma de saber a dónde te puede llevar. Las guías orales y escritas que nos dejaron las personas más sabias de distintas culturas quedaron todas incompletas. Usan mil conceptos, parábolas, imágenes, recetas y clasificaciones que no cuadran del todo entre sí, aunque cada una ofrezca alguna pista nueva. ¿Te has fijado que no hago más que cambiar de metáforas? Las gafas, el avión, el laberinto, el surf, despertar, iluminar. Menudo mareo que te debo de estar provocando. Aquí voy otra vez...

En estos últimos dos capítulos he usado una metáfora informática: «reprogramarte» o actualizar tu «*software*». En la antigüedad, como no existían los *smartphones* ni los ordenadores, empleaban el término «cultivación». Efectivamente, se trata de un verdadero trabajo de jardinería en el que se podan ciertas ramas y se nutren otras. Por eso se habla también de «desarrollo» o «crecimiento» personal. El propio Martin Seligman ha titulado uno de sus últimos libros *La vida que florece*. En este sentido, la meditación es un gran aliado, si no la clave de este arte de la jardinería personal. Curiosamente, la palabra *bhavana* («meditación» en el idioma pali, el de los primeros textos budistas) significa precisamente esto: cultivar.

En tradiciones como el zen o el yoga, lo primero que se cultiva es la concentración, por ejemplo en un mantra o en las sensaciones de respirar. En este libro he descrito este primer paso (práctica 7) para centrarme en el paso sucesivo, mindfulness, que implica dirigir esta concentración hacia diversos fenómenos sensoriales o mentales sin juzgarlos (prácticas 8-13), llegando a «abrirla» a toda la experiencia (práctica 14). Esta autoobservación permite seguir la máxima de Sócrates —«Conócete a ti mismo»— y así avanzar a nuevas fases de cultivo, desde la reducción del estrés hasta el cuidado corporal o el cambio de hábitos. Ya en 1890, William James escribió que «la facultad de traer de vuelta una atención errante una y otra vez es la raíz misma del juicio, el carácter y la voluntad». Este pionero de la psicología coincidió con los místicos de la antigüedad al identificar la práctica 5 de este libro como el primer y más fundamental paso para florecer.

En las últimas dos décadas se han estudiado diversas «intervenciones positivas» para cultivar fortalezas humanas como el optimismo o el sentido del humor, que parecen impactar realmente sobre el bienestar. Una de las más conocidas, «Tres cosas buenas», tiene unas instrucciones muy sencillas: describir en un diario, al final de cada día, tres eventos positivos que han sucedido a lo largo de la jornada («me felicitó mi *manager*»), y por qué sucedieron («hice un buen trabajo», «me aprecia mucho»). Esta intervención se diseñó para cultivar la gratitud, una de las características más asociadas al bienestar, que tiene efectos incluso sobre la salud física. El ejercicio funciona: la satisfacción con la vida se dispara de inmediato y de forma duradera. En algunos estudios se ha detectado su beneficio hasta seis meses después.

Pero ¿en qué consiste realmente «Tres cosas buenas»? Si te fijas, se trata simplemente de llevar la atención a los bienes que ya posees, pero que sueles ignorar por culpa de los Ladrones del Asombro. No hace falta nada más para conseguir que aflore el agradecimiento hacia la gente que nos rodea y hacia el universo en su conjunto (o algún ser divino, espíritu, fuerza o Monstruo del Espagueti Volador). Como en otras prácticas que he descrito en este libro, la atención es el punto de partida. «Tres cosas buenas» podría considerarse una práctica contemplativa. De hecho, existen meditaciones y oraciones de gratitud en las tradiciones de todo el mundo.

¿Puede emplearse el mindfulness, y otras técnicas contemplativas, para potenciar las intervenciones de la psicología positiva? Numerosos expertos así lo creen, y ya existen varios programas cuya eficacia se está investigando. En mi propio trabajo he defendido desde hace dos décadas que ejercicios como la atención plena potencian las capacidades lúdicas y un sentido del humor sano. Recientemente, algunos estudios han encontrado evidencias preliminares de ello. En mi experiencia, las Mindfulness Glasses permiten detectar con mayor facilidad las contradicciones, las máscaras y los engaños de la comedia humana —sobre todo los autoengaños.

Sospecho que también funciona al revés. ¿A qué se han dedicado Cervantes, Monty Python y las Guerrilla Girls, más que a ayudarnos a despertar del absurdo que nos rodea, a reventar el engaño y desenmascarar a los personajes del teatro social? Desde tiempos remotos existen tradiciones culturales que parecen perseguir este mismo objetivo. Los *clowns* rituales de África y las Américas participan en los ritos sagrados de sus pueblos para reírse de ellos. Los maestros zen invitan a sus discípulos a meditar sobre paradójicos *koan* como el sacrílego «Si te encuentras con el Buda, ¡mátalo!». También en los carnavales y las fiestas populares de Europa, el orden social se pone patas arriba durante un tiempo limitado. Numerosos filósofos (y bufones) han comentado la cercanía entre la visión transcendente y la visión cómica. Oscar Wilde sentenció que «la vida es demasiado importante como para tomársela en serio», y quizás esto explique por qué gente como el Dalai Lama, Gandhi o la Madre Teresa de Calcuta hayan sido célebres también por sus risas.

El verdadero objetivo de las vías contemplativas ha sido siempre éste: nutrir los aspectos más valiosos del ser humano —virtudes como el humor, la gratitud, la esperanza o el coraje— y podar los que no nos sirven, o incluso nos dañan. Aunque aún queda mucho que investigar en este sentido, mi sensación es que la cuadriculada psicología académica tiene mucho que aprender de las ricas tradiciones de jardinería personal que desde hace milenios han ido floreciendo. Afortunadamente, las semillas de esta colaboración ya se han plantado y comienzan a dar sus primeros frutos.

Prácticas de mindfulness

para seres humanos de los de toda la vida

JARDINERÍA INTERIOR

Estudios empíricos indican que es posible desarrollar no sólo tus habilidades, sino también tu carácter. Eso sí, el crecimiento interior, como el de un jardín, requiere tiempo y esfuerzo. Los resultados no llegan de un día para otro, y no se pueden forzar ni acelerar. Si intentas conseguirlo todo a la vez, y para mañana, te vas a desilusionar enseguida. Mejor dedicar toda tu atención a un bonsái que a lanzarte frenéticamente a reproducir el jardín de Versalles.

El secreto de la jardinería es justamente ese trabajo constante de regar un poco, cortar una ramita, añadir algo de abono… Las flores ya brotarán cuando llegue su momento. Normalmente te sorprenden, porque un jardín nunca sale exactamente como esperabas.

Varios de los ejercicios incluidos aquí han aumentado, en estudios experimentales, el bienestar subjetivo de los participantes. En las notas accesibles a través de un código QR al final del libro encontrarás más detalles sobre ellos.

1. Te haces con un cuaderno en blanco que te permita tomar apuntes sobre este trabajo de cultivo. Los mejores son sin rayas, para poder escribir o garabatear libremente en sus hojas. Es recomendable mantener tu diario contigo cuando medites, por si te llega alguna inspiración.

2. La clave de este trabajo es tu entrenamiento meditativo. Si no estás despierto o despierta, ¡a saber qué acabas cultivando! Empezarás entrenando el mindfulness con las prácticas formales descritas en este libro (4, 7, 8, 9, 11 y 14). Mientras tanto, tratas de «despertar», aunque sea brevemente, en distintos momentos de tu vida cotidiana (práctica 13), observando hábitos, automatismos y reacciones, cuidando del cuerpo (capítulo 8), saboreando los placeres sin engancharte a ellos (capítulo 12), asombrándote con lo aparentemente anodino (capítulo 9), abriéndote a lo no deseado para sufrir menos (capítulos 6, 7 y 10), poniendo en duda la realidad que tu mente crea para ti (capítulos 11, 13 y 14) y probando a tomar decisiones más adecuadas de las habituales. Incluso en momentos de mucho caos siempre puedes emplear el STOP (práctica 15). En la práctica 18 daré más detalles sobre cómo planificar este entrenamiento.

3. Es fundamental diseñar tu jardín para saber qué es lo que quieres ir cultivando. Una o dos veces al año te invito a escribir un ensayo titulado «Mi mejor yo». Para ello, imaginas que a partir de ahora empezarás a dirigir tu vida con tanta sabiduría que en el futuro alcanzarás un bienestar auténtico y duradero. ¿Cómo será esa vida? ¿Qué talentos o fortalezas tendrás que cultivar para conseguirlo? ¿Qué hábitos deberás cambiar? ¿Qué necesitas aprender? ¿Qué valores o causas darán sentido a tu vida? Durante cuatro días seguidos vas a escribir veinte minutos al día sobre uno de estos cuatro ámbitos: personal, social, profesional y de la salud.

4. Durante los siguientes meses, puedes inspirarte en tu ensayo para guiar tu trabajo de jardinería, podando aspectos no deseados con delicadeza, sin prisas, sin forzar nada, y adquiriendo aprendizajes, hábitos y ocupaciones más nutritivas.

5. Hay numerosas cualidades que se pueden entrenar en la propia práctica meditativa. Jon Kabat-Zinn, de hecho, recomienda aplicar hasta nueve «actitudes» en cualquier ejercicio de atención. Si te fijas, ya las he ido citando en este libro: no juzgar, paciencia, mente de principiante, confianza, no esforzarse, aceptación, soltar, gratitud y generosidad. Se podrían añadir otras como el coraje, la humildad o el sentido del humor. También existen meditaciones específicas para cultivar diversas virtudes, como por ejemplo las que te invitan a imaginar un símbolo (una montaña majestuosa, un lago profundo, una persona inspiradora) y a encarnar alguna de sus cualidades. La práctica 17 te permitirá cultivar quizás la virtud más importante de todas: el amor.

6. Reservas un espacio de tiempo cada semana, todos los días si puedes, a cultivar algún talento que te permita alcanzar el *flow* (ver el capítulo 15): el dibujo, la guitarra, el baile, el karate, el teatro, la papiroflexia, la bicicleta... Llevas la atención abierta a esta práctica para regular el equilibrio entre aburrimiento y estrés.

7. Identificas tus principales fortalezas mediante el test que encontrarás en la web de Martin Seligman (www.authentichappiness.sas.upenn.edu) o en sus libros *La felicidad auténtica* y *La vida que florece*. De cuando en cuando (cada mes o cada dos semanas), dedicas un día a aplicar alguna de tus fortalezas de forma creativa y con presencia, al menos tres veces durante el día.

8. La gratitud es una de las fortalezas más asociadas al verdadero bienestar. Además de hacer el ejercicio de «Tres cosas buenas» citado arriba, puedes añadir esta dimensión de forma natural a tu práctica meditativa. Por ejemplo, al llevar a cabo la exploración corporal, dedicando un tiempo a apreciar el hecho de que tienes manos, pies, ojos y pulmones; al caminar y explorar el mundo, apreciando lo que ves; al comer, agradeciendo a todas las personas y criaturas que han intervenido para producir estos alimentos; al despertar, agradeciendo el nuevo día; al estar con tu familia o amistades, apreciando su existencia y todo lo que te aportan.

9. Una variante de «Tres cosas buenas» permite cultivar el sentido del humor. Se trata de seguir las mismas instrucciones, pero describiendo «Tres cosas graciosas» que sucedieron durante el día (y por qué sucedieron).

10. El optimismo es otra actitud fuertemente asociada con el bienestar. Cultivarlo no implica crear expectativas poco realistas («¡Mi videoblog va a ser un éxito y podré vivir de ello en pocos meses!»), sino más bien abrirte a posibilidades creativas cuando las cosas salen mal («Sólo diez personas han visto mi último vídeo, incluida mi familia. Pero si me empeño, los siguientes podrían tener más éxito.»). El libro *Aprenda optimismo*, de Martin Seligman, ofrece un método empíricamente validado para combatir el pesimismo (conocido como el método ABCDE). Si lo consultas, notarás que varios de sus pasos requieren observar los propios pensamientos y emociones (práctica 11).

11. Uno de los pocos factores «externos» que influyen significativamente en la felicidad es el ámbito de las relaciones sociales. Desarrollarlo requiere identificar y sanar las heridas del corazón que nos impiden mantener relaciones sanas. Al mismo tiempo podemos ir nutriendo habilidades como la escucha, la honestidad, el compromiso, la confianza, la asertividad, el respeto, la generosidad, el perdón, el cuidado, la independencia, la empatía, el juego y sobre todo lo demás, el amor (del que hablaré más en el siguiente capítulo). Para estas tareas de jardinería personal probablemente vas a necesitar ayuda, dado que resulta muy difícil ver tu comportamiento de forma objetiva por culpa de las distorsiones de La Hechicera. Como tus amistades y familia son parte del propio terreno de cambio, lo ideal es apoyarte en algún experto independiente: un terapeuta, *coach* o maestra de confianza.

12. En tu ensayo «Mi mejor yo», y en tu práctica cotidiana, irás identificando los valores profundos que pueden dar sentido a tu vida, y que van más allá de tus intereses personales: la paz, el medio ambiente, la justicia social... Poco a poco, con tu presencia, y sin necesidad de forzar nada, irás encontrando las formas de ofrecer tu tiempo, recursos, capacidades y fortalezas en servicio a estos valores (ver el capítulo 18).

13. En todo este trabajo de jardinería interior puedes inspirarte en personas vivas o muertas, reales o ficticias, que representan para ti las virtudes e ideales a los que aspiras. Te animo a aprender de ellas en biografías, documentales, películas y novelas. Si puedes acercarte en persona, aún mejor. Ah, y no me refiero, necesariamente, a Gandhi o Greta Thunberg. Quizás te inspire el dependiente de una frutería cercana que derrocha bondad. O una niña de tres años que se pone a bailar a la mínima. Si te abres al mundo con presencia, quizás descubras que puedes aprender de cualquier persona, aunque posea tantas imperfecciones como tú o como yo.

17.
El
DESHIELO
del corazón humano

El 22 de mayo de 2008, Día Mundial de la Biodiversidad, tuve el privilegio de escuchar a la etóloga Jane Goodall en persona. Nos habló de una cumbre de las Naciones Unidas en la que había participado a principios del nuevo milenio, junto con mil líderes religiosos y espirituales de todo el mundo. Lo que más la impactó fue el mensaje del representante del pueblo inuit en Groenlandia, Angaangaq Lyberth:

—Hermanos y hermanas, tengo un mensaje para vosotros de vuestros hermanos y hermanas en el norte. Aquí sabemos muy bien lo que estáis haciendo en el sur. En el norte el hielo se está derritiendo. ¿Qué hace falta para que se derrita el hielo en el corazón humano?

Considero a Jane Goodall una de esas personas realmente sabias. No se identifica con ninguna religión, ni practica la meditación formal, pero tras seis décadas estudiando a nuestros primos los chimpancés, en plena selva y con infinita paciencia, creo que ha llegado a comprender en profundidad que el gran descubrimiento de Darwin no iba en broma: toda la humanidad somos *realmente* hermanos y hermanas; toda la vida terrestre —incluyendo a los bichos con muchas patitas— somos *realmente* una misma familia.

A pesar de su avanzada edad, Goodall viaja por el mundo incansablemente tratando de inspirar a quien la escuche para proteger el frágil planeta que la civilización humana está destruyendo a marchas forzadas. Esta primatóloga no habla sólo de ciencia ambiental, sino de paz, de tolerancia, del entendimiento entre las personas. Su mensaje, en realidad, es muy sencillo. Es un mensaje que cualquier niño o niña puede comprender, y que los Beatles convirtieron en el himno de toda una generación: *All you need is love*.

Todas las culturas humanas del planeta coinciden en la importancia de expandir el corazón —en algunos casos hasta el tamaño del universo si es posible—. Por ejemplo, cuando me preparaba para mi primera comunión a los ocho años aprendí que el mensaje central del cristianismo se podía resumir en una frase bien contundente de «Jesusito»: amarás a tu prójimo como a ti mismo. Ya en su momento me pareció una gran idea con aplicaciones muy directas al patio del colegio. Aunque con los años haya dejado de practicar los ritos del catolicismo, lo de amar al prójimo me sigue convenciendo al 100%.

Hay que decir que esta «Regla Dorada» no se la inventó Jesús de Nazaret, sino que es común a prácticamente todas las religiones, además de los sistemas éticos laicos. Da igual si crees en la Santísima Trinidad, Allah, Yahvé, Buda, Sarasvati, Thor, Afrodita, la Serpiente del Arco Iris o los espíritus del bosque. Quizás no creas en nada más que en la tierra bajo tus pies, el cielo sobre tu cabeza y lo que te cuenta Wikipedia. Pero al menos en la Regla Dorada coincidimos todas las culturas humanas.

Cuando digo que coincidimos, me refiero sobre todo a la teoría. Porque, como te habrás dado cuenta, la práctica nos cuesta mucho más. De hecho, alcanzar el ideal del altruismo ha sido casi siempre el objetivo último de la jardinería interior que describí en el anterior capítulo. Las principales tradiciones de cultivo personal no se desarrollaron para alcanzar el éxito, y ni siquiera para ser más felices, sino para superar las limitaciones del ego y empezar a cumplir (al menos un poquito) esa Regla Dorada tan ambiciosa. ¿Cómo sería el mundo si nuestros mayores *influencers*, en ámbitos como la educación, la política, la empresa, el arte e incluso la religión se tomaran el amor en serio? ¿Qué pasaría si la humanidad cultivara realmente su humanidad? Quizás, como propusieron Jesús de Nazaret, Mahatma Gandhi, los Beatles, Angaangaq Lyberth y Jane Goodall, no nos haría falta mucho más.

En las últimas décadas, la neurociencia y la psicología positiva se están interesando en meditaciones diseñadas para provocar este Big Bang amoroso. Tanto es así que la Universidad de Stanford creó en 2005 un centro de investigación dedicado exclusivamente al asunto. Como ya dejé claro en el capítulo 2, mindfulness equivale a heartfulness. Todas las prácticas de atención plena, en general, promueven la bondad. El hecho de «no juzgar» implica una apertura de corazón hacia uno mismo y hacia el mundo entero. Además, al ir descubriendo los infinitos automatismos que nos impulsan a gritar, ignorar o maltratar incluso a nuestros seres más queridos llega un momento en el que empiezas a sospechar: *¿Será que al final todos esos malandrines, mamelucos y mamarrachos que andan sueltos por el mundo simplemente van por ahí tan despistados como yo?*

Hay prácticas diseñadas específicamente para cultivar el amor sin límites, conocidas habitualmente como prácticas de «compasión». De hecho, el curso más difundido en Occidente para entrenar esta capacidad amorosa, desarrollado en el centro de Compasión y Altruismo de Stanford, se llama *Compassion Cultivation Training* (CCT). Sin embargo, la palabra (traducida de un término budista, *Karuna*) no es lo que estás pensando. En castellano, «compasión» se refiere a algo que padeces: un sentimiento de tristeza, lástima, penita. Te coloca además en una posición de superioridad ante una víctima desdichada: ¡Ay, miserable, que no tienes el último modelo de iPhone Pro con tres cámaras y reconocimiento facial!

Estas meditaciones entrenan algo bastante más activo: el deseo de que todo el mundo, te caiga bien o no, pueda estar libre de sufrimiento y ser feliz. Se trata de una actitud o una intención, más que de un sentimiento pasivo. Y no te coloca sobre un pedestal arrogante, mirando con lástima desde las alturas de tu envidiable fortuna hacia los que se arrastran por el fango. Parte del reconocimiento que todos los seres sufrimos, y todos buscamos la felicidad. *Karuna* nos coloca a las criaturas del planeta entero, desde las bacterias hasta los simios con bolsos Louis Vuitton y relojes sumergibles a 100 metros, al mismo nivel. ¡Una visión de igualdad verdaderamente escandalosa!

El entrenamiento es progresivo. Se comienza con la gente que más quieres: tu pareja, hijos y familia, tu pandilla de toda la vida, tu perro, gato o tortuga de compañía. Luego vas ampliando, poco a poco: a tus amistades de segundo grado, a las que sólo sigues por Facebook, a esa gente que «ni fu ni fa», a las que no conoces en absoluto, a las que te caen más bien reguleras, y a todas las criaturas del planeta, la galaxia y el universo, incluso las más horripilantes... Si eres capaz, puedes llegar a intentarlo hasta con esas tres o cuatro personas en el mundo que, si te tocara naufragar con ellas en una isla desierta, preferirías escapar a nado, tiburones o no.

El ejercicio suele resultar chocante si nunca lo has probado. Sobre todo ese último paso opcional. Pero aunque cueste, el subidón es impresionante: en mi experiencia, mucho más potente que una meditación de mindfulness puro y duro. Tania Singer, directora del Departamento de Neurociencia Social del Instituto Max Planck, ha confirmado en sus investigaciones que entrenar la compasión produce beneficios bien distintos a los del entrenamiento en atención plena —algunos de ellos bastante apetecibles, hay que decirlo.

Concretamente, cultivar el amor despierta a nuestro amigo disfrutón, el Monstruo de la Dopamina entre otros neurotransmisores asociados al placer y la conexión social (como la oxitocina).. Este curioso entrenamiento activa las zonas del cerebro asociadas a la alegría y la felicidad, reforzando además las conexiones de estas zonas con la corteza prefrontal. ¿Quieres ser feliz de verdad? Pues ésta parece ser una de las formas más directas de conseguirlo.

Además, en comparación con otros estilos meditativos, los ejercicios de compasión actúan con una velocidad sorprendente sobre los circuitos neuronales. En un estudio con principiantes, se detectó un primer «eco» de algunos efectos observados en meditadores avanzados tras sólo ocho horas de práctica. En otro bastaron siete minutos para proporcionar a los voluntarios un chute de buen humor y de conexión social. Es como si el cerebro humano estuviera diseñado para aprender a amar. *It's easy*, decían los Beatles, en su himno del *Summer of Love*.

Lo más esperanzador del asunto es que sabemos, desde hace cincuenta años, que los estados de ánimo positivos fomentan la generosidad y las acciones prosociales. ¿Bastaría entrenar la compasión para crear un mundo más solidario?

Estaría bien, porque, como ya te habrás dado cuenta, el patio está fatal, y al parecer, las buenas intenciones no bastan...

El lado oscuro del Lado Oscuro

Cuando estudié Psicología Social me impactó poderosamente un estudio de John Darley y Daniel Batson, de la Universidad de Princeton. Reclutaron a sus participantes en el seminario de la universidad. A la mitad de estos futuros sacerdotes se les pidió que prepararan un discurso sobre «los mejores trabajos para seminaristas». A la otra mitad se les anunció que la charla sería sobre la parábola bíblica del Buen Samaritano. ¿La recuerdas? Creo que es de lo mejorcito que aprendí en las misas del domingo.

Empieza como un chiste de esos clásicos: un sacerdote, un levita y un samaritano se encuentran con un hombre herido en la carretera, tras haber sido asaltado por unos bandidos. El sacerdote, que se supone un hombre misericordioso, pasa de largo. Lo mismo sucede con el levita (un clérigo de menor rango, pero en teoría también piadoso). Y aquí llega el desenlace del chiste bíblico: sólo el samaritano —miembro de un pueblo detestado y denigrado por los judíos de aquella época— se detiene para ayudar al herido, llevándoselo a su casa para cuidar de él.

En el experimento de Princeton recrearon una situación casi idéntica. De camino a su discurso, cada uno de los seminaristas se topaba con un chico tumbado en el suelo, tosiendo y gimiendo con aparente dolor. ¿Crees que habrían ayudado más los que se prepararon la charla sobre el Buen Samaritano? Pues no: ¡el chiste volvió a repetirse, dos mil años después!

Lo que realmente influyó en la decisión de ayudar fue la prisa que tenían estos estudiantes, según la información que les dieron los experimentadores. De los que creían ir con retraso, sólo ayudaron el 10%, en comparación con el 45% de los que llegaban justo a la hora y el 63% de los que tenían aún tiempo de sobra. Decenas de futuros sacerdotes que se acababan de estudiar la parábola del Buen Samaritano, y que estaban a punto de pontificar sobre ella, ignoraron al chico «malherido»... ¡teniendo que pasar literalmente por encima de su cuerpo para llegar al salón de actos! La Reina de los Relojes había secuestrado sus mentes. Y es que el Lado Oscuro del ser humano no es sólo la maldad de Darth Vader: la sed de poder, el odio, la crueldad. También entran en juego otros autómatas aparentemente menos siniestros.

Quizás el experimento más perturbador en toda la historia de la psicología sea el que llevó a cabo Stanley Milgram en la Universidad de Yale en 1963. En este estudio, cuarenta personas aparentemente normales administraron descargas eléctricas a «Mr. Wallace» cada vez que éste se equivocaba en una supuesta prueba de memoria. Mr. Wallace era un actor, igual que el chico malherido de Princeton: no recibió ninguna descarga. Pero a los participantes se les hizo creer que este hombre algo obeso, que decía padecer una enfermedad cardíaca, llegó al laboratorio de Yale igual que ellos, como voluntario para el experimento. El único motivo por el cual Mr. Wallace se encontraba atado a una silla electrificada en vez de ellos era por el lanzamiento de una moneda al inicio de la sesión.

La prueba de memoria era difícil, y Wallace se equivocaba mucho. Según iba aumentando la intensidad de los *shocks*, el pobre hombre se quejaba más y más —gritando de forma escalofriante, exigiendo que lo liberaran, recordando que sufría problemas de corazón. Casi todos los participantes, antes o después, trataban de poner fin al procedimiento. Pero el experimentador, un supuesto psicólogo de Yale vestido con una bata blanca, rebatía que las descargas, aunque dolorosas, no provocarían daños permanentes, y que en cualquier caso él asumía toda la responsabilidad.

El resultado de este estudio horrorizó a Milgram, a la comunidad científica y al mundo entero: ninguno de los hombres y mujeres reclutados para esta prueba consiguió abandonar el experimento antes de pulsar el botón número veinte, una descarga de 300 voltios. A partir del botón 24 estaban marcados en la máquina como «PELIGRO: *shock* severo». Debajo de los últimos dos, de 435 y 450 voltios, se leía simplemente «XXX», y a estas alturas del drama, el participante ya no respondía: parecía haber sufrido un infarto. A pesar de ello, el 65 % de los participantes llegaron a administrar hasta la última de las 30 descargas.

Son datos tan terroríficos, tan difíciles de aceptar, que numerosos críticos han tratado de desacreditarlos desde 1963. El intento más reciente ha sido el de Rutger Bregman, que defiende en su libro *Dignos de ser humanos* la naturaleza fundamentalmente benévola y solidaria de nuestra especie. Bregman hace todo lo posible por tumbar el experimento de Milgram, basándose en hechos como el alto porcentaje de participantes (56 %) que al parecer no se creyeron el teatrillo de los *shocks* eléctricos. Sin embargo, tras analizar todos los datos, acaba rindiéndose ante la evidencia: los resultados, sesenta años después, siguen siendo «tremendamente inquietantes». Desafortunadamente, el 46 % de las personas que participaron en el estudio de Milgram sí se creyeron el engaño experimental y aun así suministraron entre 20-30 *shocks* a un hombre a pesar de sus gritos espeluznantes. ¿Cómo es posible?

No eran monstruos. Estos seres humanos normales y corrientes sufrieron enormemente durante el calvario: temblaban, sudaban, se mordían los labios, clavaban las uñas en su propia carne. Sabían que aquello no estaba bien y trataron de rebelarse repetidas veces. Pero fueron incapaces. Según Milgram, les impulsó la tendencia a obedecer a figuras de autoridad como el psicólogo de bata blanca. Bregman propone una explicación alternativa: fueron capaces de cometer estas vilezas en pro de un ideal superior («el progreso científico»). En cualquier caso, hubo algo que atropelló, como un tanque de guerra, su deseo de actuar con sencilla humanidad. Algún mecanismo que secuestró sus mentes. Quizás, si su sueldo hubiera dependido de un trabajo similar, se hubieran acostumbrado a la rutina.

Stanley Milgram, cuya familia fue víctima del holocausto nazi, ideó este siniestro protocolo tras seguir por televisión en 1961 el juicio de Adolf Eichmann, responsable de la deportación durante la Segunda Guerra Mundial de millones de judíos a campos de exterminio como Auschwitz. Según la filósofa política Hannah Arendt en sus crónicas del juicio, este hombrecillo medio despeinado, con sus gafitas negras, no parecía el diabólico psicópata que nos imaginamos (y que Hollywood ha retratado mil veces), sino más bien un burócrata obediente.

El propio Eichmann nunca se consideró culpable, esgrimiendo que las órdenes le llegaban de más arriba. Por lo que ha contado su hijo Nicolas en entrevistas, su padre y su madre se querían mucho, y él mismo le sigue teniendo cariño, a pesar de que durante su infancia le obligaba a beberse zumos de zanahoria. El dirigente del Holocausto también conocía, sin duda, la parábola del Buen Samaritano. Creció en un ambiente cristiano evangélico, se convirtió más tarde al catolicismo y sus últimas palabras, antes de ser ejecutado en Israel, fueron «Muero creyendo en Dios».

Yo no sé si Arendt tenía razón. Algunos críticos han publicado evidencias contundentes de que Eichmann era en realidad un nazi convencido, y que fingió el papel de burócrata obediente para defenderse en el juicio. Pero incluso si esto fuera cierto ¿debemos verle como un ser «malvado»? Bregman argumenta que este nazi, como todos los criminales y terroristas fanáticos de la historia, fueron capaces de sus atrocidades en nombre de un ideal «superior». Impulsados por su amor a la Patria, a Dios o al Comunismo, acabaron crucificando una vez más al prójimo.

En cualquier caso no trato de disculpar a Eichmann de sus terribles responsabilidades. Pero la trayectoria de este exoficial nazi, y los experimentos de Princeton y Yale, nos recuerdan que no basta con tener «buenas intenciones». Estoy convencido, como Bregman, de que la mayoría de la humanidad, esta humanidad a menudo tan inhumana, en el fondo es buena gente. Queremos ser el samaritano del cuento. Quizás incluso creemos que, en una circunstancia similar, ayudaríamos al prójimo.

Lo que pasa es que a veces tenemos prisa y no es el momento. O nos han convencido de que es más importante una bandera o un ideal glorioso. También hay ciertos prójimos que (seamos honestos) nos ponen de los nervios, o nos parecen ridículos, o nos dan repelús, o nos hemos acostumbrado a ver detrás de una frontera vallada con alambre de espino. A veces simplemente nos creemos incapaces de hacer nada, armados con toda una serie de excelentes excusas. Stanley Milgram llegó a la conclusión de que los participantes de sus estudios «dormitaban», y que personas como Adolf Eichmann —y cualquiera de nosotros, ante las catástrofes ambientales y humanas de las que somos, en parte, responsables— hemos caído en un sueño aún más profundo. ¿Cómo despertar?

La clave cerebral del altruismo

Las ciencias contemplativas están acumulado evidencias consistentes de que ciertas prácticas realizadas por monjes y místicas a lo largo de la historia tienen un impacto real sobre el comportamiento altruista. Por ejemplo, en un estudio reciente de la Universidad de Cardiff, reclutaron a 800 participantes para seguir uno de dos cursos online: un entrenamiento en compasión o un entrenamiento físico. Después de la última sesión se les pagó 10 libras esterlinas, pero con la posibilidad de donar la mitad, o toda la cifra, a una ONG. Ambos cursos elevaron el estado anímico de los participantes. Pero los que realizaron el entrenamiento en compasión —que duró sólo 2 horas y media— donaron más dinero.

En otro estudio, los experimentadores crearon una oportunidad más cotidiana de ayudar para personas que habían entrenado el mindfulness (heartfulness, recordemos) o la compasión durante 8 semanas. Imagínate que llegas a una sala con tres sillas. Dos están ocupadas y te sientas en la tercera. Al poco rato aparece una chica con muletas y una bota ortopédica. Las otras dos personas a tu lado ni se inmutan. ¿Le cedes tu sitio? En el estudio, sólo el 15% de las personas en un grupo de control lo hicieron. Pero en el caso de las personas que habían entrenado el corazón, intervinieron el 50% para ayudar a la joven.

Seguramente, cuando ves sufrir a alguien, tú también sufres. Y te sucede no sólo con tus seres queridos, sino incluso con los incontables desconocidos que protagonizan los dramas del telediario: los habitantes de inmensos asentamientos de chabolas, las mujeres esclavizadas por las mafias de la prostitución o los refugiados que escapan de guerras y catástrofes. Esto es lo que se conoce como empatía, y constituye un paso crucial para la acción altruista. Pero los estudios han comprobado que no es suficiente. El sufrimiento empático, como todo sufrimiento, duele. ¿Te has pillado alguna vez huyendo de él? Yo sí, desde luego: cambio de canal, hago una broma para minimizar el impacto, ignoro al hombre sentado en la calle con el muñón expuesto. Es habitual, entre el personal médico, sufrir lo que se llama la *fatiga por compasión*: un agotamiento emocional que bloquea la empatía.

¿Cómo consigue superar esta barrera el entrenamiento en compasión? Parece ser que el truco no consiste en reducir el sufrimiento empático. Al contrario: se ha comprobado que ejercitar la compasión fomenta un dolor empático aún más agudo de lo habitual ante una persona que sufre. En estas situaciones, la amígdala se activa de forma notable, y con los años de entrenamiento se engrosa visiblemente. Como ya expliqué en el capítulo 6, este órgano cerebral es como un radar que detecta elementos «interesantes», y sobre todo negativos, como las amenazas.

Pero al mismo tiempo, la compasión parece activar otras zonas del cerebro que tienen que ver con el cuidado, el amor, la resiliencia y la felicidad. Sufres por el dolor ajeno, pero al mismo tiempo experimentas una expansión del corazón. Es como un superpoder que te permite atreverte con todo. Si has sido madre o padre, la experiencia la tendrás muy presente. Tu hijo o hija se cae, se ha hecho un corte en la rodilla, llora desesperadamente. ¿Qué sucede en ti? Corres a ayudar, la cuidas, te llenas de amor por ella. Entrenar la compasión refuerza este impulso, pero lo extiende a otras personas —potencialmente a toda la humanidad, e incluso más allá.

De hecho, parece que el cultivo de la compasión llega a derribar esas fronteras mentales que la sociedad (y el propio cerebro) construye entre las personas «como yo» y las personas «distintas». En un estudio muy riguroso de la Universidad de Yale hicieron un test de los prejuicios raciales implícitos, como el que cité en el capítulo 15, a dos grupos de personas. El primer grupo siguió un curso de seis semanas de compasión, mientras que el otro completó un curso que *hablaba* de compasión, pero sin práctica: un poco como lo de estudiarse la parábola del Buen Samaritano. Las personas que sólo aprendieron la teoría del amor universal no mostraron ninguna mejora en el test de racismo implícito, pero las que siguieron el curso práctico de meditación amorosa experimentaron una reducción notable de sus prejuicios inconscientes.

Estas investigaciones indican que aún queda algo de esperanza para el ser humano. Parece que es posible entrenar el amor equilibrando nuestro natural egocentrismo con esa otra capacidad para el altruismo que también poseemos, y que de hecho llamamos *humanidad*. En la medida que estas prácticas refuerzan el altruismo, pondrán en marcha además un ciclo virtuoso, ya que se sabe que las acciones generosas —como el voluntariado— generan bienestar, y el bienestar emocional fomenta la generosidad. ¿Hasta dónde puede llegar este ciclo? ¿Cuál es el límite del corazón humano? ¿Será posible, como han afirmado tantos místicos a lo largo de la historia, llegar a un estado permanente de gracia en el que se trasciende el ego individual para amar sin fronteras?

Estaría muy bien. Porque cuando busco un sitio para aparcar en el centro de Madrid, y me roban un espacio delante de mis narices, me doy cuenta de que a mi corazón aún le falta mucho por crecer.

Prácticas de mindfulness
para seres humanos de los de toda la vida

EXPANDIR EL CORAZÓN

Este ejercicio puede parecer forzadísimo a primera vista: un intento artificial de convertirte en una especie de Malala Yousafzai, la joven Premio Nobel de la Paz pakistaní que expresó compasión incluso hacia los talibanes que le dispararon en la cara. Pero realmente no hay nada que forzar. Como todos los ejercicios de este libro, la idea es llegar sólo hasta donde tú quieras y puedas en cada momento. Igual que con el yoga, no conviene forzar ningún estiramiento. (Por cierto, Malala también tiene sus límites: ha confesado pelearse continuamente con su hermano menor Khushal, que la pone de los nervios.)

Otro malentendido habitual es verlo como una fantasía hipócrita. ¡Sí, claro, los que hacen eso se creen ya aspirantes al Premio Nobel! Lo cual es bastante cierto, pero se aplica también a los que no practican las meditaciones de compasión. Como ya cité en el capítulo 15, una de las creencias más extendidas de la humanidad es que somos mejores que los demás, y eso incluye la fantasía de que irradiamos más generosidad, amabilidad y altruismo que toda la gentuza egoísta que anda suelta por ahí.

Te invito a probar este ejercicio como experimento durante unos días, a ver qué sucede. Y sólo hasta el punto que quieras.

1. Inicias el ejercicio como en la práctica 7 (instrucciones 1-10), estableciendo la atención en tu ancla durante algunas respiraciones, o el tiempo que te apetezca. Siempre que lo necesites puedes volver al refugio de tu ancla o seguir las indicaciones de la práctica 10 para gestionar molestias y desafíos.

2. Diriges tu atención hacia el centro del pecho. Si quieres, puedes colocar ahí tus manos en un gesto de autocuidado.

3. Sientes tu propia presencia en el centro del pecho, o colocas en esta zona, si quieres, una imagen mental de ti. Entonces pronuncias mentalmente tres o cuatro frases de este tipo: «Que yo pueda ser feliz. Que yo pueda vivir en paz. Que yo pueda estar libre de sufrimiento». No tienen por qué ser exactamente estas palabras. Basta que sean deseos de benevolencia que para ti tengan sentido. No hace falta sentir nada especial, ni flotar a 2 centímetros del suelo. Son simples deseos.

4. Ahora escoges a alguna persona por la que sientes amor o agradecimiento, como tu pareja, tu hijo, tu madre o George Lucas (en mi caso). Puede valer también tu perro o gata, que a menudo son las criaturas más amorosas que tenemos a mano. Lo mejor que puedas, traes a la mente una imagen de ese ser y la colocas en tu corazón o delante de ti. Como antes, pronuncias mentalmente esas mismas frases, dirigidas a este ser querido: «Que puedas ser feliz. Que puedas vivir en paz. Que puedas estar libre de sufrimiento».

5. En tercer lugar, escoges a una persona que no te inspira especial simpatía ni antipatía. Quizás alguien a quien apenas conoces, pero con quien te cruzas diariamente: una compañera del Departamento Financiero, un señor con barba y gafitas que se sienta habitualmente en tu autobús, el técnico de una tienda de reparaciones. De nuevo, recreas en la mente una imagen de esa persona y pronuncias las mismas palabras.

6. Ahora llega la parte que más escuece. Si te resulta demasiado forzado, te la puedes saltar (como te puedes saltar cualquier otra parte de cualquier ejercicio). Se trata de dirigir los mismos deseos hacia una persona que te la ha jugado, o que se burló de ti delante de todos, o que por el motivo que sea te revienta. No hace falta que sea tu peor

Escanea este código QR
para acceder al vídeo

enemigo. De hecho, no lo recomiendo a no ser que tengas ya bastante práctica con el entrenamiento compasivo. Seguramente te preguntarás: ¿cómo voy a desearle el amor al vecino que me pone el *reggaeton* a todo volumen? La idea es que también esa persona, como tú, sufre y busca la felicidad a su manera. También ella está confundida por las ilusiones de su mente y manipulada por sus impulsos y emociones. De hecho, si sufriera menos y fuera más feliz, quizás bajaría más el volumen y el mundo sería más agradable. En cualquier caso, no se trata de aceptar o justificar su comportamiento poco cívico. Le puedes seguir pidiendo que baje el volumen, todos los días si hace falta. A lo mejor descubres que este ejercicio te ayuda a hacerlo sin alterarte tanto.

7. En la última fase, repites el proceso con la humanidad entera o incluso con todos los seres vivientes. «Que todos los seres puedan ser felices. Que puedan vivir en paz. Que puedan estar libres de sufrimiento».

8. Al finalizar todos estos deseos puedes permanecer unos minutos en silencio con la atención focalizada en el centro del pecho, recogiendo las sensaciones que hayan surgido espontáneamente. Como decía: no tiene por qué surgir nada.

9. Finalizas el ejercicio como en la práctica 7 (instrucciones 11-13).

18.
MAESTROS
JEDI

de verdad

A lo largo de este libro he citado diversos estudios con «supermeditadores», personas que han entrenado el mindfulness, la compasión y otras capacidades durante decenas de miles de horas. Como ya conté en el capítulo 4, el primero en someterse al escáner de Richard Davidson fue Matthieu Ricard, impresionando al equipo de investigación con el aumento estratosférico en ondas gamma que se producía en su cerebro al meditar. Este mismo resultado se ha confirmado en otros veinte yoguis de la tradición tibetana, tanto hombres como mujeres, que visitaron la Universidad de Madison: una explosión instantánea en ondas gamma que se mantuvo durante toda la meditación.

Sin embargo, la verdadera sorpresa llegó varios meses después de que el primer grupo de monjes abandonara el laboratorio, al revisar con atención las montañas de datos que habían recogido sus instrumentos. Durante la prueba, el equipo de investigación se había focalizado en los increíbles saltos entre el estado ordinario del cerebro —antes de ponerse a meditar— y los períodos de contemplación. Pero no se les había ocurrido comparar el estado ordinario de estos yoguis con el de seres humanos de los de toda la vida.

El resultado les dejó atónitos.

Todos los monjes —todos y cada uno— mostraban oscilaciones gamma elevadas *antes* de ponerse a meditar. Eran ondas de «amplitud alta», las más intensas. Y se mantuvieron estables durante todo el tiempo que permanecieron «sin hacer nada». Al parecer, su actividad cerebral normal es así. Para que te hagas una idea de lo que significa, las ondas cerebrales se clasifican en cinco tipos, de las más lentas a las más veloces. Simplificando un poco, identifican los siguientes estados mentales:

- *Delta*: mente dormida.
- *Theta*: mente adormilada.
- *Alfa*: mente relajada, sin pensar mucho.

- *Beta*: mente que piensa, alerta, concentrada.

- *Gamma*: **mente encendida como una auténtica bombilla**.

Uso la metáfora de la bombilla porque las ondas gamma suelen acompañar los momentos de «¡Ajá!» que experimentamos al dar con una solución creativa. En personas normales se producen muy de vez en cuando y duran unas dos décimas de segundo: una especie de fogonazo del intelecto. En el caso de los meditadores tibetanos, sin embargo, la bombilla permanece siempre encendida. ¡Siempre! En ese sentido, parece que estos monjes y monjas están, efectivamente, «iluminados».

Aunque ahora que lo pienso, la metáfora de «despertar» resulta aún más acertada. Si los comunes mortales nos movemos habitualmente entre las ondas alfa y beta, y nos creemos «despiertos» en comparación con nuestros períodos en theta y delta, ¿qué decir de un ser humano que vive permanentemente en gamma? Todavía más increíble: ¡los cerebros de estas personas excepcionales se mantienen en gamma incluso *mientras duermen*! Sin duda, estos hombres y mujeres son lo más parecido que podemos encontrar en el planeta Tierra a los maestros *jedi* del universo *Star Wars*.

Y como los *jedi*, no se limitan a meditar. Su superpoder compasivo parece impulsar a estos guerreros pacíficos, en cuanto detectan el sufrimiento de otro ser humano, a la acción. Matthieu Ricard, ese «hombre más feliz del mundo» que asegura no serlo, defiende en sus libros la importancia de cultivar la compasión para motivar el cambio en el mundo real. Y predica también con el ejemplo, donando la totalidad de los beneficios de sus libros y conferencias a su organización humanitaria, Karuna-Shechen, dedicada a empoderar a comunidades desfavorecidas en la zona del Himalaya. Este trabajo de «compasión en acción», de la que se han beneficiado más de 300.000 personas en Tíbet, Nepal y la India, le ha valido la Orden Nacional del Mérito francesa.

No se trata sólo de un caso anecdótico. En el laboratorio de Davidson han comprobado un fenómeno sorprendente en los cerebros de Ricard y los otros veinte supermeditadores. Al entrenar la compasión experimentan un aumento de hasta un 800% en la actividad de la sede cerebral de la empatía. Pero lo verdaderamente interesante es que cuando escuchan los gritos o gemidos de una persona que sufre (una grabación, evidentemente) se produce una fuerte activación de las zonas cerebrales asociadas a la acción, en particular de la corteza premotora, que sirve para orientar el movimiento y controlar la musculatura.

Estos *jedi* de carne y hueso se han transformado en auténticos defensores de la humanidad, y quizás de toda la naturaleza, impulsados a la acción inmediata en cuanto detectan el sufrimiento. Estoy seguro de que en aquel otro laboratorio, el de Stanley Milgram, jamás habrían activado ni la primera de las descargas eléctricas de su siniestro aparato. Habrían dejado plantado al experimentador, y quizás incluso intervenido ante Yale para denunciarlo.

Save the humans

Hay quien cree que la meditación invita a la pasividad, o incluso al pasotismo. Es, de hecho, una de las críticas más habituales que se arrojan hacia las prácticas contemplativas. ¿La atención plena? Sí, claro, una herramienta más del sistema para adormilar al personal. ¡El opio del pueblo en botella *new age*!

Desde luego, quienes han arremetido contra el movimiento del mindfulness por este motivo no se han enterado de la copla. Esto no va de adormilarse, señoras y señores. Esto va de despertar a todos los niveles. La instrucción de observar «sin juzgar» en absoluto requiere renunciar al espíritu crítico. Al contrario, la luz de la razón se intensifica al máximo cuando se contemplan, con ecuanimidad, las verdades recibidas, los prejuicios, los sesgos y los autoengaños continuos.

Sentarse sobre el cojín no implica retirarse del mundo, sino interrumpir nuestra actividad frenética —los pensamientos y las tendencias automáticas que nos dirigen como marionetas— para crear un espacio desde el cual poder tomar decisiones sabias. El discernimiento es una de las principales virtudes cultivadas en las tradiciones contemplativas, pero resulta imposible sin la vigilancia mental disciplinada que aporta el mindfulness. Y no hace falta demasiado discernimiento, hoy en día, para darse cuenta de que el mundo necesita una (compasiva) patada en el culo.

Jon Kabat-Zinn siempre ha insistido en la dimensión ética, social y revolucionaria de la atención plena. Una de las figuras que más inspiró su proyecto, autor del prólogo de su primer libro, fue Thich Nhat Hanh, monje zen pero también destacado activista contra la guerra de Vietnam. El propio Kabat-Zinn, durante sus años en el MIT, lideró el movimiento estudiantil contra la colaboración entre su universidad y la industria del armamento. Su libro *Mindfulness para todos* puede considerarse un auténtico panfleto contra lo que llama el «sistema altamente tóxico y enfermo» que domina el planeta —violencia, fanatismo, discriminación, corrupción, explotación, consumismo, destrucción ambiental—, una llamada urgente a la acción para evitar el desastre. A sus casi ochenta años sigue incitando al activismo en proyectos como Wisdom 2.0 junto con personajes como Tarana Burke (fundadora del movimiento #MeToo), Tristan Harris (responsable del documental *El dilema de las redes sociales*), Joan Halifax (pionera del budismo comprometido) y Rhonda McGhee (abogada que lucha contra los prejuicios raciales).

Sin duda, la meditación puede instrumentalizarse para servir a los intereses de las élites. Se puede empaquetar en cursos y *apps* de fácil digestión para las masas. Este «McMindfulness», como a veces se le llama, puede venderse 100% libre de ética, de esfuerzo y de complicaciones. Se puede deformar y diluir tanto que resulta irreconocible, igual que algunas variedades de «yoga». Todo esto está en marcha en nuestros días, como una consecuencia inevitable de su éxito acelerado.

El problema no es la meditación, ni el mindfulness, ni desde luego Jon Kabat-Zinn —el primero en defender la dimensión ética y política de la vía contemplativa—. Lo criticable, si acaso, es el propio capitalismo global que por su naturaleza glotona devora todo lo que encuentra a su paso, como un Monstruo de las Galletas de dimensiones colosales. También el sexo, los órganos y la vida privada de mil videobloggers se compran y se venden. También las compañías petrolíferas se pintan de verde para parecer ecologistas. También la memorabilia de los Sex Pistols o de la Unión Soviética levantan pasiones en las subastas de Sotheby's. Y no olvidemos que en otros tiempos los imperios construyeron templos de oro y mármol al volverse «cristianos» o «budistas». Pero que el sistema dominante trate de absorber el sexo, el punk, el ecologismo o la parábola del Buen Samaritano no significa que lo consiga.

(R)evolución

Puede que me equivoque, pero desde mi punto de vista nada puede haber más revolucionario que observar los propios procesos mentales, y poner así en duda los engaños de la publicidad, la hipocresía religiosa, el teatro de la política, las divisiones artificiales entre «nosotros» y «ellos», la veracidad incluso del propio dinero sobre el cual se basa nuestro sistema. Nada puede haber más empoderador que liberarse de los miedos, los deseos y las malditas prisas que nos zarandean de un lado al otro, a través de los cuales nos manipulan los poderes fácticos. Nada más radical que un corazón expandido.

Desde luego, no hablo de una revolución armada. El activismo basado en un sentido profundo de humanidad (o incluso animalidad) compartida, como el de Gandhi, Aung San Suu Kyi, el Dalai Lama, Jane Goodall, Martin Luther King y organizaciones como Greenpeace, buscan el cambio sin recurrir a la violencia. La estrategia se parece a la del yoga: estirar lo más posible sin llegar a dañar. Es un método más lento, y sin duda sacrificado. Pero ¿no nos precipitamos los humanos demasiado con nuestro ardor revolucionario? Quizás si cortáramos menos cabezas y dedicáramos el mismo entusiasmo a reformarlas nos iría mejor. Podríamos comenzar por nuestras propias cabezas —y sin olvidar los corazones—. Creo que este tipo de lucha compasiva obtiene cambios más profundos y duraderos: una revolución sin la «r».

En mi propio caso, antes de conocer el yoga y la meditación me sentía totalmente desconectado de la política, como tantas personas de mi generación. Sí, ya, el mundo es un horror. Pero ¿qué voy a hacer yo? ¿Cómo luchar contra este colosal sistema? Además, no tengo tiempo ni para lo mío. Que lo hagan otros... Cuando empecé a meditar, sin embargo, comencé a entender que soy parte del sistema. Por lo tanto, soy parte del problema, y potencialmente también parte de la solución.

Meditar no fue la única clave, desde luego. Emanuela resultó ser una chica luchadora, además de lista. Pero estoy convencido de que mis prácticas contemplativas han motivado, en buena parte, numerosos cambios en mi dieta, mis hábitos de consumo, mi peculiar carrera profesional y mi participación en proyectos solidarios, manifestaciones callejeras y hasta la fundación de un partido político un poco surreal (no me preguntes... creo que conseguimos unos 5.000 votos en total). No soy ningún Gandhi, ni mucho menos. De vez en cuando me pongo la película para recordármelo, y para ver si me inspira un poco. Como cualquier otro ser humano, hago lo que puedo.

Aún está por verse el efecto que la moda de la meditación —incluido el «McMindfulness» y versiones más *gourmet*— tendrá en la sociedad a medio y a largo plazo. ¿Acabará siendo una fuerza conservadora o un motor del cambio? La imprenta de Gutenberg se diseñó para difundir la Biblia, pero en los siguientes doscientos años facilitó una revolución científica y educativa sin precedentes, además de difundir a las cuatro esquinas del planeta las aventuras y desventuras de Don Quijote. Como casi siempre, no tenemos absolutamente ni idea de cómo seguirá la historia, pero la extraordinaria difusión de estas prácticas, hasta hace dos días encerradas en templos y monasterios, y el no menos extraordinario furor científico asociado a ellas, me hacen pensar que los críticos se equivocan.

Acabo de abrir la *app* que uso para meditar y me informa de que se la han bajado casi veinte millones de personas. Hoy se han conectado 602.451. Aunque la mayoría de ellos no lleguen a profundizar mucho en el asunto ¿quién sabe lo que acabará floreciendo de estas semillas? Hace cincuenta años, el joven Jon Kabat-Zinn se apuntó a la charla de un budista zen en el MIT a la que asistieron sólo cuatro o cinco personas, y fíjate la que ha liado. Yo me metí en esto por mis dolores de espalda, y aquí me tienes, dirigiendo una escuela de prácticas contemplativas. Quizás lo que más necesitamos en este atribulado siglo XXI, ahora que las consecuencias de nuestra inconsciencia colectiva se han vuelto tan evidentes, es despertar.

Personalmente, estoy convencido de que sin este ingrediente estamos perdidos. Por tomar sólo un ejemplo —el cambio climático—, claramente no basta con entender racionalmente que como especie y como planeta nos abocamos a una catástrofe autodestructiva sin precedentes. La salida de este entuerto requiere superar las mentiras que nos contamos —la tecnología nos salvará, los políticos harán algo, yo aquí estaré bien—, las comodidades y los lujos a los que nos hemos acostumbrado —vuelos en avión, dieta carnívora, consumismo descontrolado— y formas de pensar muy limitadas —mi país y tu país; primer y tercer mundo; recursos sin fin. Sobre todo, requiere iniciar, como sea y cuanto antes, el deshielo del corazón humano.

Meditar es lo fácil

He titulado este libro *Meditar se me da FATAL*. Y lo reitero. Pero al hablar del mundo ilusorio en el que vivimos, de la auténtica felicidad, de la virtud y el amor, de la (R)evolución planetaria..., no sé tú, pero yo empiezo a temblar desde los pies hasta la

MAESTROS JEDI DE VERDAD

cabeza. En comparación con asuntos de este calibre, ahora me doy cuenta: soy un auténtico CRACK DE LA MEDITACIÓN. ¿Sentarme en un cojín? ¡Eso está *chupao*!

El verdadero desafío es vivir la vida con todas sus consecuencias —como se atrevió a hacer Luke Skywalker hace mucho tiempo en una galaxia muy muy lejana. Para afrontar este reto tendré que ir superando mis automatismos de C3PO para actuar libremente; cuestionando mis propias creencias con la clarividencia de Yoda; lanzándome a la aventura sin perder la sonrisa de Han Solo; evitando el Lado Oscuro ante los dolores, las desilusiones y los fracasos; gozando de las maravillas de este planeta aún sin explorar; compartiendo lo que tengo generosamente, incluso arriesgándolo todo, por el bien de la galaxia.

No lo voy a conseguir casi nunca. Jamás llegaré al nivel de esos maestros *jedi* que con sus ondas gamma encienden la maquinaria del laboratorio de Davidson. Dudo que progrese más allá de la fase *padawan*.

Pero, por otro lado, tengo que intentarlo día a día, momento a momento. La vida es breve, y la aventura no se presenta dos veces.

¿Te unes a la rebelión contra el Lado Oscuro? Dime que sí. El planeta y sus habitantes te lo agradeceremos por los siglos de los siglos.

Ah, y que la fuerza te acompañe.

Prácticas de mindfulness

para seres humanos de los de toda la vida

//////////////////////// (18) ////////////////////////

TODO FINAL ES UN NUEVO COMIENZO

Esto ha terminado. Pero al mismo tiempo está sólo comenzando. Si ya has iniciado una rutina de entrenamiento en mindfulness aquí encontrarás algunas pistas sobre cómo continuar. Y si aún no lo has hecho, ya sabes: cuanto antes empieces, mejor.

1. ¿Por dónde empezar? Por un primer paso. Puedes probar con cualquiera de las prácticas de este libro, aunque sugiero que si nunca has probado nada similar empieces por las primeras. La exploración corporal y la meditación caminando son buenas formas de iniciarte. Probaría con ellas, diariamente, durante dos o tres semanas, antes de sentarme a meditar durante ratos largos. Te recuerdo que en la web de mi escuela (www.modoser.com/meditar) encontrarás audios y vídeos gratuitos de estas prácticas, accesibles también mediante los códigos QR que encontrarás a lo largo de este libro.

2. Lo más importante es avanzar con cuidado, según tu propio ritmo, posibilidades y momento vital. No hay ninguna prisa, ninguna meta que alcanzar. Yo tardé tres años en llegar a la meditación sentada y otros doce en probar algo que no fuera la meditación en un «ancla». Hay personas que se consagran a un solo ejercicio durante toda la vida, y no hay nada malo en ello.

3. ¿Qué te dice tu cuerpo? ¿Y tu corazón? La instrucción prioritaria es siempre la que te den ellos, no la que está impresa aquí. Mejor no forzar ninguna práctica para no hacerte daño. Mejor ir poco a poco para no tropezar tanto. Esto no va de luchar y esforzarse mucho, sino más bien de soltar y dejar que las cosas sean tal y como son para luego avanzar desde ahí. No se trata de hacer un montón de prácticas, sino más bien de dejar de hacer —de crear un espacio en el que las cosas puedan aflorar por sí solas.

4. Al mismo tiempo, un cierto compromiso es fundamental. Emocionarte con la idea de la meditación está muy bien. Pero como sucede con el amor romántico luego llegan los momentos difíciles y el anillo en el dedo ayuda a superarlos. Mantener una rutina diaria de meditación cuesta. ¡Cuesta mucho! Hay días en los que sentarte con tus propias angustias resulta infinitamente menos atractivo que distraerte con las angustias de los protagonistas de tu serie favorita. Si no te has comprometido, acabarás dejando el cojín en el armario y enganchándote al siguiente episodio.

5. ¿No te gusta meditar? No importa. O más bien, no es obligatorio que te guste. Te invito a probar de nuevo, aunque alguna práctica te haya resultado rara, frustrante o aburrida. Estos obstáculos son parte del propio camino. Te invito a investigar tus resistencias, tu frustración, tu aburrimiento. A lo mejor descubres algo nuevo.

6. Una forma de reforzar tu compromiso es hacerte la siguiente pregunta al inicio de todas tus prácticas: ¿qué me trae aquí? Simplemente te lo preguntas y esperas a ver qué respuesta surge de tu interior, si es que surge algo. Quizás notes que esa respuesta va cambiando con el tiempo al ir avanzando por el laberinto.

7. Otra idea es dedicar cada meditación a alguien de tu entorno. ¿Quién se beneficiaría si empiezas a pegar menos gritos? ¿A quejarte menos del mal tiempo? ¿A despegar los ojos más a menudo de la pantallita? Una mañana la puedes dedicar a tu pareja, otra a tu hijo, y la siguiente a la sección de violines de la Orquesta Nacional (por ejemplo, si tocas la tuba ahí). Según los estudios, tendemos a comprometernos más cuando hacemos algo por la gente que nos rodea.

8. Vivimos en el ajetreado siglo XXI. Por lo tanto, si esperas a tener un rato libre para meditar no meditarás nunca. Vas a tener que crear un espacio regular de práctica en tu apretada agenda. Una rutina de entrenamiento.

9. ¿Que no tienes un hueco durante los próximos siete meses? Ten en cuenta que no hace falta meditar una hora al día. Bastan treinta minutos, o veinte, o diez, o incluso cinco. Si trabajas jornadas maratonianas o tienes hijos pequeños, quizás no encuentres más que un minuto para la práctica algunos días. Pero incluso un minuto, si prestas atención de verdad, puede llegar a ser muy transformador. Lo importante es la regularidad diaria para tener las «pilas» de tus Mindfulness Glasses cargadas aunque sea un poco. Con el tiempo puedes ir ampliando este tiempo paulatinamente, sin forzar hasta llegar a esa hora diaria o más. Según vayas descubriendo su utilidad, resulta más fácil encontrar huecos.

10. Reservar un espacio en tu hogar para la meditación también puede ayudarte a reforzar el compromiso. No tiene por qué ser muy grande: basta un metro cuadrado de suelo, o una silla junto a una ventana. Hay quien decora este espacio con imágenes, plantas, objetos naturales o estatuillas inspiradoras (¡Yoda!), aunque tampoco es necesario. Si no puedes reservar un espacio sólo para la meditación, recomiendo practicar siempre en un mismo lugar y guardar cerca de él los materiales que necesites.

11. Probar la atención plena no significa probar una de las prácticas de este libro, o incluso todas ellas. Yo diría que para probar de verdad tendrías que entrenar diariamente durante al menos treinta o cuarenta días. El curso de «Reducción del estrés basado en mindfulness» (MBSR) dura ocho semanas, y la parte más importante no son las clases, sino los ejercicios diarios en casa (un total de una hora al día, más o menos). Los resultados vienen con el tiempo.

12. ¿Te cuesta mucho sentarte a meditar? ¿Sientes el cuerpo muy inquieto? ¡Pues hazle caso a Teddy y muévelo! Recuerda que existen diversos ejercicios de movimiento consciente: caminar, yoga, taichi (ver la práctica 4). Si llevas muchas horas sin moverte no tiene mucho sentido ponerte a meditar en quietud. Puedes comenzar con unos estiramientos, un paseo meditativo o incluso cinco minutos saltando con el *We Will Rock You* de Queen (con atención plena, evidentemente) antes de sentarte sobre el zafu o la silla.

13. ¿No te engancha? ¿No consigues crear el hábito? ¿No te enteras? ¿Es increíblemente difícil? Normal, ya lo he dicho: esto se nos da FATAL a todos y a todas. Mi recomendación es apuntarte a un curso validado por la ciencia como MBSR. Hoy en día pueden realizarse también online. Hay libros, *apps* y vídeos que están genial, pero no pueden reemplazar a un ser humano con una buena formación y años de entrenamiento. El Mindfulness Center de la Universidad de Brown mantiene una lista de profesores en todo el mundo que han alcanzado por lo menos el nivel 1 de su itinerario de formación (el mínimo para enseñar MBSR).

14. Después de realizar un curso de iniciación suele ser útil seguir practicando en grupo, ya que motiva mucho compartir estas cosas tan raras con otra gente aparentemente normal como tú.

15. También conviene mantener, quizás en este mismo grupo de práctica, un contacto continuo con un buen maestro o maestra de larga experiencia. Para encontrar a una persona que te inspire confianza tendrás que ir probando. Más que saber mucho, o tener un centro bien decorado, lo importante es que ayude a despertar tu propia sabiduría.

16. Por otro lado, nadie tiene «la solución», «la verdad» o «el secreto» que te gustaría alcanzar para resolver todos tus problemas. Las personas más sabias de distintas tradiciones coinciden en algunas cosas, pero se contradicen en otras. Si son sabias de verdad reconocerán que a veces se equivocan. Si son excepcionalmente sabias reconocerán que se equivocan siempre.

17. La única forma de ir avanzando es perdiéndote (y encontrándote) en el laberinto. Vas a tener que explorar tu mundo interno y hacer tus propios descubrimientos. Considero que la maestra principal es la propia vida. Y más allá de la vida en general recomiendo un acercamiento frecuente a la naturaleza: el bosque, el campo, la playa, la montaña. Cuanto más tranquilo y recóndito el lugar, mejor. Contemplar un río que fluye, una puesta de sol o el cielo estrellado es una práctica meditativa en sí. No es por nada que los poetas, los artistas y los monjes hayan tenido esa curiosa predilección por los lugares remotos.

18. Durante esta aventura seguramente te toparás con emociones difíciles, traumas olvidados, problemas interpersonales, aspectos de ti antipáticos, momentos de confusión y otros desafíos. Todo parto es doloroso y aquí de lo que se trata es de renacer una y otra vez. Puede ser conveniente (o a veces incluso crítico) apoyarte en «comadronas» expertas para enfrentarte a estas situaciones con más perspectiva: psicoterapeutas, *coaches*, compañeras de práctica o gente sabia con la que tengas confianza.

19. Si un día de pronto alcanzas la iluminación, ¡cuidado con la farola! Ahora en serio, será mejor que no tengas mucha prisa en llegar al «nirvana», sea lo que sea eso. Los yoguis tibetanos estudiados por Richard Davidson han transformado sus cerebros tras una media de 34.000 horas de práctica. Y siguen entrenando diariamente. Hazte a la idea de «momentos» de presencia y lucidez, o como mucho, «ratitos». Pero no hace falta nada más. No se trata de llegar a ningún lado. Ya estás donde tienes que estar: aquí. Basta que te fijes en ello. Si estás intentando llegar a otro lugar, ya no estás aquí (y ahí es cuando te estampas contra la farola).

20. Por favor, no te fíes demasiado de mí. Ni de nadie.

21. Bueno, un poquito sí puedes fiarte: lo suficiente para leerte un libro como éste, contrastar la información con otras fuentes y dar los pasos que consideres adecuados, sin forzar nada. Pero conviene mantener siempre un mínimo de precaución, espíritu crítico y sentido común. Hay que tener en cuenta que incluso los *jedi* pueden cometer errores o incluso caer en el Lado Oscuro. Además, el «halo espiritual» que les damos a ciertos maestros y maestras tienden a ocultar fallos que serían muy evidentes si los cometiera cualquier tipo con gabardina que te aborda en la parada del autobús. Por lo tanto, si algún gurú te pide la contraseña de tu cuenta bancaria, te invita a una meditación «especial» bajo las sábanas, te ofrece una pócima de color morado, pretende separarte de tu familia y amigos o te cuenta que si te lo crees «de verdad» podrás saltar del balcón y echarte a volar, basta que sonrías, te des la vuelta y salgas corriendo.

22. Por que practiques la meditación no molas más que la gente que no practica. Varias de las personas más sabias, ecuánimes, resilientes y compasivas que conozco nunca se han sentado en un cojín. La cuestión no es lo bien que meditas, sino cómo vives tu vida y qué tamaño tiene tu corazón. El Buen Samaritano sigue siendo una gran parábola para nuestros tiempos.

23. Aunque nadie tiene toda la verdad, hay infinidad de libros y otros recursos que investigar sobre el tema. Cada rica tradición cultural te dará alguna pista, y se equivocará en algo: los textos antiguos e interpretaciones modernas del budismo, el hinduismo y el taoísmo; la filosofía clásica y moderna; los escritos de los teólogos y místicos cristianos, musulmanes y judíos; las tradiciones y los cuentos de todas las culturas; la poesía, el arte, la música y la literatura que ahonda en la experiencia humana y revela distintas formas de ver el mundo; la psicología y las ciencias sociales que han explorado nuestro comportamiento desde el exterior; las ciencias naturales que revelan las interconexiones entre todas las cosas. Dicho esto, no hace falta que te devores ninguna biblioteca. Un buen clásico, saboreado lentamente, puede abrirte un mundo entero. A ver si me pongo, de una vez por todas, con Tolstoi...

24. No tienes por qué creer en nada de lo que te leas ni de lo que te cuenten. ¿Iluminados? ¿Milagros? ¿Reencarnación? Cada cual que crea en lo que quiera. Yo me fío sobre todo de las ideas que podemos compartir todas las culturas, como el sol, la tierra, el sufrimiento, la felicidad, el amor y las cosquillas. Y aun de estas cosas no me fío del todo, ya que cada una encierra un misterio insondable. Me gusta el método científico porque duda de sus propios resultados.

25. Cuando consideres que ha llegado el momento, te animo a apuntarte a algún retiro de silencio (como el que he descrito en el capítulo 14) bajo la dirección de algún maestro o maestra de larga experiencia, para practicar de forma más continuada. Recomiendo empezar con un retiro de un día o dos, y si la cosa va bien probar con una semana o más. Según los estudios, asistir a los retiros tiene un impacto especialmente intenso en el progreso de diversas capacidades como el control del estrés. Por experiencia puedo corroborarlo.

26. No tienes por qué tomarte todo esto demasiado en serio. Está permitido reír. Aunque si estás en una sala llena de meditadores, mejor no de forma demasiado escandalosa.

27. Te lo recuerdo y me lo recuerdo a mí también: meditar en realidad es facilísimo. Se nos da FENOMENAL a todos y a todas. Sólo tienes que soltar esa obsesión de «hacerlo bien» o, si soltarla no es posible, dejarla ser (*«Let it Be»*). Sólo tienes que darte el permiso, una y otra vez, para hacerlo mal, supermal, o incluso FATAL. ¿Y si bastara con meditar *lo mejor que puedas*? Venga, voy a sentarme en el cojín ahora mismo, a ver si lo consigo...

NOTAS, BIBLIOGRAFÍA Y MUCHO MÁS

Si tu Monstruo de la Dopamina aún tiene hambre de conocimiento, invítale a seguir este enlace para...

• Acceder a numerosas aclaraciones, matices y curiosidades que no cabían en estas páginas: el viaje a la India de los Beatles, los vídeos de "vuelo yóguico" del Maharishi, los koans del zen, la amenaza del "rickrolling" y el peor despiste que he tenido hasta la fecha.

• Consultar las teorías, estudios científicos y otros datos que he citado en el texto, desde las ondas gamma de los supermeditadores a las estadísticas sobre surfistas profesionales.

• Descubrir el origen de las prácticas y las ideas (más o menos milenarias) en las que me he basado.

• Acercarte a los personajes y las organizaciones más relevantes que promueven el "modo ser" y la "jardinería interior".

• Introducirte en mundos frikis como Star Wars, Harry Potter, el Señor de los Anillos y Matrix.

• Investigar nuevas sendas, pistas y recursos que puedan servirte cuando te pierdas en el laberinto.

• Contactar conmigo (o con Sibila).

Notas, bibliografía
y mucho más.

Agradecimientos

Me gusta pensar que soy el autor de mis libros, pero no es más que la habitual arrogancia de Captain Free. Las letras que salen de mi pluma estilográfica se componen de gotitas que he ido acumulando en incontables lecciones, lecturas, cuentos, conversaciones y experiencias a lo largo de cincuenta años. Quiero agradecer en especial a...

• Mi fantástico Club del Ganchillo, cuyas ocurrencias fui seleccionando y editando; Teddy, que aguantó como un campeón durante las largas horas de escritura; mi divertidísimo Monstruo de la Dopamina, que me regaló inmensas cantidades de placer creativo; la Banda de la Amígdala, que me ha salvado la vida tantas veces; los Ogros, las Brujas y los Fantasmas que me defienden de todo tipo de daños y perjuicios; la Reina de los Relojes, que me recordó doscientas mil veces la fecha tope; mi Escéptico Oxoniense, que me impulsó a pulir y perfeccionar; mi Optimista Californiano, que me animó cuando lo necesitaba; esa hábil *hacker*, La Hechicera, que me prepara cada mañana un mundo bien ordenadito por el que navegar; y por supuesto Captain Free, que hace lo que puede por despertar.

• Emanuela Lombardo, chica lista que me puso en el camino a pesar de mis resistencias, y con la que sigo aprendiendo a amar, jugar y vivir día a día; Franco Lombardo, Adriana La Farina y Licia La Farina, que le pusieron a ella en el suyo; mi madre, Teodora Narváez, y mi padre, José Antonio Jáuregui, a quienes debo la vida, cantidades incalculables de amor y humor, y buena parte de mis ideas, valores y peculiaridades; mi hermano Pablo, Kira, Darío y Paula; mi hermano Javi, Gudrun, Eva y Leo; mi hermana Elena, François, Clara y Sofía; mi hermana Maite, Tom y Óscar; todos los Jáureguis y los Narváez; Sibila, Terry, Apolo, Argo, Frida, Bonnie y Clyde; the Star Wars Posse, los Rhubarbs, la Chusma de la Colmenaka y todas mis amistades (humanas, animales y vegetales) de Oxford, Madrid, Los Ángeles, Londres, Florencia, Sicilia, Zaragoza, Collado Mediano y tantos otros lugares alrededor de este bello planeta; toda esa gente que me rodea y colabora en mi bienestar, casi siempre sin darme cuenta de ello; sus antepasados y sus antepasados y así hasta los primeros microorganismos.

• Jon Kabat-Zinn por consagrar su vida a este esfuerzo y por su generosidad al leerse y comentar partes de mi manuscrito; Saki Santorelli, Lynn Koerbel y sus demás colaboradores en el Center for Mindfulness, Health Care and Society de la Universidad de Massachusetts, el Mindfulness Center de la Universidad de Brown y toda la comunidad internacional del mindfulness; Gustavo Diex y Rafael G. de Silva, que me guiaron en mi primer MBSR, y sus escuelas Nirakara y Habitar el Tiempo; mis maestras en el Foundations y TAI, Ana Arrabé, Carola García y Beatriz Rodríguez Vega; mis guías de retiros, Bob Stahl, Florence Meleo-Meyer, Carolyn West y Patricia Genoud-Feldman; Antonio Russo y mis demás profes de yoga en las escuelas Himalayan, Sivananda y Satyananda (*special thanks* a Swami Krishnananda por animarme a meditar «cuanto antes»); mi director de tesis, Steven Lukes, y mis docentes en el Instituto Universitario Europeo, Oxford University, London School of Economics, Loyola High, Marymount, King's College y The Squirrel School; Mr. Lavner, y mis demás profesores de música.

• Richard Davidson, Tania Singer, Judson Brewer, Martin Seligman, Sonja Lyubomirsky, Alice Isen, Mihalyi Cszikszentmihalyi y toda la comunidad de las ciencias contemplativas, la psicología, la antropología, la sociología, la ciencia en general y la filosofía en todas sus vertientes, desde los doctorandos que pondrán patas arriba todo lo que creemos saber hasta los primeros homínidos que se preguntaron de dónde venía la lluvia y cómo resguardarse de ella.

• Thich Nhat Hanh, Jane Goodall, el XIV Dalai Lama, Malala Yousafzai, Gandhi, Harriet Tubman y todas las y los buscadores, místicos, eremitas, nómadas, altruistas, aventureros, activistas, emprendedores, poetas, artistas, bufones y demás gente despierta a lo largo de la historia y la prehistoria.

• Mi equipo de Modo Ser —Gabriela Rdz. de Miguel Heredia, Mercedes Piñeiro, Maricruz Lavín, Iñaki Guridi, Óscar Díaz— que tanto me ha apoyado, enseñado y aguantado; toda la gente que ha formado parte del proyecto o ha participado en nuestros cursos y sesiones desde su origen como la iniciativa solidaria MoebiusMind; la «cuchi-sanghi» y demás participantes del Foundations, TAI y MBSR, del TTC y clases de las Escuelas Sivananda, Himalayan y Satyananda; mis compañeros de camino Daniel Morduchowicz, María Ferrara, Rino Bertoloni y Uli Diemer.

• Mis colegas profesionales, artísticos y utópicos, sobre todo Jesús Damián Fernández, Jesús Jara, Julián Pelacho, Ricardo Buil, Carmen García-Trevijano, Carmelo Vázquez, Gonzalo Hervás, Marisa Salanova, Carmen Soler, Florent Amión, Manuel Antonio Férreo, Sergio de La Calle, Pilar Valladolid, Isaac López Pita, Alberto Triano, Ángel Largo, Miguel Ángel Cristobal, Carla Boyer; Félix Lozano, Berta Lázaro, Ibai Martínez, Isabel Ávila y la comunidad Teamlabs; Lotfi El-Ghandouri y la comunidad Impact HUB; Javier Pastor y los improvisadores del Club de la Impro, Impromadrid y Absurdia; Antonio García Sansigre y el equipo de Thinking Heads; Juan García Cerrada y su Instituto Quevedo del Humor; Quim Gil y la red Espiral; Laurie Mazzuca y todo el campus de Madrid de Saint Louis University; Pierdomenico Baccalario, Lorenzo Rulfo y el equipo de Book on a Tree; mis equipos en Scient, Netjuice, Meta4 y El Corte Inglés.

• Mi editora Marta Sevilla, mi agente Alex Dobler y toda la gente que me ha ayudado a crecer en el mundo editorial; Daniel Torrelló por la foto de autor; Álex Monagas por las fantásticas ilustraciones; Roser Orra por su ingeniosa y cuidada maquetación; el equipo de Urano; Steve Bickers por explicarme sus ideas sobre el cuerpo y alma de Summer Breeze.

• Emanuela Lombardo, Arantza Martínez, Ausiàs Cebolla, Luis Valdivieso, Licia La Farina, Mariacaterina La Barbera, Ana Arrabé, François Holmey y Carmelo Vázquez por regalarme sus comentarios sobre la primera versión del manuscrito; Bob Stahl, Florence Meleo-Meyer, Tara Brach, Pablo d'Ors y Remi Parmentier por sus bellas palabras apoyando la criatura.

• George Lucas, Lana y Lilli Wachowski, J.R.R. Tolkien, J.K. Rowling, Paul Auster, Zadie Smith, Edgar Allan Poe, Charlotte Brönte, Miguel de Cervantes y todas las generaciones de cuentacuentos a lo largo de la historia; y por supuesto mis lectoras y lectores de todas las edades.

• La farola que se puso en mi camino, las personas que me desafían diariamente, mis errores, fracasos, torpezas y desilusiones, y todo lo que me ayuda a crecer, aunque sea a regañadientes. Sí: incluso esa dichosa canción de Rick Astley.

A todas ellas, y a todas las que se me habrán olvidado en mi habitual despiste, gracias de corazón. Y ahora me voy a leer lo que habéis escrito. A ver si aprendo algo...